Educação e construção do conhecimento

SOBRE O AUTOR

Fernando Becker é professor titular de Psicologia da Educação na Faculdade de Educação da Universidade Federal do Rio Grande do Sul (UFRGS). Doutor em Psicologia Escolar pela USP. Desenvolve Seminários Avançados sobre Epistemologia Genética, no Curso de Pós-Graduação em Educação e no Doutorado em Informática na Educação da UFRGS. Professor homenageado pela Faculdade de Educação da mesma instituição, em 2010. Nos últimos três anos atuou como professor visitante e prestou assessorias na Universidad de la Frontera, Temuco, Chile; na Universidad Metropolitana de Ciencias de la Educación, Santiago, Chile; e na PUCP – Pontifícia Universidad Católica del Perú, em Lima. Pesquisou a *Epistemologia do professor* (14ª. ed., Vozes, 2011) e a *Epistemologia do professor de matemática* (2010, Relatório de Pesquisa). Contate o autor no endereço fernando.becker@ufrgs.br ou f.becker@terra.com.br .

B395e   Becker, Fernando.
       Educação e construção do conhecimento / Fernando Becker. –
   2. ed. – Porto Alegre : Penso, 2012.
       200 p. ; 23 cm.

       ISBN 978-85-63899-82-8

       1. Psicologia cognitiva. 2. Educação. 3. Construção do
conhecimento. I. Título.

                                                      CDU 159.95:37

Catalogação na publicação: Ana Paula M. Magnus – CRB 10/2052

Educação e construção do conhecimento

2ª edição revista e ampliada

Fernando Becker

2012

© Penso Editora Ltda., 2012

Capa
Paola Manica

Ilustração
iStockphoto

Preparação de originais
Maria Rita Quintella

Leitura final
Rafael Padilha Ferreira

Coordenadora editorial
Mônica Ballejo Canto

Gerente editorial
Letícia Bispo de Lima

Projeto e editoração
Armazém Digital® Editoração Eletrônica – Roberto Carlos Moreira Vieira

Reservados todos os direitos de publicação,
PENSO EDITORA LTDA., uma empresa do GRUPO A EDUCAÇÃO S.A.
Av. Jerônimo de Ornelas, 670 – Santana
90040-340 Porto Alegre RS
Fone: (51) 3027-7000 Fax: (51) 3027-7070

É proibida a duplicação ou reprodução deste volume, no todo ou em parte, sob quaisquer formas ou por quaisquer meios (eletrônico, mecânico, gravação, fotocópia, distribuição na Web e outros), sem permissão expressa da Editora.

SÃO PAULO
Av. Embaixador Macedo Soares, 10.735 – Pavilhão 5
Cond. Espace Center – Vila Anastácio
05095-035 – São Paulo – SP
Fone: (11) 3665-1100 Fax: (11) 3667-1333

SAC 0800 703-3444 – www.grupoa.com.br

IMPRESSO NO BRASIL
PRINTED IN BRAZIL
Impresso sob demanda na Meta Brasil a pedido de Grupo A Educação.

Prefácio

O livro *Educação e construção do conhecimento*, de Fernando Becker, conhece agora sua segunda edição. A maior parte dos livros em Educação e Psicologia, dizem meus amigos editores, não desfruta dessa possibilidade. Eles ficam na primeira edição, que expressa, ao mesmo tempo, uma decisão da editora e a conclusão de uma proposta formulada por seu autor ou autores. A segunda edição expressa o reconhecimento do público. Tem-se, assim, o fechamento de um ciclo: o autor escreve, a editora publica, e os leitores leem. Isto também vale para a primeira edição, mas não plenamente na expectativa dos dois primeiros elos do ciclo: escrever e editar. Um segundo aspecto também é importante na segunda edição deste livro: ela afetou seu autor, que tirou capítulos, acrescentou outros, reviu seus escritos, deixou-se, enfim, influenciar pela leitura de seu texto e pelos ecos daquilo que seu público lhe dizia. Isso não é trivial em nosso meio. Geralmente, o que temos são reedições de um livro que conheceu seu desejado sucesso de público. Neste caso, trata-se de uma primeira edição aumentada em suas sucessivas reimpressões, mas não reformulada, nem atualizada pela interação entre atualização do tema, autor e público leitor. Esta segunda edição, que reformula e atualiza a primeira, reúne textos que refletem pesquisas e estudos que continuam sendo feitos por Fernando Becker em favor da melhoria da escola pública, em uma visão apoiada em Paulo Freire e, sobretudo, Jean Piaget. Gosto da iniciativa de se editar uma coletânea, principalmente quando a seleção é realizada pelo autor dos textos escolhidos. Isso significa, creio, um reconhecimento da atualidade dos assuntos, um aperfeiçoamento ou acréscimo de novas ideias e uma renovação do pensamento do autor expresso em palestras ou artigos produzidos em outras épocas e em diferentes contextos. A coletânea possibilita, também, reunir textos dispersos em várias publicações, facilitando o estudo do leitor e englobando, do ponto de vista temático, as diferentes contribuições do autor. Daí que me alegra manter o que disse em relação à primeira edição: o livro é bom, bem escrito, vale a pena ser lido e refletido nos diferentes temas que apresenta.

Sobre construção do conhecimento, segunda parte do título do livro, Fernando Becker demonstra excelente domínio em textos fundamentais da obra de Piaget. Quero destacar os momentos em que explica os termos escolhidos e em que os aplica nas análises em favor de uma escola comprometida com uma "pedagogia relacional", isto é, apoiada no construtivismo. Os termos destacados correspondem principalmente aos aspectos funcionais da obra piagetiana, ou seja, aos aspectos que estão presentes e que dão suporte às nossas interações em todas as fases da vida. Esquema, assimilação, acomodação, tomada de consciência, compreensão, abstração, construção, equilibração, interação são os principais termos que, com sabedoria, o autor utiliza para compor suas análises. Considero igualmente relevante o debate que o autor estabelece entre os modelos empirista, apriorista e construtivista do conhecimento e a análise de seus reflexos na sala de aula. Nesse debate, obviamente, formulam-se críticas aos aspectos negativos e insuficientes de uma prática pedagógica apoiada no associacionismo diretivista ou na não diretividade (correspondentes aos modelos empirista e apriorista, respectivamente), apresentando-se argumentos favoráveis ao construtivismo. A crítica e a defesa estão bem-feitas e expressam o estilo combativo, direto e comprometido de seu autor.

O segundo ponto refere-se às contribuições do presente trabalho à educação, em uma perspectiva construtivista. Como decorrência do aspecto já mencionado (análise epistemológica do construtivismo em oposição ao empirismo e ao apriorismo), o livro é muito importante, ao possibilitar análises *e* discussões de formas de atuação pedagógica do professor. Sabemos o quanto hoje se valoriza a formação contínua do professor. Que bases teóricas explicam o trabalho docente? Elas autorizam as decisões pedagógicas do professor? Determinam sua prática ou sua didática? Abrem ou fecham suas possibilidades de trabalho em sala de aula? Limitam ou enriquecem suas ações? Favorecem a reflexão? Autorizam, mesmo que não tenhamos toda a consciência disso, o uso de modelos talvez insuficientes para darem conta das questões atuais da escola?

Quero insistir na relevância do presente trabalho em contextos de formação, seja de alunos de faculdades de Educação, seja de professores atuando em sala de aula. Os textos podem apoiar seminários, discussões e reflexões sobre a prática pedagógica. Podem ajudar o professor a comprometer sua prática com uma fundamentação apoiada, como já disse, em Paulo Freire e principalmente em Jean Piaget. O texto pode nos ajudar, também, a planejar situações de aprendizagem mais comprometidas com uma pedagogia diferenciada e, por isso, relacional. É possível, ou desejável, hoje, dar a mesma aula, usando os mesmos exercícios, os mesmos recursos didáticos, os mesmos livros, as mesmas formas de avaliação, os mesmos conteúdos, a mesma forma de exposição para crianças tão diferenciadas em suas necessidades e possibilidades de aprendizagem? É possível, hoje, conservar na escola apenas crianças bem-dotadas, bem-nascidas, adequadas e dispostas ao jogo pedagógico? Sabemos que não. As crianças, todas as crianças, conquistaram – ao menos no espírito das leis – o direito à educação básica, ocorrendo sua realização, pública e gratuita, na escola. Crianças que têm o mesmo direito à educação, porém, só podem realizá-lo na prática se suas diferenças, suas histórias de vida, suas formas de interação com o mundo, seus mecanismos de construção de conhecimento, seus processos de desenvolvimento, suas relações e expectativas sociais forem considerados. Penso, como o Becker, que o construtivismo de Piaget e a sabedoria de Freire possibilitam-nos pensar uma escola para essas crianças e realizar práticas pedagógicas mais consistentes com a complexidade implicada no compromisso de uma qualificada educação básica para todos.

Um último ponto refere-se à posição do aluno, valorizada no presente trabalho. Que tipo de aluno queremos? Alunos passivos, obedientes, resignados e que fazem da repetição de algo externo e com pouco sentido uma referência para sua forma de ser? Apenas alunos talentosos, bem-nascidos, previamente selecionados por suas capacidades ou facilidades? Alunos ativos, responsáveis, autônomos, que podem fazer perguntas, construir conhecimentos, testar hipóteses, argumentar, enfrentar situações-problema, com direitos e deveres na escola e na sociedade? Não preciso antecipar-lhes que é pensando nos alunos referidos por último que Fernando Becker dedica, mais uma vez, o melhor de seus esforços. Se valeu a pena aprender tudo isso na primeira edição, mais ainda valerá atualizar e aprofundar essas reflexões, na segunda.

Lino de Macedo
Professor titular do Instituto de Psicologia da USP.

Sumário

Prefácio v
Lino de Macedo

1 Modelos pedagógicos e modelos epistemológicos 13
   Pedagogia diretiva e seu pressuposto epistemológico 14
   Pedagogia não diretiva e seu pressuposto epistemológico 17
   Pedagogia relacional e seu pressuposto epistemológico 20
   Considerações finais 26

2 Aprendizagem e conhecimento 31
   Miopia epistemológica 31
   Aprender o deixar-aprender 33
   Aprender a aprender 36
   Afetividade, desenvolvimento e aprendizagem 39
   Ditadura do conteúdo e fragilidade das formas 40
   Um novo ensino para uma nova aprendizagem 42

3 O sujeito do conhecimento 43
   Polaridade sujeito-objeto: a gênese do sujeito 47
   Abstração e fala: a emergência do sujeito 49
   Raízes biológica e psicológica do sujeito 50
   A construção da ação e a tomada de consciência 52
   Conclusões 57

4 Dialética e epistemologia genética 61
   Generalização 66
   Aspecto inferencial da equilibração 68

5 Piaget e Freire em relação 71
Partir dos conceitos espontâneos, da cultura ou do saber do aluno 72
Tomada de consciência *versus* conscientização 76
Ações de primeiro grau *versus* ações de segundo grau..77
Entender a fala como ação de segundo grau 79
Erro e consciência do inacabamento 80
O que Piaget pode ensinar a Freire e o que Freire pode ensinar a Piaget 81

6 Conseguir e compreender 83
Teoria e prática: uma nova relação? 84
Forma e conteúdo 85
Conseguir e compreender...86
Desenvolvimento e aprendizagem 88
A epistemologia do professor 90

7 Abstração reflexionante, conhecimento e ensino 95
A abstração reflexionante 95
O reflexionamento 100
Fundamentando a criação de novidades 102
Diferenciação e equilíbrio 104
Abstração empírica e reflexionante 108

8 O que é construtivismo 111

9 Construtivismo e pedagogia 121
Considerar as construções cognitivas, os conceitos espontâneos.....................122
Instaurar a fala do aluno 124
Rever continuamente as atividades em função do objetivo 126
Considerar o erro como instrumento analítico
  e não como objeto de punição 128
Pôr o aluno em interação com a ciência, a arte, os valores...............................131
Superar a repetição com a construção 132
Exercer rigor intelectual...133
Relativizar o ensino em função da aprendizagem 135
Continuidade funcional e descontinuidade estrutural 136
Pensar conteúdo e processo como duas faces da mesma
  realidade cognitiva 141
Concluindo..143

10 Inteligência e afetividade 145
   Epistemologias do senso comum 145
   A função da ação 146
   Ação e abstração reflexionante 148
   Ação e coordenação das ações 148
   Afetividade e inteligência emocional 150

11 Estádios do desenvolvimento 153
   com Tania Beatriz Iwaszko Marques
   Idade fixa ou cronologia variável 154
   Continuidade ou novidade? 157
   Totalidade ou somatório 158
   De repente ou longo processo 161
   Decalagens 162
   Conclusão 163

12 Aprendizagem humana: processo de construção 165
   com Tania Beatriz Iwaszko Marques

13 Ensino, aprendizagem e pesquisa 173
   Possibilidades atuais da epistemologia genética 176
   Ciência e experiência 179
   Aprendizagem e pesquisa 182
   Aprendizagem e ensino 185

Referências 195

1
Modelos pedagógicos e modelos epistemológicos

> Sempre que se considera o desenvolvimento em uma perspectiva epistemológica, uma multidão de problemas aparece com clareza, com tal evidência que nos surpreendemos com o fato de que ninguém os havia visto antes. (Piaget, 1973/1977, p. 83)

Podemos afirmar que existem três diferentes formas de representar a relação entre ensino e aprendizagem escolar ou, mais especificamente, entre o exercício da docência e as atividades de sala de aula. Falaremos, de início, de modelos pedagógicos e, na falta de terminologia mais atualizada ou adequada, em:

a) pedagogia diretiva;
b) pedagogia não diretiva e, com termos adequados à epistemologia genética, em;
c) pedagogia relacional ou construtivista. Mostraremos como tais modelos são sustentados, um a um, por concepções epistemológicas.

Estas concepções podem constituir-se por epistemologias do senso comum, (a) empiristas ou (b) aprioristas, ou por (c) epistemologias críticas, como a construtivista ou relacional de base interacionista. Aquelas (*a* e *b*) têm se mostrado refratárias a toda a exuberante crítica da sociologia da educação, que se desenvolveu no país desde o final da década de 1970, e, mais recentemente, às críticas tanto da psicologia sócio-histórica quanto das correntes multiculturalistas, pós-modernistas e pós-estruturalistas; daí a importância da opção pela epistemologia genética (*c*) como capaz de realizar a necessária crítica às epistemologias do senso comum e apontar para novos caminhos pedagógicos e didáticos. E neste contexto teórico é que será possível trazer dentro da educação os notáveis avanços que ela produziu nas concepções de desenvolvimento e de aprendizagem humanos.

PEDAGOGIA DIRETIVA E SEU PRESSUPOSTO EPISTEMOLÓGICO

Pensemos no primeiro modelo. Para configurá-lo, basta entrarmos em uma sala de aula (é pouco provável que nos enganemos). O que encontramos ali? Um professor que observa seus alunos entrarem na sala, aguardando que se sentem e fiquem quietos e silenciosos (Becker, 2010), para escutarem a preleção do professor. As carteiras estão devidamente enfileiradas e afastadas o suficiente umas das outras para evitar que os alunos conversem entre si. Se o silêncio e a quietude não se fizerem logo, o professor pedirá silêncio ou levantará a voz dirigindo repreensões até que a palavra seja monopólio seu. Quando isso acontecer, ele começará a *dar a aula*.

Como é essa aula? O professor fala, e o aluno escuta. O professor dita, e o aluno copia. O professor decide o que fazer e, em geral, decide o mesmo de sempre, e o aluno executa. O professor "ensina", e o aluno "aprende". Se alguém tivesse observado, com olhar crítico, uma sala de aula na década de 1960 ou de 1950, ou, quem sabe, do século XIX, diria, provavelmente, a mesma coisa: falaria como Paulo Freire, no primeiro capítulo do *Pedagogia do oprimido* (1970).

Por que o professor age assim? Muitos dirão: porque aprendeu que é assim que se ensina. Para mim, essa resposta é correta, mas não suficiente. Então, por que mais?

Penso que o professor age assim porque acredita que o conhecimento pode ser *transmitido* para o aluno. Ele acredita no *mito da transmissão* do conhecimento – do conhecimento como conteúdo conceitual, como estrita mensagem verbal. Mas, não só. Acredita, também, que se transmite o conhecimento como forma, estrutura ou capacidade; embora acredite com frequência que a capacidade de conhecer é inata. O professor acredita, portanto, em uma determinada epistemologia, isto é, em uma "explicação" – ou, melhor, crença – da gênese e do desenvolvimento do conhecimento. "Explicação" da qual ele não tomou consciência – inconsciência que não é menos prejudicial à aprendizagem do que a falsa consciência. Diz um professor (Becker, 2011): o conhecimento "se dá à medida que as coisas vão aparecendo e sendo introduzidas por nós nas crianças...". Outro professor diz: o conhecimento "é transmitido, sim; através do meio ambiente, família, percepções, tudo". Outro, ainda: o conhecimento se dá "[...] à medida que a pessoa é estimulada, é perguntada, é incitada, é questionada, é, até, obrigada a dar uma resposta...". A queixa deste aluno mostra como tal concepção epistemológica repercute na sala de aula: "A nossa aula de matemática não é diferente, é sempre a mesma coisa, a professora chega, dá a matéria, bota no quadro de giz, explica, a gente copia no caderno e começa a fazer um monte de exercícios; sempre foi assim, toda a minha vida..." (Becker, 2010, p. 520; 525). Como se configura tal epistemologia?

Falemos, como na linguagem epistemológica, em *sujeito e objeto*. O sujeito é o elemento conhecedor, ativo, o centro de onde se origina o conhecimento; o produtor do conhecimento, em estrutura e em conteúdo. O objeto é tudo o que o sujeito não é. Pergunta-se, o que é o não sujeito? É o mundo no qual está mergulhado: isto é, o meio físico ou social. Segundo a epistemologia que subjaz à prática desse professor, o indivíduo, ao nascer, nada tem em termos de conhecimento: é uma folha de papel em branco; é *tabula rasa*. É assim o sujeito na visão epistemológica desse professor: uma folha de papel em branco, um HD, um CD ou um *pendrive* sem nada gravado. Então, de onde vem o seu conhecimento (conteúdo) e, sobretudo, a sua capacidade de conhecer (estrutura)? Vem, de acordo com essa concepção, do meio físico ou social, por pressão desse meio. *Empirismo* é o nome dessa explicação do aumento dos conhecimentos. Sobre a *tabula rasa*, segundo a qual "não há nada no nosso intelecto que não tenha entrado lá através dos nossos sentidos", diz Popper (1991): "Essa ideia não é simplesmente errada, mas grosseiramente errada..." (p. 160). Voltemos ao professor na sala de aula.

O professor considera que seu aluno é *tabula rasa* não somente quando ele nasceu como ser humano, mas frente a cada novo conteúdo enunciado na grade curricular da escola em que trabalha. A atitude, nós a conhecemos. O alfabetizador considera que seu aluno nada sabe em termos de leitura e escrita e que ele tem de ensinar tudo – mito derrubado pela obra de Emília Ferreiro. Ela mostra o quanto a criança já se desenvolveu ao entrar pela primeira vez na escola. Mais adiante, frente à aritmética, o professor, novamente, vê seu aluno como alguém que nada sabe a respeito de somas e subtrações, multiplicações e divisões – mito derrubado por Piaget. Ele mostra como a noção de número é estruturada pela criança à revelia do ensino e, frequentemente, antes de entrar pela primeira vez na escola. Quando a criança entra na escola sem essa construção, a escola diz que ela não tem talento para aprender; o resultado é quase sempre o fracasso que a escola atribui ao aluno. No ensino médio, em uma aula de física, o professor vai tratar seu aluno como alguém desprovido de saber sobre espaço, tempo e relação causal. Já, na universidade, o professor de matemática olha para seus alunos, no primeiro dia de aula, e "pensa": "60% já estão reprovados!". Pensa assim porque os concebe, não apenas, como folha de papel em branco na matemática que ele vai ensinar, mas ainda os considera, devido à própria concepção epistemológica, estruturalmente incapazes de assimilar tal conhecimento. E, pior ainda, incapazes de construir estruturas que os tornem capazes de tal assimilação. Em uma palavra, o professor nutre a expectativa de que irão fracassar.

Como se vê, a ação desse professor não é gratuita. Ela é legitimada, ou fundada teoricamente, por uma epistemologia, segundo a qual o sujeito é totalmente determinado pelo mundo do objeto ou, o que dá no mesmo, pelo meio, físico ou social ou, ainda, pelos estímulos ambientais. Quem *representa* este mundo, na sala de aula, é, por excelência, o professor. No seu imaginário, ele, e somente ele, pode produzir algum novo conhecimento no aluno. Acredita que o aluno aprende se, e somente se, ele ensinar; isto é, transmitir. O professor acredita no mito da transferência do conhecimento de uma pessoa para outra: o que ele sabe, não importa o nível de abstração ou de formalização, pode ser transferido ou transmitido diretamente para o aluno, por via verbal ou linguística. Tudo o que o aluno tem a fazer é submeter-se à fala do professor: parar, ficar em silêncio, prestar atenção e repetir o que foi transmitido tantas vezes quantas forem necessárias, copiando, lendo o que copiou, repetindo o que copiou, etc., até o conteúdo que o professor *deu* aderir em sua mente; isto é, até memorizá-lo, não importando se compreendeu ou não. Epistemologicamente, essa relação pode ser assim representada:

$$S \leftarrow O$$

Como se vê, essa pedagogia, legitimada pela epistemologia empirista, configura o próprio quadro da *reprodução da ideologia;* reprodução do autoritarismo, da coação, da heteronomia, da subserviência, do silêncio, da morte da crítica, da criatividade, da curiosidade, da inventividade – de tudo aquilo que configura a atividade reflexiva, filosófica ou científica; morte, inclusive, da pergunta (Schuck Medeiros, 2005), que continua sendo reprimida pela docência atual ou, no mínimo, mal-administrada. Nessa sala de aula, nada de novo acontece: novas perguntas são respondidas com velhas respostas. A certeza do futuro está na reprodução pura e simples do passado. A disciplina escolar – que tantas vítimas já causou – é exercida com todo rigor, sem nenhum sentimento de culpa, pois há uma epistemologia, originária do senso comum, inconsciente, que legitima essa pedagogia. O aluno, egresso dessa escola, será bem-recebido naquela faixa do mercado de trabalho que não se atualizou, não evoluiu, pois ele aprendeu a silenciar, mesmo discordando, perante a autoridade do professor, a não reivindicar coisa alguma, a submeter-se e a fazer um mundo de coisas sem sentido, sem reclamar, simplesmente porque foi mandado. Ele aprendeu na escola a fazer o que é mandado sem refletir sobre o sentido do seu fazer; evita de todos os modos pensar sobre isso. O produto pedagógico acabado dessa escola é alguém que renunciou ao direito de pensar e que, portanto, desistiu de sua cidadania e do seu direito ao exercício da política no seu mais pleno significado, que não se esforça mais "para não ser idiota" (Cortella e Janine Ribeiro, 2011): qualquer projeto que vise à alguma transformação social escapa a seu horizonte, pois ele deixou de acreditar que sua ação seja capaz de qualquer mudança. O cinismo, expresso em frases do tipo: "de nada adianta fazer qualquer coisa", é seu jargão. Traduzindo esse modelo epistemológico em modelo pedagógico, temos a seguinte relação:

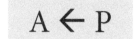

O professor (P), representante do meio social ou do sistema educacional, da escola e do currículo no qual se insere a disciplina que leciona, determina o aluno (A) que é considerado *tabula rasa* frente a cada novo conteúdo.

Nessa relação, o ensino e a aprendizagem são polos dicotômicos: acredita-se que o professor jamais aprenderá e o aluno jamais ensinará; tem-se a convicção que o professor sabe tudo e o aluno nada sabe. Como diz um professor universitário, ao responder à pergunta *Qual o papel do professor e qual o do aluno na sala de aula?*: "O professor ensina e o aluno aprende; qual é a sua dúvida?" (Becker, 2011). Ensino e aprendizagem não são compreendidos como polos complementares. A relação entre eles está bloqueada. É o modelo, por excelência, do fixismo, da reprodução, da repetição, da cópia, do conservadorismo. As relações não fluem: no século XIX, na década de 50 do século XX, nesta semana que está terminando ou começando, pode-se entrar em sala de aula e ver que tudo é muito parecido, muito igual. E todas as escolas afirmam, em uníssono, nos seus projetos político-pedagógicos que enfatizam a cidadania... Nada de novo pode – ou deve – acontecer ali, a não ser que alguém consiga furar o cerco desse modelo, na direção de uma pedagogia relacional. Mas, antes disso, vejamos o segundo modelo.

PEDAGOGIA NÃO DIRETIVA E SEU PRESSUPOSTO EPISTEMOLÓGICO

Pensemos no segundo modelo. Não é fácil detectar sua presença. Ele está mais nas concepções pedagógicas, psicológicas e epistemológicas do que na prática de sala de aula porque se trata de concepções subjacentes, mas pouco aplicáveis na prática. Pensemos, então, como seria a sala de aula de acordo com esse modelo.

O professor é um auxiliar do aluno, um *facilitador*, como definiu Carl Rogers (1902-1987). O aluno já traz um saber ou uma capacidade de conhecer que ele precisa, apenas, trazer à consciência, organizar, ou, ainda, rechear de conteúdo. O professor deve interferir o mínimo possível. Qualquer ação que o aluno decida fazer é, *a priori*, boa, instrutiva. É o regime do *laissez-faire*: *deixar fazer*, que o aluno encontrará por si mesmo o caminho. O professor deve "policiar-se" para interferir o mínimo possível. Qualquer semelhança com a "liberdade de mercado" do neoliberalismo é mais do que coincidência.

O professor não diretivo acredita que o aluno aprende por si mesmo. Ele pode, no máximo, auxiliar a aprendizagem do aluno, "despertando" o conhecimento que já existe nele. -Ensinar? -Nem pensar! Ensinar prejudica o aluno. Como diz um professor (Becker, 2011): "Ninguém pode transmitir. É o aluno que aprende. O processo é mais centrado no aluno". Outro professor afirma: "[...] você não transmite o conhecimento. Você oportuniza, propicia, leva a pessoa a conhecer". Outro, ainda: "[...] acho que ninguém pode ensinar ninguém; pode tentar transmitir, pode tentar mostrar [...]; acho que a pessoa aprende praticamente por si [...]". Que epistemologia sustenta esse modelo pedagógico, frequentemente confundido com construtivismo?

A epistemologia que fundamenta essa postura pedagógica é a apriorista e pode ser representada, como modelo, da seguinte forma:

"Apriorismo" vem de *a priori*, isto é, aquilo que é posto antes como condição do que vem depois. – O que é posto antes? – A bagagem hereditária; diríamos, hoje, o genoma. Essa epistemologia acredita que o ser humano nasce com o conhecimento já programado na sua herança genética, no seu genoma. Basta um mínimo de exercício para que se desenvolvam ossos, músculos e nervos e assim a criança passe a postar-se ereta, engatinhar, caminhar, correr, andar de bicicleta, subir em árvore, jogar futebol, competir em olimpíadas... assim também ocorreria com o conhecimento, de acordo com essa postura. Confunde-se desenvolvimento cognitivo com maturação biológica. Piaget (1959, 1974, p. 55) deixa claro que a maturação biológica é condição necessária do desenvolvimento, mas de modo algum suficiente. Nesse modelo tudo está previsto. É suficiente proceder a ações quaisquer para que tudo aconteça em termos de conhecimento. A interferência do meio – físico ou social – deve ser reduzida ao mínimo. É só pensar no *Emílio* de Rousseau ou nas crianças de Summerhill (Snyders, 1974) para entender para onde essa concepção epistemológica direciona o processo educativo.

As ações espontâneas farão a criança transitar por fases de desenvolvimento, cronologicamente fixas, que são chamadas de "estágios" (*stages*, em francês) e que, frequentemente, são confundidos com os "estádios" (*stades*, em francês) da epistemologia genética piagetiana; nesta, os estádios são, ao contrário, cronologicamente variáveis; "variam em função do meio social que pode acelerar, retardar ou até impedir seu aparecimento" (Piaget, 1972, 1973). Voltemos ao papel do professor.

O professor, imbuído de uma epistemologia apriorista – inconsciente, ou quase totalmente inconsciente – renuncia àquilo que seria a característica fundamental da ação docente: a intervenção no processo de aprendizagem do aluno. Ora, o poder que é exercido sem reservas, com legitimidade epistemológica, no modelo anterior, é aqui escamoteado. Ora, a trama de poder, em qualquer ambiente humano pode ser disfarçada, mas não suprimida. Acontece que, na escola, há limites disciplinares intransponíveis. O que acontece, então, com o pedagogo não diretivo? Ou ele arranja uma forma mais "subliminar" de exercer o poder ou ele sucumbe. Frequentemente, o poder, exercido desse modo, assume formas mais perversas que no modo explícito do modelo anterior. Assim como no regime da "livre iniciativa" ou de "liberdade de mercado", o Estado aumenta seu poder para garantir a continuidade e, até, o aumento dos privilégios da minoria rica, utilizando não a perseguição política, mas a expropriação dos salários e a desmoralização das instituições representativas dos trabalhadores, assim também, por mecanismos indiretos exerce-se, por vezes, em uma sala de aula não diretiva, um poder tão predatório, pelo menos, como o da sala de aula diretiva. Por isso, Celma (1979) afirma, no *Diário de um (edu)castrador*, que os alunos tinham pavor de sua professora não diretiva.

Se o modelo diretivo predomina na escola pública, o não diretivo predomina nas escolas da rede privada. Aliás, parece haver hoje uma tendência da escola privada de retornar ao modelo diretivo.

Como vimos, uma pedagogia desse tipo não é gratuita. Ela tem legitimidade teórica: extrai sua fundamentação da epistemologia apriorista, frequentemente inatista. O professor parece, no entanto, não ter consciência disso. Essa mesma epistemologia, que concebe o ser humano como dotado de um saber "de nascença" ou uma capacidade inata, conceberá, também, dependendo das conveniências, um ser humano desprovido da mesma capacidade, "deficitário". Esse "déficit", porém, não é concebido como originário de uma causa externa; mas como hereditário. Onde se detecta maior incidência de dificuldades ou retardos de aprendizagem? -Entre os miseráveis, os malnutridos, os pobres, os marginalizados... Está, ali, a teoria da carência cultural para garantir a interpretação de que marginalização socioeconômica e déficit cognitivo são sinônimos. A criança marginalizada, entregue a si mesma, em uma sala de aula não diretiva, produzirá, com alta probabilidade, bem menos, em termos de conhecimento, que uma criança de classe média ou alta. Trata-se, aqui, de acordo com o apriorismo, de déficit herdado; epistemologicamente legitimado, portanto. (Sob o ponto de vista do terceiro modelo, a interpretação a respeito é profundamente diferente, como veremos adiante).

Encontrei, em professores de matemática, essa concepção apriorista, com frequência de caráter fortemente inatista, muitas vezes designada por talento. "A minha opinião sobre isso, é que tu consegues ensinar se a pessoa tem talento" (Becker, 2010, p. 60; 440), diz um professor de matemática de graduação, mestrado e doutorado. Por consequência, é desperdício ensinar para aqueles que não têm talento: "Mas, definitivamente matemática é muito difícil ensinar para a massa; [...] ou a pessoa dá para isso ou não dá. E querer formar muitos matemáticos de boa qualidade, simplesmente achando que a questão é ensinar para muitas pessoas matemática, não é uma boa política realmente não dá, não adianta muito" (Becker, 2010, p. 60), diz o mesmo professor.

Traduzindo em relação pedagógica o modelo epistemológico apriorista, temos:

$$A \rightarrow P$$

O aluno (A), pelas suas condições prévias, determina a ação – ou omissão – do professor (P).

Nessa relação, o polo do ensino é desautorizado, e o da aprendizagem, ou do aluno, é tornado absoluto. A relação vai perdendo sua fecundidade na exata medida dessa absolutização. Em outras palavras, a relação torna-se impossível na medida mesma em que pretende avançar. Ensino e aprendizagem não conseguem fecundar-se mutuamente: a aprendizagem por julgar-se autossuficiente, e o ensino por ser proibido de interferir. O resultado é um pseudoprocesso que caminha inevitavelmente para o fracasso, com prejuízo imposto a ambos os polos. O professor é despojado de sua função, "sucatado". O aluno, guindado a um *status* que ele não tem, nem poderia sustentar. A aprendizagem de alguns será explicada como mérito do talento e a não aprendizagem de muitos, como déficit herdado, impossível de ser superado.

O caminho para tornar possível essa superação é o da crítica epistemológica possibilitada por uma epistemologia relacional. Não se consegue lograr isso apenas pela psicologia ou pela pedagogia, a não ser que elas já venham fundadas em uma crítica epistemológica.

PEDAGOGIA RELACIONAL E SEU PRESSUPOSTO EPISTEMOLÓGICO

O professor e os alunos entram na sala de aula. O professor traz algum material – algo que, presume, tem significado para os alunos. Propõe que eles explorem o material – cuja natureza depende dos destinatários: crianças de pré-escola, de ensino fundamental, adolescentes de ensino médio, universitários, etc. Esgotada a exploração do material, com ampla troca de ideias a respeito, o que pode ser feito no interior de pequenos grupos, o professor dirige um determinado número de perguntas, explorando, sistematicamente, diferentes aspectos problemáticos propiciados pelo material. Pode solicitar, em seguida, que os alunos representem – desenhando, pintando, escrevendo, fazendo cartunismo, dramatizando, etc. – o que elaboraram. A partir daí, discutem-se a direção, a problemática, o material da(s) próxima(s) aula(s), questionando-se sobre o que funcionou melhor, o que ficou precário, o que não funcionou ou deu errado. As matérias que envolvem laboratório constituem campo aberto para todo tipo de experiência e para avaliação contínua das experiências e das aprendizagens a que elas deram lugar. Como se vê, a presença do professor reveste-se de enorme importância, mas sua ação não se esgota nele mesmo; ela se prolonga nas ações dos alunos.

Por que o professor age assim? Porque ele acredita, ou, melhor, compreende (teoria), que o aluno só aprenderá alguma coisa, isto é, construirá algum conhecimento novo, se ele agir e problematizar a própria ação, apropriar-se dela e de seus mecanismos íntimos. A condição prévia para isso é que consiga assimilar o problema proposto; sem assimilação não haverá acomodação. Em outras palavras, ele sabe que há duas condições necessárias para que algum conhecimento novo seja construído: (a) que o aluno aja (assimilação) sobre o material – objeto, experimento, texto, afirmação, cálculo, teoria, pesquisa, modelo, conteúdo específico, observações, dados coletados, reação química ou física, etc. – que o professor presume que tenha algo de cognitivamente interessante, ou melhor, *significativo* ou *desafiador* para o aluno; (b) que o aluno responda para si mesmo (acomodação), sozinho ou em grupo, às perturbações provocadas pela assimilação do material, ou que se aproprie, em um segundo momento, não mais do material, mas dos mecanismos íntimos de suas ações sobre esse material: o que ele fez, por que fez dessa maneira, o que funcionou, o que deu errado, por que deu errado, de que outra maneira poderia ter feito.

Realizar-se-á tal processo por *reflexionamento* e *reflexão* (Piaget, 1977/1995, p. 274), a partir das questões levantadas pelos próprios alunos e das perguntas levantadas pelo professor, e dos desdobramentos que daí ocorrerem. O professor construtivista não acredita no ensino, em seu sentido convencional ou tradicional, pois não acredita que um conhecimento (conteúdo) e, menos ainda, uma condição prévia de conhecimento (estrutura) possam transitar, por força do ensino, da cabeça do professor para a cabeça do aluno, da mente do professor para a do aluno; não acredita na transmissão de conhecimento como conteúdo e, menos ainda, como forma ou estrutura. A transmissão social existe, mas ela não acontece se o polo transmissor não contar com um polo receptor ativo, com estruturas já construídas capazes de assimilar o que foi transmitido.

> [...] a linguagem transmite ao indivíduo um sistema completamente preparado de noções, de classificações, de relações, e, em suma, um potencial ines-

> gotável de conceitos, que se reconstrói, em cada indivíduo, sobre o modelo multissecular já feito pelas gerações anteriores. Mas sabemos que em toda esta coleção a criança começa por aprender somente o que lhe convém, ignorando soberbamente tudo o que ultrapasse seu nível mental. Mesmo aquilo que aprende é assimilado segundo sua estrutura intelectual: uma palavra destinada a transmitir um conceito geral engendra apenas um preconceito semi-individual e semissocializado (a palavra "pássaro" evocará, então, o canário familiar, etc.). (Piaget, 1947/1972, p. 204-205)

O professor não acredita na tese de que a mente do aluno é *tabula rasa*, isto é, que o aluno, frente a um conhecimento novo, seja totalmente ignorante e tenha de aprender tudo da estaca zero, não importando o estádio de desenvolvimento em que se encontre. Ele acredita que tudo o que o aluno construiu até hoje em sua vida serve de patamar para continuar a construir e que alguma porta se abrirá para o novo conhecimento – é só questão de descobri-la; ele descobre isso por construção. Aprendizagem é, por excelência, construção na medida em que é viabilizada pela construção de estruturas cognitivas realizadas no plano do desenvolvimento. Professor e aluno determinam-se mutuamente, mediados pelos conteúdos. Como vemos, a epistemologia desse professor mostra diferenças fundamentais com relação às anteriores. Como ela se configura? Como modelo, podemos representá-la assim:

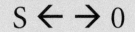

O professor tem todo um saber construído, sobretudo em uma determinada direção do saber elaborado (repertório cultural da humanidade). Esse professor, que age segundo o modelo pedagógico relacional, professa uma epistemologia também relacional. Ele concebe a criança (o adolescente, o adulto), seu aluno, como de posse de uma história de conhecimento já percorrida; por exemplo, a aprendizagem da língua materna – ou das línguas maternas, nos casos de bi ou trilinguismo. Essa aprendizagem é um fenômeno que não deve ser subestimado; ousaria dizer que a criança que fala uma língua tem condições, respeitado seu nível cognitivo, de aprender qualquer coisa.

Aliás, o ser humano, ao nascer, não é *tabula rasa*. Antes, ao contrário, traz uma herança biológica que é o oposto da "folha de papel em branco" da concepção empirista. Diz Popper, lembrando que a afirmação de que "nada há no intelecto que não tenha passado primeiramente pelos sentidos" (encontrada no *Leviatã*, do filósofo Hobbes [1587-1666]), é grosseiramente errada: "basta que nos lembremos dos 10 bilhões de neurônios do nosso córtex cerebral, alguns deles (as células piramidais do córtex) cada um com um total estimado em 10 mil sinapses" (p. 160). Ou, como lembra Herculano-Houzel (2005): "Estima-se que cada neurônio no cérebro humano se comunica em média com uns 10 mil outros neurônios, sendo que o número de neurônios contatados por cada neurônio individual pode variar de 1 a 100 mil ou mais" (p. 65).

Para Piaget, mentor por excelência de uma epistemologia relacional, não se pode exagerar a importância da bagagem hereditária nem a importância do meio social. O que jamais se deve fazer é tornar 1 desses polos exclusivos, absolutizá--lo. Ao contrário, deve-se pô-los em relação, dialetizá-los. Faz-se isso encarando o desenvolvimento cognitivo como função de formas diferenciadas de dois processos entre si complementares: a assimilação e a acomodação (Piaget, 1936), a adaptação e a organização (Piaget, 1967/1973), o reflexionamento e a reflexão (Piaget, 1977/1995).

Piaget rejeita, no entanto, a crença de que a bagagem hereditária já traga, em si, programados, os instrumentos (estruturas) do conhecimento e segundo a qual bastaria o processo de maturação para tais instrumentos se manifestarem em idades previsíveis, segundo "estágios" cronologicamente fixos (apriorismo). Rejeita, de outro lado, que a simples pressão do meio social sobre o sujeito determinaria nele, mecanicamente, a acumulação de conhecimentos-conteúdos (empirismo) por uma memória também mecânica. Para ele a inteligência é memória, mas não apenas memória; é ação e coordenação das ações em níveis cada vez mais diferenciados.

Para Piaget, o conhecimento tem início quando o recém-nascido age, assimilando alguma coisa do meio físico ou social. Esse conteúdo assimilado, ao entrar no mundo do sujeito, provoca, ali, perturbações, pois traz consigo algo estranho, para o qual a estrutura assimiladora não tem instrumento para responder. Urge, então, que o sujeito refaça seus instrumentos de assimilação em função dessa estranheza – que pode ser pequena ou grande. Esse refazer-se, da parte do sujeito, é a acomodação (ou a reflexão); é ela que produz novidades. É esse movimento, essa ação que refaz o equilíbrio perdido; porém, o refaz em outro nível, criando algo novo no sujeito. Esse algo novo fará com que as próximas assimilações sejam diferentes das anteriores, sejam melhores: equilibração majorante, isto é, o novo equilíbrio será mais consistente e abrangente que o anterior, mais capaz de responder a desafios. O sujeito constrói – daí, *construtivismo* – seu conhecimento em duas dimensões complementares, como conteúdo e como forma ou estrutura; como conteúdo ou como capacidade, ou condição prévia de assimilação de qualquer conteúdo.

No mundo interno (endógeno) do sujeito, algo novo foi criado. Algo que é síntese do que existia, antes, como sujeito – originariamente, da bagagem hereditária – e do conteúdo que é assimilado do meio físico ou social. O sujeito cria outro, dentro dele mesmo, que não existia originariamente; esse outro fará parte da nova síntese estrutural e, como tal, deixará de ser outro. E cria-o por força de sua ação (assimiladora e acomodadora). O sujeito faz-se outro sem deixar de ser ele mesmo; isso é, diferencia-se, por acomodação, com relação ao que conservara de processos anteriores. Melhor, transforma-se em função das diferenças trazidas pelo outro que assimilou e que exigiu dele acomodações ou modificações em si mesmo.

A ação do sujeito, portanto, constitui, correlativamente, o objeto e o próprio sujeito. Sujeito e objeto não existem antes da ação do sujeito e não serão mais os mesmos após essa ação. A consciência não existe antes da ação do sujeito. Porque a consciência é, segundo Piaget, construída pelo próprio sujeito na medida em que ele se apropria dos mecanismos íntimos de suas ações, ou, melhor dito, das coordenações de suas ações.

Esse processo constitutivo não tem fim e nem começo absoluto. Ele pode ser explicado por outro prisma teórico, também de Piaget. A teoria da *abstração reflexionante* (1977/1995), uma teoria explicativa que é mais adequada que a teoria da equilibração para explicar o que acontece no nível das trocas simbólicas, no nível da "manipulação" dos símbolos, das relações sociais, dos bens da cultura, das produções acadêmicas e científicas, e não só no nível da manipulação dos objetos do mundo físico, com uma gama interminável de aspectos exploráveis. Deixemos, no entanto, a teoria da abstração – já referida anteriormente – para outra ocasião (Cf. Cap. 7). Pode-se dizer que a abstração reflexionante expressa a teoria da equilibração no mundo das trocas simbólicas.

O professor que pensa conforme a epistemologia genética acredita que seu aluno é capaz de aprender sempre. Essa capacidade precisa, no entanto, ser vista sob duas dimensões, complementares entre si. A estrutura, ou condição prévia de todo aprender, que indica a capacidade lógica do aluno, e o conteúdo ou aquilo que ele assimila. Lembremos que, para Piaget (1967/1973), a estrutura é orgânica (cérebro, sinapses, neurotransmissores...) antes de ser formal; e, mesmo sendo formal, jamais deixará de ser orgânica. A dinamização ou, melhor, a dialetização do processo de aprendizagem exige, portanto, dupla atenção do professor. Este, além de ensinar, precisa aprender o que seu aluno já construiu até o momento – condição prévia das aprendizagens futuras; o professor precisa saber em que patamar de desenvolvimento encontra-se o aluno. O aluno, por sua vez, precisa aprender o que o professor tem a ensinar (conteúdos da disciplina ou da cultura formalizada); isso desafiará a intencionalidade de sua consciência (Freire, 1979) ou provocará um desequilíbrio (Piaget, 1936; 1975), que exigirá do aluno respostas em duas dimensões complementares: em conteúdo e em estrutura. Para Freire, o professor, além de ensinar, aprende; e o aluno, além de aprender, ensina. É claro que tais ensinos e aprendizagens são assimétricos. Mas, como as aprendizagens são estritamente continuidade do desenvolvimento prévio, o ensino não pode ignorá-lo.

Nessa relação, professor e alunos avançam no tempo. As relações de sala de aula, de cristalizadas – com toda a dose de monotonia e tédio que as caracteriza – passam a ser fluidas. O professor construirá, a cada dia, a sua docência, dinamizando seu processo de aprender. Os alunos construirão, a cada dia, a sua "discência", ensinando, aos colegas e ao professor, novos saberes, noções, conceitos, objetos culturais, teorias, comportamentos. Farão perguntas, muitas delas banais, mas outras que desafiarão o professor. Mas o que avança mesmo nesse processo é a condição prévia de todo aprender ou de todo conhecimento, isto é, a capacidade construída de, por um lado, apropriar-se criticamente da realidade física ou social e, por outro, de construir sempre mais e novos conhecimentos ou capacidades. Traduzindo pedagogicamente o modelo epistemológico, temos:

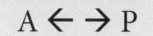

A tendência, nessa sala de aula, é a de superar, por um lado, a disciplina policialesca e a figura autoritária do professor que a representa, e, por outro, a de ultrapassar o dogmatismo do *conteúdo*. Não se trata de instalar um regime de anomia (ausência de regras ou leis de convivência), ou o *laissez-faire*, nem de esvaziar o conteúdo curricular; estas são características do segundo modelo epistemológico com o qual se confunde, frequentemente, uma proposta construtivista. Trata-se, antes, de criticar, radicalmente, a disciplina policialesca e construir uma disciplina intelectual e regras de convivência, o que permite criar um ambiente fecundo de aprendizagem. Trata-se, também, de recriar os conhecimentos que a humanidade já criou (pois não há outra forma de entender-se a aprendizagem, segundo a psicologia genética piagetiana, pois só se aprende o que é recriado para si) e, sobretudo, de criar conhecimentos novos: novas respostas para antigas perguntas e novas perguntas refazendo antigas respostas; e, não em última análise, respostas novas para perguntas novas. Trata-se, numa palavra, de construir o mundo que se quer, e não de reproduzir ou repetir o mundo que os antepassados construíram para eles ou herdaram de seus antepassados. Construir o mundo que se quer à base do respeito radical ao outro – pessoas, instituições, culturas, meios ambientes, etc. – pois é no outro que reside a condição e a possibilidade da transformação do eu.

O resultado de uma sala de aula assim configurada é a construção e a descoberta do novo, é a criação de uma atitude de busca e de coragem que essa busca exige. Essa sala de aula não reproduz o passado pelo passado, mas se debruça sobre o passado porque aí se encontra o embrião do futuro que emergirá das ações que se seguem a cada nova opção. Vive-se intensamente o presente à medida que se constrói o futuro, buscando no passado sua fecundação. Dos escombros do passado delineia-se o horizonte do futuro; origina-se, daí, o significado que dá plenitude ao presente. Para quem pensa que estou desenhando um mar de rosas, alerto que, para grande número de indivíduos, apresenta-se como extremamente penoso mexer no passado. Como diz a mãe de um menino de rua: "Para que vou lembrar o passado se ele não tem nada de bom?". Aqui, os conceitos, muito próximos entre si, de *tomada de consciência* de Piaget e de *conscientização* de Freire (Cf. Becker, 2003, Cap. IV, e 2010, Cap. III) são excepcionalmente fecundos, para dialetizar as dimensões temporais de passado, presente e futuro. A convicção que a epistemologia genética nos traz é a de que esse é o caminho para lançar-se para o futuro, para adiantar-se aos acontecimentos. Para não andar a reboque da história, mas para fazer história; em uma palavra, para fazer-se sujeito, para ser sujeito.

CONSIDERAÇÕES FINAIS

Ajuntemos, em um todo, os vários modelos, epistemológicos e pedagógicos, que deixamos para trás:

QUADRO 1.1
Comparação dos modelos pedagógicos e epistemológicos

Epistemologia		Pedagogia	
Teoria	Modelo	Modelo	Teoria
Empirismo	S ← O	A ← P	Diretiva
Apriorismo	S → O	A → P	Não diretiva
Construtivismo	S ← → O	A ← → P	Relacional

Se sobrepusermos as duas colunas "Modelo", estaremos mais próximos da representação desejada, isto é, a mesma relação existente entre S e O, sob o ponto de vista epistemológico, está presente na relação entre A e P ao estabelecer-se, em sala de aula, uma relação cognitiva que implica, sempre, uma relação afetiva. Encontra-se, aqui, o motivo mesmo de nossa análise: desvendar as relações epistemológicas que ocorrem no âmago das relações pedagógicas (Becker, 1993, 2011; 2010). De acordo com Piaget, não se pode fazer interdisciplinaridade sem contemplar o nível das relações epistemológicas. Vamos apontar, sem desenvolver, para as possibilidades abertas por essa forma de análise, ampliando a tabela anterior. Para isso, incluamos três disciplinas que, de formas diferenciadas, pretendem interferir na tarefa de teorizar o fazer educacional: a biologia, a psicologia e a sociologia, ao lado da epistemologia e da pedagogia:

QUADRO 1.2
Comparação dos modelos biológico, psicológico e sociológico

Biologia		Psicologia		Sociologia	
Modelo	Teoria	Modelo	Teoria	Modelo	Teoria
Or ← M	Lamarckismo	R ← E	Associacionismo Behaviorismo	I ← Ms	Positivismo
Or → M	Neo--Darwinismo	R → E	Gestalt Summerhill Carl Rogers	I → Ms	Idealismo
Or ← → M	Biologias Relacionais	R ← →E	Psicologia Genética	I ← → Ms	Dialética

Convenção: Or = Organismo; E = Estímulo; M = Meio; I = Indivíduo; R = Resposta; Ms = Meio Social
(Nota: Por falta de espaço, não colocamos neste quadro os modelos epistemológico e pedagógico. Para fazer isso, é só trazer o Quadro 1.1 e colocá-lo ao lado do Quadro 1.2.)

Tanto em nossas pesquisas como em observações informais, detectamos o seguinte comportamento: professores que participavam de greves do magistério público estadual ou federal, como "militantes progressistas" mostrando compreensão – em nível macro – do que acontecia na economia e na política, ao retornar à sala de aula (nível micro), após o término da greve, voltavam a ser professores plenamente sintonizados com o modelo *A* (diretivo), às vezes complementado com o modelo *B*. Sua crítica sociológica, frequentemente lúcida, exercida, via de regra, segundo parâmetros marxistas, mostrava-se incapaz de atingir sua ação docente (prática); e ainda mais incapaz de atingir seu modelo pedagógico (teoria). Por quê?

Não se desmonta um modelo pedagógico arcaico somente pela crítica sociológica ou psicológica, por mais importantes que estas sejam. Estendemos essa suspeita também para os esforços críticos mais recentes das linhas culturalistas, pós-modernas e pós-estruturalistas. Segundo nossa hipótese, a desmontagem de um modelo pedagógico só pode ser realizada completamente pela crítica epistemológica; não estou dizendo que deva ser feita com a epistemologia genética piagetiana, por mais que eu esteja afinado com esta. Em outras palavras, a crítica epistemológica é insubstituível para a superação de práticas pedagógicas fixistas, reprodutivistas, conservadoras, sustentadas por epistemologias empiristas ou aprioristas – epistemologias do senso comum. Note-se que tais epistemologias fundam, por um lado, o positivismo e, de forma menos fácil de mostrar, o neopositivismo, e, por outro, o idealismo ou o racionalismo.

Pensamos, também, que a formação docente precisa incluir, cada vez mais, a crítica epistemológica. Nossas pesquisas sobre *epistemologia do professor* (Becker, 1993 [edição original]; 2011) e *epistemologia do professor de matemática* (2010) mostraram o quanto esta crítica está ausente e o quanto o primitivismo epistemológico conserva o professor prisioneiro de epistemologias do senso comum, tornando-o incapaz de tomar consciência das amarras que aprisionam o seu fazer e o seu pensar. Pudemos experimentar o quanto de fecundidade teórico-crítica – aliás, inesgotável – a epistemologia genética piagetiana possibilita. O pensamento de Paulo Freire tem mostrado, em alguns momentos, uma fecundidade similar, em termos pedagógicos e, também, em termos epistemológicos (Cf. Andreola, 1993; Freire, 1970, 1990, 1995; Becker, 2010).

Uma proposta pedagógica, dimensionada pelo tamanho do futuro que vislumbramos, pelo lugar que deve ocupar a educação no século XXI, deve ser construída sobre o poder constitutivo e criador da ação humana – "é a ação que dá significado às coisas!". Mas não a ação aprisionada: aprisionada pelo treinamento, pela monotonia deletéria da repetição, pela predatória imposição autoritária, mas, sim, a ação que, em um primeiro momento, realiza os desejos humanos, suas necessidades e, em um segundo momento, apreende simbolicamente o que realizou no primeiro momento. Não só assimilação, mas assimilação que se desdobra em acomodação. Não só reflexionamento, mas reflexionamento que se prolonga em reflexão; não só ação de primeiro grau, mas ação de primeiro grau reconstruída por ações de segundo, terceiro ou enésimo grau, até atingir níveis metarreflexivos. Em uma palavra, não só prática, mas prática e teoria. Não só fazer, mas fazer com êxito ou conseguir e compreender. Não só conhecer, mas conhecer e tomar consciência do que se conheceu. A acomodação, a reflexão, as ações de segundo ou enésimo grau, a compreensão, a tomada de consciência e a teoria retroagem sobre a assimilação, o reflexionamento, as ações de primeiro grau e a prática, transformando-os. Poder-se-á, assim, enfrentar o desafio de partir da experiência do educando, recuperando o sentido do processo pedagógico, isto é, recuperando e (re)constituindo o próprio sentido do mundo do educando; e, de rebote, ou por *feedback*, o do educador.

Uma proposta pedagógica relacional visa sugar o mundo do educando para dentro do mundo conceitual do educador. Esse mundo conceitual do educador sofre perturbações, mais ou menos profundas, com a assimilação do conteúdo novo. A alternativa é responder ou sucumbir. A resposta abre um novo mundo de criações, podendo levar a invenções. A não resposta condena o professor às velhas fórmulas que já descrevemos e, consequentemente, à perda do significado de sua função e de sua existência. A condição para que o professor responda está, como vimos, em uma crítica radical não só de seu modelo pedagógico, mas também, descendo à raiz dele, de sua concepção epistemológica.

Para enfrentar esse desafio, o professor deveria responder, antes, à seguinte questão: que cidadão ele quer que seu aluno seja? Um indivíduo dócil, cumpridor de ordens sem questionar o significado das mesmas, subserviente? Ou um indivíduo pensante, crítico, operativo, participativo, autônomo que, perante cada nova encruzilhada prática ou teórica, apropria-se do que fez transformando-o em objeto de reflexão e de tomada de consciência; um indivíduo que se abre ao diálogo com seu entorno social e à interação com seu entorno cognitivo, perguntando-se pelo significado de suas ações presentes e futuras e, progressivamente, das ações do coletivo no qual ele se insere? Esta é uma pergunta fundamental que permite iniciar o processo de *restauração do significado* – e da construção de um mundo de significações futuras que justificarão a vida individual e coletiva.

Isso exige uma nova forma de gerir a escola – uma nova forma de gestão do sistema escolar, em todos os níveis. Uma pedagogia relacional entrará invariavelmente em rota de colisão com a atual gestão escolar. Turmas alinhadas por idade, independente das capacidades construídas pelos alunos, para quem se decretou que a aprendizagem deve acontecer nos 50 minutos da hora-aula, não serve para a escola que sonhamos. Todo o preparo e encaminhamento da aula possibilitam relações que criam um "campo cognitivo", similar ao campo psicológico imaginado por Kurt Lewin (1890-1947), com sua teoria de campo, que, por sua vez, inspirou-se no campo eletromagnético da Física; Piaget condensa esses significados na palavra "interação". Aos 45 minutos, esse campo cognitivo começará a dar sinais de fecundidade em que ideias começam a circular, perguntas inusitadas são formuladas, expectativas são criadas, conteúdos são questionados, novas formulações começam a aparecer. Cinco minutos depois, toca a campainha com estardalhaço anunciando a próxima aula, comprometendo o processo criado com tanto esforço e dedicação.

A próxima aula não terá nada a ver com a anterior e o próximo professor não fará qualquer menção ao que acontecera minutos antes, já porque não se informou minimamente a respeito; mesmo porque ele não mostra o mínimo interesse e tampouco se espera que ele o faça porque não foi preparado para isso. Compromete-se o campo cognitivo fragmentando não apenas os conhecimentos, mas o próprio processo de conhecer e aprender. Condenam-se os esforços docentes e discentes à mediania, senão à mediocridade; a médio e longo prazos, ao fracasso. Nesse meio escolar convive-se com índices de 30, 50, e, até, 70% de reprovação. O que deveria ser considerado escandaloso é encarado como normal e, pasmem, até como sinal de competência docente. A atual gestão escolar não faz justiça a uma pedagogia relacional; ela precisa ser transformada.

O vertiginoso estreitamento das relações, possibilitado pelo mundo da informática, não deixa mais espaço para a fixidez da arcaica gestão escolar e das autoritárias relações pedagógicas da escola convencional que teimam em adentrar o futuro sem se transformar. Entretanto, a informática aplicada à educação não garantirá, por si mesma, avanços em termos de crítica epistemológica. Criar sofisticados *softwares* para aprender velhas coisas, por velhos caminhos, é um desserviço à educação.

Sabemos, porém, o quanto custa o minucioso trabalho de construção de uma escola fundada numa pedagogia relacional, por sua vez fundada em uma crítica epistemológica radical como a da Epistemologia Genética. Esse é o desafio de todo educador, gestor escolar ou professor: criar espaços de inventividade em que o passado é tratado como material de construção do presente, com o olhar erguido para o horizonte, o futuro. Transformar a escola em um grande laboratório, restringindo o espaço do auditório – sem nunca eliminá-lo – esse deve ser o objetivo de quem se preocupa com uma escola adequada aos novos tempos. Essa transformação deve orientar-se pela fórmula: cada vez mais laboratório e menos auditório. Laboratório com tempo adequado e diversidade de atores; e auditório para relatar o que se fez e discutir as consequências teóricas dos resultados obtidos e não para repetir o que não se fez.

É daí que nascerá o futuro como construção humana, como espaço de significação e como tempo pleno de positividade e possibilidades.

2
Aprendizagem e conhecimento

> (...) a beleza, como a verdade, só vale quando recriada pelo sujeito que a conquista. (Piaget, 1998, p. 190)
>
> Recursos, competência e democracia: um tripé que pode começar a salvar a dignidade dos professores deste país. (Carlos Roberto Jamil Cury)
>
> Para apresentar uma noção adequada de aprendizagem, é necessário explicar primeiro como o sujeito consegue construir e inventar, e não apenas como ele repete e copia. (Piaget, citado por Mussen, 1977, p. 88)

O grande desafio da aprendizagem humana reside na difícil superação das concepções fundadas em epistemologias do senso comum, sejam elas inatistas ou empiristas. Uma concepção inatista funda-se na crença de que um ser humano recém-nascido – a rigor, recém-concebido – já traz todas as condições cognitivas com as quais enfrentará todas as circunstâncias de sua vida. Assim, ele poderá ter predisposições para aprender mecânica, mas não música; para letras, mas não para matemática; para medicina e não para filosofia; estará mais predisposto para ser um trabalhador braçal do que intelectual; será antes um agricultor ou um gari do que um empresário; estará predisposto a ser um indivíduo mais prático ou mais teórico, afeito mais às artes do que às ciências. No outro extremo, uma concepção empirista funda-se na crença de que o recém-nascido – a rigor, recém-concebido – nada traz em termos de conhecimento; tudo o que ele terá de cognitivo vem do meio externo por mérito da pressão que esse meio exerce sobre o sujeito ou, simplesmente, pela estimulação desse meio.

MIOPIA EPISTEMOLÓGICA

Apesar da manifesta oposição entre inatismo e empirismo, ambos têm um ponto em comum, a passividade do sujeito. No inatismo, o sujeito não precisa agir porque herdou tudo; no empirismo, porque o meio dará tudo. Atualmente, com os progressos da neurologia e da genética, por um lado, e com os progressos de algumas frentes da sociologia e da psicologia, por outro, essas duas posturas sofrem duras críticas epistemológicas. Entretanto, elas continuam intocáveis, tanto no senso comum quanto na escola em geral. É comum encontrarmos docentes que professam essas concepções epistemológicas sem sequer suspeitar que suas concepções de conhecimento e de aprendizagem, assim como suas práticas didático-pedagógicas, continuam prisioneiras dessas epistemologias (Becker, 2010; 2011).

Por um lado, a genética oferece-nos dados surpreendentes que desautorizam uma psicologia associacionista – incluída, ali, a behaviorista – ou uma sociologia reprodutivista (o indivíduo é resultante das determinações sociais). Matematicamente, existem mais de 8 milhões (8.338.608) de combinações cromossômicas possíveis em um óvulo ou em um espermatozoide. No encontro de óvulo e espermatozóide, a probabilidade de resultar determinada configuração genética é, segundo geneticistas, de 1 para 70 trilhões. Em outras palavras, cada indivíduo apresenta uma combinação única de genes. E isso ocorre independentemente da influência do meio físico ou social imediato, ou seja, independentemente de o meio ser letrado ou não, ser tribal ou civilizado, ser dominado por uma economia socialista ou neoliberal. Do mesmo modo, um chimpanzé, embora criado em ambiente humano sob intensa estimulação verbal, jamais aprenderá a falar. Por outro lado, a neurologia, congruente com a epistemologia genética, demonstra que os precários instrumentos cognitivos do recém-nascido desenvolvem-se de forma tão expressiva que se tornam quase irreconhecíveis depois de alguns anos. No entanto, isso ocorre na estrita medida da interação – não como maturação a partir do herdado nem como resultado de estimulação do meio social, embora esses dois fatores estejam sempre presentes e tenham muito mais importância do que lhes atribuem o empirismo e o inatismo. A própria sociologia – aquela mais crítica – já se deu conta de que a sociedade vai se modificando pela maneira como os indivíduos vivem: o meio social, tal como o meio físico, não é imune às ações dos indivíduos (tal como os indivíduos não são imunes à presença do meio, físico ou social).

Esses dados e reflexões constituem apenas uma pequena amostra do quanto o inatismo e o empirismo são posturas epistemológicas demasiadamente míopes para descortinar uma visão adequada da capacidade humana de aprender. A epistemologia genética situa na ação do sujeito o núcleo a partir do qual se originam as sucessivas estruturas cognitivas. Não importa qual a bagagem hereditária de um indivíduo, ele traz uma capacidade de aprender própria da espécie humana; porém, essa capacidade é traduzida por um sem-número de características individuais, irredutíveis à espécie como um todo.

Os números citados anteriormente ajudam a pensar o indivíduo como único – e, como tal, ele age sobre o meio, produzindo um fenótipo também único. Isto é, em uma sociedade não há dois indivíduos iguais, nem por força da herança genética nem devido às interações entre esse indivíduo e seu entorno social. Nessa concepção epistemológica, não há mais lugar para rebanhos, para turmas indiferenciadas, para massa, para multidão sem fisionomia. Ao contrário, assim como a sociedade, enquanto totalidade, tem leis próprias, irredutíveis às partes que a compõem, aos indivíduos, também o indivíduo tem estatuto próprio, irredutível à totalidade social. Penso, pois, que a sociedade do futuro deve considerar cuidadosamente as capacidades, os interesses e as qualidades individuais e, ao mesmo tempo, investir os recursos à disposição para administrar essas capacidades, esses interesses e essas qualidades de todos os indivíduos. Não há mais lugar para uma ordem social que atropele os indivíduos, assim como para minorias (oligarquias) de indivíduos que atraem para si quase todas as possibilidades sociais.

APRENDER O DEIXAR-APRENDER

Se a aprendizagem humana ocorre por força da ação do sujeito, do indivíduo concreto, ela não pode mais ser debitada ao ensino – nem dos pais, nem dos professores, nem dos governantes. Reside, aqui, um desafio que não pode ser subestimado. Piaget situa a aprendizagem humana no prolongamento do processo de desenvolvimento. Define desenvolvimento como a construção de estruturas de assimilação, ou seja, desenvolver-se é construir estruturas de assimilação. A aprendizagem depende em tudo do processo de desenvolvimento. Se no plano do desenvolvimento não forem construídas estruturas capazes de assimilações de conteúdos, progressivamente complexos, a aprendizagem estagna; não consegue avançar.

Em outras palavras, aprende-se porque se age para conseguir algo e, em um segundo momento, para se apropriar dos mecanismos dessa ação primeira. Aprende-se porque se age e não porque se ensina, por mais que o ensino possa colaborar com essa atividade. O que isso significa para o ensino, tal como é praticado nas escolas, da educação infantil à pós-graduação? Significa, no mínimo, que o ensino não pode mais ser visto como a fonte da aprendizagem. A fonte da aprendizagem é a ação do sujeito, ou seja, o indivíduo aprende por força das ações que ele mesmo pratica: ações que buscam êxito e ações que, a partir do êxito obtido, buscam a verdade ao apropriar-se das ações que obtiveram êxito. Emergem dessas concepções as atuais compreensões diferenciadas de aprendizagem, manifestas por expressões como: "aprender a aprender", "aprender a aprendizagem", "descobrir por si mesmo", "aprender é inventar", "aprender não é transferir conteúdo a ninguém" (Piaget), "aprender não é memorizar o perfil do conteúdo transferido no discurso vertical do professor" (Freire), "ensinar significa deixar aprender"; "aprender... o deixar-aprender" (Heidegger), "aprendizagem é explicar como o sujeito consegue construir e inventar" (Piaget), "aprender é proceder a uma síntese indefinidamente renovada entre a continuidade e a novidade" (Inhelder, Bovet e Sinclair).

Se, por um lado, o ensino deixa de atrair sobre si o mérito da aprendizagem, por outro a proposta de um novo ensino não contemporiza com qualquer passividade ou omissão do professor. A função do professor é a "[...] de inventar situações experimentais para facilitar a invenção de seu aluno" (Piaget, 1975, p. 89). Portanto, o ensino deve ser repensado em função dessa nova concepção de aprendizagem.

Um ensino que considere a atividade do sujeito é gerado no âmbito dessa nova concepção de aprendizagem, fundada no desenvolvimento. Talvez nem tão nova, pois foi confeccionada no decorrer do século XX. Ouçamos alguns pensadores do final do século XIX e de todo o século XX para que tomemos consciência da seriedade dessas formulações, uma vez que tais ideias são facilmente confundidas com a herança liberal do laissez-faire. Iniciemos com um filósofo suíço do século XIX. Diz ele: "Estimular, inspirar, essa é a grande arte de quem pretende ensinar. E para isso é preciso adivinhar aquilo que realmente interessa, ler a mente infantil como quem interpreta uma partitura musical" (Henri-Frédéric Amiel, 1821-1881). Quem pretende ensinar tem que primeiro interpretar o polo da aprendizagem. E interpretá-lo com o cuidado e a competência de quem interpreta uma partitura musical. Continuemos com Freud (1974, p. 22).

> A ideia pela qual eu estava me tornando responsável de modo algum se originou em mim. Fora-me comunicada por três pessoas cujos pontos de vista tinham merecido meu mais profundo respeito – o próprio Breuer, Charcot e Chobrack, o ginecologista da Universidade [...]. Esses três homens tinham me transmitido um conhecimento que, rigorosamente falando, eles próprios não possuíam.

Tentemos imaginar o que Freud diria se ele conhecesse as concepções de aprendizagem da segunda metade do século XX: "Esses três colegas que não entendiam do meu assunto – o inconsciente – e até se opunham a que eu continuasse essa investigação, ao se disporem a me ouvir e a discutir as minhas ideias, ajudaram-me a construir algo que eles próprios ignoravam". Parece que a ideia de construção de conhecimento faz-se presente, de forma inequívoca, nesse escrito autobiográfico de Freud.

Piaget, por sua vez, elabora a ideia de construção de conhecimento com total consciência, com uma riqueza de detalhes jamais vista e com uma rara combatividade. Pode-se dizer que sua teoria é a teoria do conhecimento entendido como construção. E não deixa por menos ao afirmar que a ação do sujeito constrói conhecimento e, toda vez que interpomos algo no lugar da ação, não estamos apenas retardando, estamos prejudicando o processo de aprendizagem. Diz Piaget (1975, p. 89):

> [...] cada vez que ensinamos prematuramente a uma criança alguma coisa que poderia ter descoberto por si mesma, esta criança foi impedida de inventar e consequentemente de entender completamente. Isto obviamente não significa que o professor deve deixar de inventar situações experimentais para facilitar a invenção de seu aluno.

É brasileiro o educador que pensa a ideia de construção, com impressionante radicalidade, na pedagogia. Paulo Freire transita da pedagogia do oprimido (1970) à pedagogia da esperança (1992) e desta à da autonomia (1996), afirmando que o processo de libertação é construído pelos próprios sujeitos, e não ensinado por alguém. Esse processo é resultado de uma luta coletiva realizada pelos seus sujeitos "em comunhão"; em cooperação, diria Piaget. A ideia da interação entre sujeitos que aprendem – professores e alunos – é assumida com toda força, transcendendo o espaço escolar, como é total a oposição ao ensino entendido como transferência de conteúdo. Segundo Freire (1996, p. 143):

> E, por isso, repito que ensinar não é transferir conteúdo a ninguém, assim como aprender não é memorizar o perfil do conteúdo transferido no discurso vertical do professor. Ensinar e aprender têm que ver com o esforço metodicamente crítico do professor de desvelar a compreensão de algo e com o empenho igualmente crítico do aluno de ir entrando como sujeito em aprendizagem, no processo de desvelamento que o professor ou a professora deve deflagrar. Isso não tem nada que ver com a transferência de conteúdo e fala da dificuldade, mas, ao mesmo tempo, da boniteza da docência e da discência.

O pensamento de Martin Heidegger – para alguns, o maior filósofo do século XX – faz ecoar a mesma ideia de que a aprendizagem é hegemônica com relação ao ensino: o ensino pode aliar-se à aprendizagem ou opor-se a ela. O ser humano aprende, esse é o fato fundamental; pode ou não ensinar; deixar de aprender não poderá jamais.

Por que é mais difícil ensinar do que aprender? [...] Ensinar é mais difícil que aprender porque ensinar significa: deixar aprender. Mais ainda: o verdadeiro mestre não deixa aprender nada mais que "o aprender". [...] O mestre possui como único privilégio com relação aos aprendizes o de ter que aprender ainda muito mais que eles, a saber: o deixar-aprender. [...] O mestre está muito menos seguro [...] do que os aprendizes. (Heidegger, 1952)

Suponho que ninguém ouse classificar Heidegger como um representante do *laissez-faire* quando ele diz que "ensinar significa: deixar aprender" e que é "o aprender" que o verdadeiro mestre deve "deixar aprender". Isto é, o aluno tem que aprender "o aprender", cabendo ao mestre ensinar isso, deixando-aprender. Logo, o maior desafio a ser vencido pelo mestre não é ensinar o aluno, mas aprender o deixar-aprender. Em outra situação, o "deixar-aprender" chama-se "aprender a aprender". Essa compreensão dista anos-luz de uma concepção *laissez-faire*. Comentando o esforço de compreensão das aprendizagens de Apostel e Harlow, Inhelder, Bovet e Sinclair (1977) afirmam que "(...) o processo mais fundamental de toda conduta de aprendizagem consiste em que o sujeito aprenda a aprender". É extremamente fácil ser um professor laissez-faire; é difícil "aprender a aprender"; muito mais difícil ainda é aprender o deixar-aprender.

APRENDER A APRENDER

Qual o fundamento dessa concepção? A obra de Piaget talvez seja a mais acabada manifestação a favor do "aprender a aprender". Por quê? Perguntemos a nós mesmos quanto tempo e esforço despenderíamos se, hoje, decidíssemos aprender uma língua como o russo, o alemão, o japonês ou o mandarim? Levando em conta que já dominamos pelo menos uma língua. Ora, uma criança de 4,6 anos pode, sem qualquer ensino formal, na espontaneidade do seu cotidiano familiar ou social, exibir um domínio da estrutura básica da língua falada em seu meio e de um respeitável repertório vocabular. Considerando que ela começou a mostrar intenso interesse pela fala a partir da imitação diferida (Piaget, 1945), por volta de 1,6 a 2 anos, constatamos que ela perfez essa aventura linguística em aproximadamente três anos. E sem conhecer previamente outro idioma. Quanto tempo um adulto, com todo o aparato de ensino atual, levaria para perfazer o mesmo trajeto? Além disso, sem começar da estaca zero. É isso que Piaget (1932/1977, p. 8) quer dizer com esta intuição metodológica decisiva que pauta toda sua obra: "Sem dúvida, uma manifestação espontânea da criança vale mais que todos os interrogatórios".

A aprendizagem escolar situa-se, com raras exceções, no extremo oposto dessa concepção. Por quê? Porque a docência está habituada à prática de um ensino de resultados – ensino de resultados de pesquisas, científicas ou tecnológicas, e não da metodologia de pesquisa que levou a esses resultados; resultados de cálculo e não do processo de confecção desse cálculo; em uma palavra, resultados em forma de notas ou conceitos e não do processo de aprendizagem que levou a esses resultados. Para a nova compreensão do processo de aprendizagem, é preciso ir além. É preciso compreender o "aprender a aprender".

É preciso compreender o processo de construção do conhecimento como condição prévia, em cada patamar, de qualquer aprendizagem. Condição prévia significa estrutura construída; o conteúdo deve ser entendido como meio e não como objetivo. "Portanto, nada é mais útil para formar os homens do que ensinar a conhecer as leis dessa formação" (Piaget, 1932/1977, p. 9). Conhecendo essas leis, compreendemos que o processo de aprendizagem humana não se dá por força da bagagem hereditária apenas, nem apenas da pressão do meio, físico ou social, mas por força da interação entre esses dois polos, interação ativada pela ação do sujeito da aprendizagem.

> O ponto essencial de nossa teoria é o de que o conhecimento resulta de interações entre sujeito e objeto que são mais ricas do que aquilo que os objetos podem fornecer por eles. [...] O problema que é necessário resolver para explicar o desenvolvimento cognitivo é o da invenção e não o da mera cópia. (Piaget citado por Mussen, 1977, p. 87)

A invenção, e não a cópia! Eis a novidade dessa concepção de aprendizagem. Quem sabe inventar sabe copiar; o inverso não é verdadeiro. Quem sabe copiar sabe apenas copiar. Talvez mais do que em qualquer outra época, a atual exige indivíduos inventivos e construtivos, e não copistas. Segundo Piaget, "para apresentar uma noção adequada de aprendizagem, é necessário explicar primeiro como o sujeito consegue construir e inventar, e não apenas como ele repete e copia" (p. 88). A obra de Piaget investe pesadamente na explicação dessa capacidade inventiva, cujo núcleo explicativo encontra-se na interação, realizada em níveis progressivamente diferenciados.

Pensemos a interação com o auxílio deste diagrama que se encontra no livro *A tomada de consciência* (Piaget, 1974, p. 199):

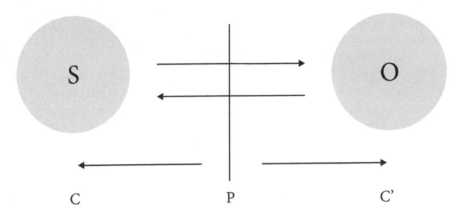

Figura 1.1
Interação sujeito-objeto.
Fonte: Piaget, 1974, p. 199.

Interação significa que o conhecimento não principia nem no sujeito (S), nem no objeto (O), mas em uma zona indiferenciada ou na periferia (P) do sujeito e do objeto. Qualquer ação do sujeito dá-se sempre sobre o objeto (os objetos materiais ou mundo físico, a cultura, as línguas, os conceitos, a história, as artes, as ciências, as instituições sociais, enfim, as coisas, as ações e as relações entre todos esses fatores). Sempre que o sujeito age, assimilando, ele o faz na direção do centro (C) do objeto – assimilar implica decifrar o objeto; quando enfrenta dificuldades nesse esforço assimilador, isto é, sente-se incapaz de assimilar na medida em que gostaria de fazê-lo, volta-se para si mesmo e, em um esforço de acomodação, produz transformações em si mesmo; isto é, modificações no esquema assimilador. Assim, após agir sobre o objeto, busca apreender sua ação; sentindo-a aquém das exigências do objeto, volta-se para si, produzindo transformações em si mesmo, e assim *ad infinitum*, dependendo sempre das condições objetivas. As transformações no mundo do objeto são transformações no plano da causalidade; as no mundo do sujeito são transformações no plano das implicações significantes ou lógico-matemáticas. O ser humano é o único capaz de se apropriar das ações que praticou ou, melhor dito, dos mecanismos íntimos dessas ações. Aí reside o segredo de sua ilimitada capacidade de se desenvolver e, como consequência, de aprender.

As ações que transformam o mundo são correlativas às ações que transformam o sujeito. Não existe ação pura que, ao transformar as contingências de reforço, transforme o mundo do sujeito, como querem tanto o (neo)behaviorismo quanto o positivismo e certas concepções socialistas. Não existe ação pura que transforme diretamente, sem passar pelo objeto, o mundo do sujeito, como quer o idealismo. Uma ação humana sempre tem duas dimensões: de transformação do objeto (assimilação) e de transformação do próprio sujeito (acomodação). A seguinte, não importa de que ação se trate, depende sempre da ação anterior. Trata-se de um processo.

> [...] uma aprendizagem não parte jamais do zero, quer dizer que a formação de um novo hábito consiste sempre em uma diferenciação a partir de esquemas anteriores; mais ainda, se essa diferenciação é função de todo o passado desses esquemas, isso significa que o conhecimento adquirido por aprendizagem não é jamais nem puro registro, nem cópia, mas o resultado de uma organização na qual intervém em graus diversos o sistema total dos esquemas de que o sujeito dispõe. (Piaget, 1959, 1974, p. 69)

A origem do conhecimento, cuja explicação epistemológica trazemos aqui, está longe de acontecer apenas no plano das ações lógico-matemáticas; quase diria da mecânica do pensamento ou da lógica do conhecimento. Para acontecer, ela depende de um fator sinalizador ou disparador da ação: a afetividade.

AFETIVIDADE, DESENVOLVIMENTO E APRENDIZAGEM

Todas as ações humanas são motivadas por algum fator. Isso ocorre desde o princípio. Não há ação cuja causa seja puramente lógico-matemática, nem mesmo as ações mais complexas dos físicos, matemáticos e lógicos. Ela sempre tem um componente afetivo que a faz acontecer. António Damásio (1995, p. 12) diz: "[...] e essa correlação foi para mim bastante sugestiva de que a emoção era um componente integral da maquinaria da razão". A isso podemos acrescentar (Piaget, 1959, 1974, p. 66):

> [...] um esquema de assimilação comporta uma estrutura (aspecto cognitivo) e uma dinâmica (aspecto afetivo), mas sob formas inseparáveis e indissociáveis. Não nos é, pois, necessário, para explicar a aprendizagem, recorrer a fatores separados de motivação, não porque eles não intervenham [...], mas porque estão incluídos desde o começo na concepção global da assimilação.

O gatilho de uma ação é a afetividade. Acontece que a afetividade dirige-se primeiramente para um conteúdo e não para uma estrutura. Além disso, para o sujeito dirigir-se – sentir necessidade ou atração afetiva – a um conteúdo, ele precisa de estruturas prévias capazes de dar conta desse conteúdo. Não há sentimento, atração afetiva, interesse ou motivação para um conteúdo qualquer se não houver estrutura de assimilação, previamente construída, que dê conta desse conteúdo. Isso nos leva a falar de dois tipos de aprendizagem: a aprendizagem das formas e a aprendizagem dos conteúdos. Vejamos o que Piaget diz a esse respeito na Tabela 1.1, a seguir.

Tabela 1.1
Aprendizagem das formas de aprendizagem
(quatro categorias de aprendizagem no sentido estrito ou sentido lato)

	Aprendizagem das ações enquanto conteúdos	Aprendizagem das ações enquanto formas
Aprendizagem das ações do sujeito	(a) ações de sentido único (não operatórias): hábitos elementares	(b) estruturas operatórias e respectivas formas de dedução
Aprendizagem das propriedades do objeto	(c) sucessões físicas (regulares ou irregulares) enquanto conteúdos	(d) formas aplicadas às sucessões físicas ("da indução enquanto dedução aplicada à experimentação")

Fonte: Tabela feita com conteúdos de: PIAGET, J. e GRÉCO, P. *Aprendizagem e conhecimento*, 1959, 1974. p. 56-58.

DITADURA DO CONTEÚDO E FRAGILIDADE DAS FORMAS

As perguntas, entre si complementares, que podemos fazer são: "Por que se fala na escola somente em conteúdo?" e "Por que não se fala em estrutura?". A escola deveria falar dessas duas coisas. Falar só de conteúdo ou só de estrutura é como andar em uma perna só. Precisamos criar respostas para compreendermos melhor as relações entre construção de estruturas (operatórias) e capacidade de aprendizagem. O aspecto negativo dessa relação é que não adianta ensinar conteúdos para quem não construiu ainda estruturas de assimilação capazes de assimilar tais conteúdos. O aspecto positivo é que a aprendizagem deve ser organizada na direção da construção das estruturas possíveis naquele momento, isto é, na direção de ações e coordenações de ações e não do treinamento verbal (opção preferida pela escola). Os conteúdos devem estar a serviço do aumento da capacidade de aprendizagem (construção de estruturas realizada pelo desenvolvimento) e não constituir um fim em si mesmos: as estruturas permanecem, subsumidas por estruturas mais capazes; os conteúdos caducam ou são relativizados. Por isso, o ensino deve organizar-se, primeiramente, no sentido do conhecimento-

-estrutura e só secundariamente no sentido do conhecimento-conteúdo. Em outras palavras, o exercício verbal, tão apreciado pela escola, é campo aberto de aprendizagens de todo tipo, se, e somente se, forem previamente construídas estruturas pertinentes. Isso significa que a escola vai propor a uma turma de alunos o estudo da álgebra, por exemplo, se esse for o melhor caminho para que os alunos construam determinada estrutura cognitiva, e não porque álgebra tenha sentido em si mesma – até poderá ter, mas para poucos alunos. Por que todos os alunos do Ensino Médio têm de saber o conteúdo da literatura portuguesa? Por que todos os alunos têm de dominar a época dos descobrimentos? Por que todos os alunos têm de saber a densidade e a distribuição da população europeia? Por que todos os alunos têm de dominar os modelos da química, física ou matemática?

No livro *Aprendizagem e conhecimento*, Piaget (1959, 1974) trata dessa questão pelas relações entre aprendizagem *stricto* e *lato sensu*. A aprendizagem no sentido estrito inclui as aprendizagens do senso comum (aquisição ou assimilação de conteúdos externos ao sujeito), enquanto aquela no sentido amplo é a síntese das aprendizagens no sentido estrito e das aprendizagens no sentido amplo; estas coincidem com o processo de desenvolvimento, de equilibração ou de abstração reflexionante, que se realiza à medida que o sujeito apropria-se dos mecanismos íntimos das próprias ações ou das coordenações de suas ações.

Mas, devido a essas interações entre a assimilação e a acomodação, a aprendizagem *s. str.* e a equilibração constituem esse processo funcional de conjunto que podemos chamar a aprendizagem *s. lat.* e que tende a se confundir com o desenvolvimento (Piaget, 1959, 1974, p. 86).

Portanto, para Piaget, assim como para Inhelder, Bovet e Sinclair (1974), o processo de aprendizagem deve ser radicalmente vinculado ao processo de desenvolvimento ou de aprendizagem no sentido amplo. Desvinculado dele, não passará de treinamento, ou aprendizagem no sentido estrito; e este, como dizem as autoras – "um treino verbal pode, facilmente, ser ilusório" (p. 116) – não passará de ilusão. Trata-se, pois, da compreensão de que há uma relação dialética entre aprendizagem e desenvolvimento, e não apenas, como quer Vygotsky, por exemplo, a aprendizagem "puxando" o desenvolvimento (como nos dá a entender seu conceito de ZDP – zona de desenvolvimento proximal). Nesse sentido, Vygotsky vem reforçar, tal como o behaviorismo, o verbalismo da escola. Para Piaget, a aprendizagem desafia o desenvolvimento a reconstruir suas estruturas, e o desenvolvimento fornece condições estruturais para novas aprendizagens. Em outras palavras, cada um desses processos demanda o outro, porém com a antecedência do desenvolvimento com relação à aprendizagem. A aprendizagem traz novidades para o desenvolvimento ou para a aprendizagem no sentido amplo (estruturas), assim como o desenvolvimento abre possibilidades para novas e mais complexas aprendizagens (conteúdos) no sentido estrito.

UM NOVO ENSINO PARA UMA NOVA APRENDIZAGEM

Isso tudo nos leva ao postulado de um novo ensino. Um ensino que tem como compromisso fundamental promover o desenvolvimento:

- sondar a capacidade cognitiva do sujeito da aprendizagem como condição de qualquer prática docente e sondá-la por intermédio de práticas centradas na atividade discente;
- instaurar a fala, no sentido das práticas de pesquisa e da pedagogia autogestionária de Piaget, ou da pedagogia da pergunta ou do diálogo de Freire – não há interação (Piaget) nem diálogo (Freire) sem o exercício da palavra;
- transformar radicalmente os meios de avaliação; esta deve ser compreendida como correção ou controle próprios do processo de equilibração; deve ter sempre presente que esse processo implica erro em todos os níveis. É por isso que a avaliação precisa ser entendida como prolongamento da equilibração, suprimindo-se dela o caráter punitivo que a escola lhe atribuiu.

O erro cognitivo deixará de ser considerado falha moral e, por isso, não será mais objeto de punição: Piaget (1932/1977) afirma que a escola tem o hábito de transformar o erro cognitivo em falta moral e de punir essa pretensa falta moral.

Procurei pensar as condições que julgo necessárias para que a vida retorne à escola, para que a escola torne-se um lugar significativo para o aluno. Lembrando sempre que a criança e o adolescente não deixam de fazer coisas por serem difíceis, mas por não terem sentido. E o professor tornar-se-á um bom educador, apreciado pelos alunos, na medida em que deixar de fazer coisas que para ele mesmo não têm sentido. Termino, por isso, citando este poeta-mestre – ou mestre-poeta – Rubem Alves:

> Ensinar é um exercício de imortalidade. De alguma forma continuamos a viver naqueles cujos olhos aprenderam a ver o mundo pela magia da nossa palavra. O professor, assim, não morre jamais.

3
O sujeito do conhecimento

> O sujeito epistêmico (por oposição ao sujeito psicológico) é o que há de comum a todos os sujeitos, posto que as coordenações gerais das ações implicam um universal que é o da própria organização biológica. (Piaget)
>
> [...] as ações de que se trata não são as ações particulares dos sujeitos individuais (ou sujeitos psicológicos): são as coordenações mais gerais de todo o sistema de ações, que traduzem assim o que há de comum a todos os sujeitos e que, portanto, refere-se ao sujeito universal ou sujeito epistêmico e não individual. Desde o começo, a atividade matematizante aparece assim como regulada por leis internas e como escapando ao arbítrio das vontades individuais. (Piaget)

Há muito tempo, impressiona-me como se podem utilizar termos de uma teoria sem fazer justiça mínima a seus significados. É o que acontece com os termos *sujeito* e *objeto* na epistemologia genética. Há décadas, ouço acusações a Piaget que afirmam que ele não levou em conta o social ignorando o papel do meio social ou da cultura na gênese e no desenvolvimento do conhecimento. Quando analisamos essas acusações, verificamos que o termo "objeto", que abrange na epistemologia tudo aquilo que o sujeito não é, incluindo ali o meio social e físico, é reduzido a objetos do mundo físico. Essa redução causa uma verdadeira destruição da teoria, um empobrecimento difícil de ser estimado, simplesmente arrasador. Este texto pretende fazer uma aproximação dos significados desses conceitos da epistemologia genética.

"Sujeito" ou "sujeito epistêmico" é um termo de tamanha complexidade, que não pode ser subestimado e que não se esgota em uma definição. Às tentativas de definição que se seguem deverão somar-se todas as elaborações que serão configuradas no decorrer do texto. Mesmo assim, não se tem a mínima pretensão de esgotar seu sentido.

Sujeito é esse centro ativo, operativo, de decisão, de iniciativa, cognitivo, de tomada de consciência, simultaneamente coordenador e diferenciador, que é capaz de aumentar sua capacidade extraindo das próprias ações ou operações novas possibilidades para suas dimensões ou capacidades. É "espontaneidade cognitiva", pois não se constitui por mandato de alguém, por ordem de quem quer que seja; constitui-se por auto-organização e não por ensino.

> O ponto essencial de nossa teoria é o de que o conhecimento resulta de interações entre sujeito e objeto que são mais ricas do que aquilo que os objetos podem fornecer por eles. [...] O problema que é necessário resolver para explicar o desenvolvimento cognitivo é o da invenção e não o da mera cópia. (Piaget, 1977/1995, p. 87)

Sujeito é esse Ego que se expande na medida mesma em que age sobre o mundo e, de retorno, age sobre si mesmo, retirando de seu fazer a "matéria" constitutiva de seu ser. É *subjectum*,* isto é, emerge das profundezas de um organismo, mas não se reduz a esse organismo, pois age sobre a cultura, abstraindo – não só dessa cultura, mas, sobretudo, do resultado dessa interação – os mecanismos de seu desenvolvimento. Emerge da individualidade, mas não se reduz a ela; transborda-a. Revela-se na historicidade de uma pessoa, de um sujeito psicológico, mas não se reduz a essa historicidade, ao passado dessa pessoa ou à tradição. Transforma-se continuamente, mas nunca deixa de ser, radicalmente, o que era. Revela-se continuamente e, continuamente, esconde sua origem, sua identidade... e seu destino. É capaz de perguntar – apesar da angústia existencial que isso produz – pela sua origem e por seu destino. É também capaz de perguntar pela origem e pelo destino de tudo o mais. Transforma tudo em espetáculo de sua contemplação, inclusive sua própria destruição, desgraça ou contradição que transforma em espetáculo dos espetáculos (Holocausto, Arquipélago Gulag, Invasão da Polônia pelo nazismo, Guerra do Vietnam, Guerra do Golfo, Guerra do Iraque, terremoto seguido de tsunami no Japão, p. ex.).

O sujeito esconde-se e revela-se ao mesmo tempo. Revela-se porque, ao agir sobre o mundo, sobre o outro (Becker, 2010, p. 111-126), sobre o diferente, sobre o oposto – sobre o objeto –, busca ali o alimento de sua transformação. *Objectum*:** o que ali está, o que ali jaz, em oposição ao sujeito, como diferente, como outro. O objeto é, pois, para a epistemologia, apenas isso: o não sujeito. "Apenas" por modo de dizer, porque é precisamente essa oposição que é capaz de revelar o que

---

* Particípio passado do verbo latino *subjacere*, que tem dois sentidos: (1) estar deitado debaixo, estar colocado debaixo;(2) estar submetido ou subordinado a.

** Particípio passado do verbo latino *objacere*: jogar diante, lançar diante, colocar diante, opor, impedir.

está escondido, de trazer à consciência o que era pura ação, de fazer simbólico o que era puro fazer. O objeto desafia o sujeito a constituir-se: é ao constituir o objeto que o sujeito constitui-se e é ao constituir-se que ele se revela.

Não é o objeto que interroga o sujeito. É o sujeito que interroga o objeto. Quando dizemos, por metáfora, que o objeto interroga, estamos afirmando que o sujeito faz o objeto interrogá-lo. Não são as partículas atômicas que interrogam o cientista, é o cientista que interroga as partículas atômicas; não é o "buraco negro" que interroga o físico, é o físico que, ao interrogar o comportamento do universo, depara-se com fenômenos gravitacionais que o fazem postular o buraco negro. Não é a inconsciência social que interroga o sociólogo a respeito da constituição da sociedade ou dos conceitos sociais, mas é a consciência do sociólogo que interroga as organizações sociais e as concepções que vão sendo formadas por força de inevitáveis interações. A capacidade de interrogar é uma capacidade que o sujeito constitui ao constituir-se como tal; não é uma capacidade do objeto.

Sub x *ob*.[*] O que está escondido revela-se por força da diferença, do não idêntico, do oposto. Objeto é o meio físico e social: é o mundo dos objetos materiais e das relações sociais; das coisas materiais, mas também dos conceitos, das imagens e das linguagens; o mundo da natureza, dos ecossistemas, das diferentes manifestações de vida; da sociedade, da cultura, das artes, das ciências; das percepções, das sensações, das topologias, dos movimentos; enfim, do que está aí passível de sofrer transformações pela atividade do sujeito e ser por ele interrogado.

"Sujeito" não é um conceito de sentido fixo, rígido. É, ao contrário, dinâmico, versátil, plástico, fluido. Quando um indivíduo age, concentrado nos resultados de sua ação, essa ação faz parte do mundo do sujeito. Entendemos por "indivíduo" o sujeito historicamente situado em uma cultura, em um meio físico, geográfico, linguístico, cultural. Quando, porém, o indivíduo dobra-se sobre si procurando apropriar-se dos mecanismos de sua ação, essa ação, enquanto forma e enquanto conteúdo, passa para o mundo do objeto, pois se tornou alvo da tematização do sujeito (essa apropriação é atividade própria do sujeito epistêmico). Acontece assim todas as vezes em que o indivíduo tematizar (Piaget, 1977/1995, p. 274-271) algo pertencente ao mundo do sujeito. Se o indivíduo tematizar seu corpo, o corpo passa do mundo do sujeito para o do objeto. Se tematizar sua psique, esta sai do mundo do sujeito, mesmo que momentaneamente, e passa para o do objeto. Se tematizar sua mente, acontece o mesmo. No auge, quando o sujeito tematizar o próprio sujeito, constitui-se uma polarização

---

[*] *Sub* é preposição latina: sob, debaixo de, no fundo de. *Ob*: diante de, em frente de, contra.

em que a relação sujeito-objeto transforma-se em uma relação sujeito-sujeito revestida de uma dinamicidade ímpar – em uma relação de grande fecundidade, constitutiva, construtiva, inventiva.

Como se vê, em certos momentos é difícil saber o que é o sujeito e, em outros, é difícil saber o que é o objeto, porque, quando o indivíduo sente-se comungando com o cosmos, resta ao mundo do objeto a pura negatividade.

Chamamos de "sujeito" a essa capacidade humana de fazer-se plenitude de sentido e, em seguida, esvaziar-se ao ponto da quase absoluta negatividade. Reciprocamente, o sentido de "objeto" oscila da quase pura negatividade para um mundo de quase total positividade.

Estamos falando do sujeito cognitivo,* epistêmico, do sujeito propriamente dito. O que é isso? "[...] são as coordenações mais gerais de todo o sistema de ações, que traduzem assim o que há de comum a todos os sujeitos e que, portanto, refere-se ao sujeito universal ou sujeito epistêmico e não individual". Podemos dizer, pois, que é aquilo que existe de comum em todos os indivíduos reais, psicológicos sob o ponto de vista da capacidade cognitiva. O que é essa capacidade cognitiva? É, fundamentalmente, a capacidade de inferência. É a capacidade de passar de um conhecimento qualquer a outro; de um conhecimento mais simples a um mais complexo; de uma ação prática que busca êxito a uma pergunta que mira a verdade, a explicação, a razão, a compreensão, o porquê; de um reflexionamento a uma reflexão e destes a uma síntese que os supera.

Por exemplo, se vejo um edifício, infiro que ali moram ou trabalham pessoas, que ali funcionam instituições. Se ouvir uma pessoa falando, infiro que ela é chilena, italiana, francesa, chinesa ou brasileira. Se vir uma tela, infiro que ela foi pintada por Van Gogh, Tarsila do Amaral ou Cézanne. Se ouvir dizer que todos os x apresentam valores de y e que alguns z apresentam valores equivalentes a x, infiro que alguns z apresentam valores equivalentes a y. Se vejo uma criança perambulando pela rua sem saber para que lado seguirá na próxima esquina ou uma criança no calor de um lar que se esforça por gestar sua personalidade, infiro que nelas existem forças poderosas que, embora em condições profundamente assimétricas, movem a vida para o amor ou para o ódio. Se observar as pessoas ao meu redor vivendo em condições de profunda desigualdade a ponto de verificar que algumas têm acesso a todos os bens que o mercado oferece ao consumo, enquanto outras têm de mendigar um pedaço de pão para garantir sua sobrevivência até o dia seguinte, infiro que a sociedade na qual vivo rege-se por princípios profundamente discriminatórios; infiro que essa sociedade não

---

* Do verbo latino *cognoscere*, conhecer.

se compadece com o sofrimento alheio; infiro que essa sociedade é capaz, apesar dos discursos igualitários, de cometer as mais perversas atrocidades contra seus próprios componentes.

O sujeito epistêmico é um produtor de inferências. É, pois, uma capacidade que existe em todo sujeito psicológico, histórico, mas de forma diferenciada.

POLARIDADE SUJEITO-OBJETO: A GÊNESE DO SUJEITO

Um dos postulados fundamentais da epistemologia genética afirma que o sujeito não existe desde o começo, ou desde sempre, mas que ele se constrói. Tanto a subjetividade quanto a objetividade são construções do próprio sujeito: o sujeito constitui-se constituindo o mundo.

> A inteligência não principia, pois, pelo conhecimento do eu nem pelo das coisas como tais, mas pelo da sua interação; e é orientando-se simultaneamente para os dois polos dessa interação que a inteligência organiza o mundo, organizando-se a si própria. (Piaget, 1937, p. 330)

Nos primórdios desse processo, pode-se dizer que não existe sujeito porque não existe objeto. Há aí uma grande indiferenciação. A ação do sujeito, simultaneamente assimiladora e acomodadora, produz, passo a passo, um processo de diferenciação. À medida que o sujeito apropria-se do objeto (meio físico ou social), por isso mesmo transformando-o, ele transforma seus esquemas ou estruturas – o que equivale a transformar-se a si mesmo – para vencer as resistências do objeto. Ele se transforma por acomodação para assimilar melhor da próxima vez.

À indiferenciação inicial segue-se um longo período de "egocentrismo". Como a criança centra-se em si mesma, ela tem dificuldade de compreender o mundo e, assim, de compreender-se.

> [...] é no momento em que o sujeito está mais centrado em si próprio que ele menos se conhece; e é na medida em que ele se descobre que passa a situar-se em um universo e, por esse mesmo fato, o constitui. Por outras palavras, egocentrismo significa, simultaneamente, ausência da consciência de si e ausência de objetividade, ao passo que a posse do objeto como tal é paralela à aquisição da consciência de si. (Piaget, 1937, p. 8)

Esse trajeto da ação, cujo percurso vai transformando objeto e sujeito, pode ser visto como tomada de consciência: a partir dos resultados da ação, o sujeito vai se apropriando, progressivamente, dos mecanismos íntimos da ação própria.

De uma forma mais simples, podemos dizer que o sujeito vai se dando conta, por força de sua crescente capacidade representativa, de como age, tornando-se capaz de reproduzir sua ação corrigindo seus rumos, eliminando trajetos desnecessários ou criando trajetos novos, dirigindo-a para novos objetivos, etc.

Esse processo, que já é enunciado n'*O nascimento da inteligência na criança* (Piaget, 1936) e que passa a exercer um papel de grande importância na "teoria" da abstração reflexionante (1977/1995), chama-se de tomada de consciência. Como apropriação progressiva pelo sujeito dos mecanismos íntimos da ação própria, a tomada de consciência é, por excelência, um processo de construção de conhecimento e, como tal, de construção simultânea da objetividade e da subjetividade.

Portanto, a capacidade cognitiva do sujeito é construída por um processo de abstração em que se coordenam ações de primeiro e de segundo graus (Becker, 2002).

As ações de primeiro grau são aquelas que levam ao êxito. São ações práticas, mais ou menos automatizadas, das quais nos valemos no cotidiano para resolver nossos problemas imediatos. Essas ações prescindem de tomadas de consciência. As ações de segundo grau são aquelas que se debruçam sobre as ações de primeiro grau, retirando delas, por reflexionamento, suas coordenações. Seu objetivo é a compreensão.

> [...] compreender consiste em isolar a razão das coisas, enquanto fazer é somente utilizá-las com sucesso, o que é, certamente, uma condição preliminar da compreensão, mas que esta ultrapassa, visto que atinge um saber que precede a ação e pode abster-se dela. (Piaget, 1974b, p. 179)

Proceder a ações de segundo grau implica parar as ações de primeiro grau para, em seguida, abstrair delas suas coordenações por reflexionamento e levá-las a outro patamar no qual serão reorganizadas por reflexão. O resultado desse reflexionamento e dessa reflexão combinados incide sobre as futuras ações de primeiro grau, modificando-as. E assim sucessivamente, dependendo sempre da qualidade da interação. Qualidade que é dada por um sujeito ativo em um meio desafiador; ou que é diminuída ou subtraída quando temos um sujeito passivo em um meio omisso.

Mas o que leva o sujeito a não se satisfazer com ações de primeiro grau? A busca do equilíbrio que, no nível do pensamento, dá-se pela busca da superação das contradições. Assim como o organismo não suporta o desequilíbrio, a inteligência não suporta a contradição.

Indubitavelmente, uma das formas privilegiadas de proceder a ações de segundo grau é a linguagem, entendida aqui, segundo Piaget, como fala. A fala espontânea e, *a fortiori*, a fala organizada consistem em apropriação e reorganização, em outro patamar, de ações já executadas no patamar precedente. Nesse sentido, a fala é sempre ação de segundo grau. Isto é, no mais genuíno sentido da epistemologia genética, a fala é constitutiva[6] do conhecimento e, por extensão, do pensamento.

ABSTRAÇÃO E FALA: A EMERGÊNCIA DO SUJEITO

A contribuição da epistemologia genética de Piaget nos traz a compreensão de que a capacidade cognitiva humana está diretamente ligada ao processo de reflexionamento próprio da abstração reflexionante; não é dada, portanto, nem na bagagem hereditária nem no meio (físico ou social). A bagagem hereditária é sempre ponto de partida; é determinação enquanto é estritamente possibilidade. E o meio – físico ou social – nada determina, ou "reproduz", a não ser pela mediação da ação do sujeito; isto é, somente se o sujeito o assimilar. Em outras palavras, para a epistemologia genética, o mundo é sempre um mundo de sujeitos, mais ou menos autônomos, porém jamais um mundo que suprime o sujeito.

A fala é o instrumento, por excelência, de troca entre sujeitos. E, para a epistemologia genética, a fala é sempre, na sua espontaneidade (não confundir com espontaneísmo), ação de segundo grau. Ela é sempre ação sobre alguma ação anterior, mesmo que essa ação anterior seja, também ela, alguma fala. A fala é, por excelência, construtora de conhecimento – como conteúdo, mas também como forma, estrutura, organização ou capacidade – e, como tal, constitutiva do sujeito.

Para Maturana e Varela (1995), a forma particular do ser e do agir humanos é a linguagem. A linguagem, segundo Piaget, tem na função semiótica sua condição de possibilidade, e é como seres simbólicos que nos tornamos capazes de compreender nossa própria capacidade de conhecer.

> A produção do mundo é o cerne pulsante do conhecimento e está associada às raízes mais profundas do nosso ser cognitivo. Essas raízes se estendem até a própria base biológica e esse gerar se manifesta em todas as nossas ações e em todo o nosso ser. De forma que o fenômeno do conhecer é um todo integrado, e todos os seus aspectos estão fundados sobre a mesma base. Todo o conhecer depende das estruturas daquele que conhece e as bases biológicas do conhecer

não podem ser entendidas somente pelo exame do sistema nervoso, pois estão enraizados no organismo como um todo. (Maturana e Varela, 1995, *citado por* Franck da Cunha, 1999, p. 116-7)

A fala, entretanto, não leva automaticamente à construção de conhecimento, pois ela pertence a um processo cujos inimigos são as diferentes formas de cassação da palavra, tais como as neuroses, as psicoses, as práticas escolares, as práticas de trabalho, os discursos demagógicos, as práticas midiáticas que exploram o insólito e o grotesco para evitar o verdadeiro, etc., com as quais nos deparamos no cotidiano, nos diferentes ambientes institucionais. Isto é, a fala repetitiva, que escamoteia, inibe, amedronta, encobre, delira, diz qualquer coisa para evitar, a qualquer custo, que a verdadeira realidade, as verdadeiras vivências, os verdadeiros sentimentos venham à tona. Encontramos, também, a cassação da palavra no plano político, nas ditaduras que transformam o Estado em seu proprietário absoluto. Enfim, são múltiplas as formas de cassação da fala que amordaçam o sujeito.

A fala por si mesma não produz conhecimento. A escola precisa aprender a trabalhar com ela para que produza conhecimento, como capacidade e como conteúdo.

RAÍZES BIOLÓGICA E PSICOLÓGICA DO SUJEITO

O sujeito cognitivo não existe puro, isolado do sujeito psicológico, do indivíduo. Ao contrário, o sujeito psicológico é a condição de possibilidade do sujeito cognitivo, assim como o sujeito biológico é a condição de possibilidade do sujeito psicológico. O sujeito cognitivo aprende, compreende, toma consciência, raciocina, implica. O sujeito psicológico sente, percebe, emociona-se, vibra, alegra-se, entristece-se, indigna-se, deprime-se, revolta-se, ama, odeia.

O sujeito psicológico não existe puro, isolado do sujeito biológico. O sujeito biológico é a condição prévia – com todo o significado que essa condição assumiu desde Darwin, significado potencializado pela neurologia e pela genética atuais – do sujeito psicológico. O sujeito psicológico percebe, sente necessidade, é desejoso. O sujeito biológico age sobre o meio físico, assimilando-o, orientado pelo instinto – "o instinto é a lógica dos órgãos... (e) o órgão é a materialização da conduta" (Piaget, 1967/1973, p. 280) – e pela necessidade. Sua organização provém da própria organização da vida e sua ação é prática: visa à sobrevivência. Essa organização emana da herança genética da espécie que, por sua vez, emana da própria organização da vida.

Na verdade, não estamos falando de três sujeitos diferentes, mas de um mesmo sujeito com instâncias constitutivas diferentes: a biológica, a psicológica e a cognitiva. A distinção dessas instâncias é didática.

Quando vemos uma pessoa trabalhando, falando ou amando, inferimos que aí residem, ao mesmo tempo, o sujeito biológico, o psicológico e o cognitivo em uma síntese tal que é impossível separá-los, a não ser por inferência. É possível apenas distingui-los. Essa síntese nada tem a ver com o que nos legou o mecanicismo, mas tem tudo a ver com a herança da vida neste planeta: ao mesmo tempo tão fascinante e misteriosa que o esforço humano, desde eras perdidas, procura desvendar e da qual o século XX, com a neurologia e a genética, aproximou-se de forma às vezes preocupante (fecundação *in vitro*, projeto genoma, clonagem, engenharia genética, robótica, etc.). Alma, duplo, mente, deuses, metempsicose, demônios, humores, glândulas, espírito, neurônios, neurotransmissores, RNA, DNA, rede neuronal, biologia molecular, neurogenética, neuroquímica, natureza elétrica das ondas cerebrais... dão conta de uma fascinante evolução histórica e científica – para alguns, crescentemente assustadora. Para outros, o anúncio de um mundo de sujeitos conscientes que resistem ao apelo fácil das múltiplas formas de mistificação, e que rejeitam decididamente o conforto das diferentes formas de alienação. Sujeitos que nutrem cotidianamente a certeza de que "um outro mundo é possível".

É importante ter presente que a organização da vida emerge de um longo processo cuja duração atinge a cifra, de acordo com biólogos, de três bilhões e seiscentos milhões de anos. Esse processo de formação passou por grandes catástrofes (por exemplo, chuva de meteoritos, queda de um grande meteorito, glaciações). Presume-se que uma dessas catástrofes, no período pré-cambriano, tenha dizimado aproximadamente 90% das formas de vida existentes na Terra (Gould, 1990).

O sujeito biológico é herdeiro do que restou delas. No cerne dessa herança, encontra-se um sistema de informações (genéticas) com toda uma "lógica" da qual o sujeito cognitivo tem acesso só precariamente e, mesmo assim, com muito esforço, muita investigação, muita ciência. Talvez a maior parte dos seres humanos chegue ao final de sua vida sem suspeitar da extraordinária complexidade desse sistema de informações que ele traz na estrutura profunda do seu ser, na própria condição de possibilidade de sua existência, no seu corpo, no seu genoma. Os complexos mundos vislumbrados pela genética e pela neurologia atuais dão conta dessa complexidade.

> Mas vale a pena começar por algumas observações sobre o sistema nervoso enquanto intermediário, que se tornou necessário, entre a organização viva e o conhecimento, e enquanto sede das formas mais elementares de reações hereditárias ou reflexos [...]. (Piaget, 1967/1973, p. 248)

No sistema nervoso, sistema aberto, apenas parcialmente constituído quando a criança nasce, está a chave da explicação das possibilidades do desenvolvimento cognitivo humano. A chave, não o desvendamento de todo o processo – psicológico, sociológico, histórico, epistêmico. Nele está a possibilidade de funcionamento dos instintos, das pulsões ou dos desejos, a possibilidade de coordenação das ações, a condição de possibilidade do jogo complementar de diferenciações e coordenações das estruturas cognitivas e dos sistemas operatório-formais. Em outras palavras, sem o sistema nervoso e suas possibilidades, no mais estrito sentido evolutivo, não seria possível qualquer intercâmbio cultural, porque não seria possível qualquer estrutura lógico-matemática, porque não seriam viáveis os esquemas sensório-motores, pois, a rigor, nem o exercício dos reflexos e tampouco as pulsões seriam possíveis. Na estrutura do sistema nervoso da espécie humana, estão as possibilidades de um processo de socialização diferenciado das demais espécies vivas do nosso planeta.

A CONSTRUÇÃO DA AÇÃO E A TOMADA DE CONSCIÊNCIA

Se, por um lado, as condições prévias do sujeito cognitivo residem no sujeito biológico, nas profundezas de um passado que remonta há mais de três bilhões de anos, cujas transformações não deixaram vestígios ou deixaram vestígios precários, por outro, as condições prévias desse sujeito estão em suas próprias mãos, em sua capacidade de agir sobre o meio físico ou social e, de retorno, agir sobre si mesmo. Ao agir sobre o meio, o sujeito retira (abstrai) não apenas qualidades desse meio – físico ou social – mas, também, retira qualidades de suas próprias ações e das coordenações de suas ações. O sujeito constitui-se como sujeito pelo que retira das coordenações de suas próprias ações. O sujeito não é tal apenas pela sua herança genética, como também não o é apenas pelos conteúdos que assimila do meio ou da cultura. Na medida em que se apropria de suas ações, de seus mecanismos íntimos, ele constitui sua subjetividade.

"Mesmo remontando às formas mais gerais da organização viva, não há funcionamento sem objeto, pois esta organização é aberta e dinâmica..." (Piaget, 1967/1973, p. 376); aberta porque assimila e dinâmica porque modifica os esquemas assimiladores.

> Ora, desde que não é mais exclusivamente perceptível [...], a experiência física supõe essencialmente a intervenção de ações, porque o sujeito não pode conhecer os objetos a não ser agindo sobre eles. (p. 379)

Os livros *A tomada de consciência* e *Fazer e compreender*, ambos de 1974, estudam o processo de apropriação que o sujeito faz dos mecanismos íntimos das coordenações de suas ações como um processo de tomada de consciência. O livro *Abstração reflexionante* (1977/1995) trata a tomada de consciência como um importante processo que faz a abstração reflexionante evoluir para a abstração refletida – o mais alto grau, em qualquer patamar, da abstração reflexionante.

Piaget quer dizer que o sujeito epistêmico, ou sujeito do conhecimento, não é um dado da herança genética ou da bagagem hereditária, como também não é um resultado da simples pressão do meio social ou da cultura sobre o bebê, a criança, o adolescente ou o adulto. Como também não é a mera soma desses dois fatores, por mais que suas importâncias não devam ser subestimadas.

A ação logra êxito precoce com relação à compreensão ou à conceituação. Isto é, a ação não necessita da conceituação para conseguir êxito. O recém-nascido mama e sacia sua fome sem saber o que é mamar; posteriormente, consegue realizar objetivos mais complexos sem saber como o mamar articula-se com o pegar, o ver, etc. A criança, no ponto de chegada do período sensório-motor, é capaz de transportar um objeto que exige as duas mãos, largando-o no chão para abrir uma porta, retomando-o para cruzar o limiar da porta, largando-o novamente para fechar a porta e retomando-o em seguida até chegar onde deseja, sem articular, no plano da representação, o agarrar inicial do objeto com seu destino final. Logra êxito sem compreender. A tomada de consciência possibilitará que ele compreenda o que fez e, assim, conceitue sua ação tornando-a muito mais poderosa do que era inicialmente.

A conceituação consegue-se, pois, por progressivas tomadas de consciência da ação, ou, melhor, dos mecanismos íntimos da ação ou de suas coordenações. Essas tomadas de consciência, por sua vez, procedem "da periferia (P) para o centro" (Cf. diagrama, Cap. I), isso é, das zonas de adaptação ao objeto até atingir as coordenações internas da ação. Uma criança de 9 anos pode ter sucessivos êxitos atingindo um alvo com um objeto preso a um cordão (funda, cf. Piaget, 1974b/1977, Cap. 2), após sucessivos movimentos giratórios, sem saber como procedeu para conseguir o êxito.

Além disso, a partir de certo nível, verifica-se uma influência decisiva da conceituação sobre a ação. A ação passa a ser corrigida e pode ser significativamente melhorada em função da conceituação.

> Resumindo, em relação aos sucessos elementares, nós reencontramos constantemente o atraso da conceituação sobre a ação, o que mostra a autonomia desta última. Por outro lado, a tomada de consciência parte, em cada caso, dos

> resultados exteriores da ação, para, somente em seguida, engajar-se na análise dos meios empregados e, por fim, na direção das coordenações gerais (reciprocidade, transitividade, etc.), isto é, dos mecanismos centrais, mas, antes de tudo, inconscientes da ação. (Piaget, 1974b/1977, p. 173)

O sujeito epistêmico, ou sujeito do conhecimento, constitui-se pela sua própria ação. Ele age sobre o meio buscando satisfazer suas necessidades, seus desejos. Essa ação transforma o meio. Ao transformar o meio, buscando assimilá-lo em vista de suas necessidades, o sujeito é confrontado pelas resistências do meio. O meio, físico ou social, é organizado, complexo, inacessível na maioria de suas faces; é só pensar no meio linguístico. Qual a saída? Se fugir, não satisfará sua necessidade ou desejo. Resta-lhe tentar transformar o meio. Mas é precisamente isso que ele não consegue. Frente a tal situação, o sujeito transforma-se a si mesmo, seus esquemas, para melhorar sua capacidade de assimilação. Acomodação é a transformação, pelo próprio sujeito, dos esquemas de assimilação, tendo em vista a satisfação de suas necessidades ou desejos.

Em outras palavras, movido pelas suas necessidades ou desejos, o sujeito transforma o mundo dos objetos. Não conseguindo fazê-lo na medida da satisfação que procura, ele transforma as próprias estruturas de assimilação. Isso significa que ele cresce como sujeito na medida em que transforma o meio, ou seja, na medida em que organiza o mundo do objeto (meio físico ou social). Organizando e reorganizando o mundo do objeto, ele cresce em subjetividade, pois a complexidade do meio "exige" que ele se transforme para melhor (equilibração majorante, dirá Piaget), que melhore seus esquemas assimiladores. Ao crescer em subjetividade, ele organiza melhor o mundo do objeto (meio físico ou social). Objetividade e subjetividade são, pois, duas faces complementares do mesmo processo. Nesta genial frase, Piaget resume esse processo: "A inteligência organiza o mundo organizando-se a si própria" (1937/1978, p. 330).

A dialética entre a história de cada indivíduo, por intermédio de suas experiências cotidianas, e a história de uma sociedade como um todo determinam o processo de formação individual, isto é, a psicogênese. Mas essa determinação – tese fundamental em Piaget – acontece na dependência estrita da ação do indivíduo. Ação que tem, sempre, duas dimensões entre si complementares: ação de busca no meio físico ou social, produzindo modificações nesse meio (assimilação), e ação sobre si mesmo, buscando transformar as próprias estruturas cognitivas e seus esquemas assimiladores (acomodação) em função das novidades que o meio apresenta.

AS POSSIBILIDADES DA EXPERIÊNCIA E AS AMARRAS DA AÇÃO

A ação está, sempre, duplamente amarrada: amarrada pelas condições atuais do sujeito (indivíduo, sob o ponto de vista psicológico) e amarrada pelas condições do meio que, nesse momento, envolve o sujeito. Se o sujeito tem condições ótimas de ação devido às suas experiências anteriores significativas e o meio é positivamente desafiador, a qualidade da interação cresce – ela será função de um desenvolvimento cognitivo ótimo. Se o sujeito tem as condições referidas, mas o meio falha em sua capacidade de desafiar, a tendência será a de baixar a qualidade da interação; mas essa tendência pode não se confirmar num caso específico. Se as condições do sujeito são precárias e o meio é desafiador, prevê-se a mesma tendência de baixa que, também, em um caso específico, pode não se verificar. Se, entretanto, um indivíduo traz uma história de experiências fracassadas e o meio é omisso, a probabilidade de um novo fracasso é elevada. O ideal é um sujeito operante em um meio desafiador.

Em uma palavra, a capacidade cognitiva não está determinada previamente nem no meio nem no sujeito. Ela se define na experiência. Na história de interações de cada indivíduo. Piaget (1936), que define *esquema* como aquilo que é generalizável em uma determinada ação, como verdadeira síntese de ações de determinado tipo, afirma:

> Um esquema resume em si o passado e consiste sempre, portanto, numa organização ativa da experiência vivida. Ora, esse é o ponto fundamental: a análise contínua de três crianças, de que observamos quase todas as reações, desde o nascimento até a conquista da linguagem, convenceu-nos, efetivamente, da impossibilidade de divorciar qualquer conduta, seja ela qual for, do contexto histórico de que ela fez parte... (p. 356). Existe [...] uma completa continuidade entre as condutas características das diferentes fases (do período sensório-motor); [...] pareceu-nos impossível explicar o aparecimento de tais coordenações sem conhecer, em cada caso particular, o passado do sujeito (p. 358). Comparando o progresso da inteligência em três crianças, dia após dia, vê-se como cada nova conduta se constitui por diferenciação e adaptação das precedentes. [...] O esquema é, portanto uma *Gestalt* que tem história. (p. 359)

O sujeito epistêmico constitui-se, da forma mais radical possível, à imagem e semelhança de suas ações sobre o meio, de suas assimilações: a geografia, a história, a sociedade, a cultura na qual está mergulhado; é aí que se configura um processo de interação que tem início com a assimilação e que se prolonga em acomodação por força da resistência desses meios a serem assimilados. Qual a função exercida pela geografia, pela história, pela sociedade ou pela cultura? Sob o ponto de vista do desenvolvimento, elas têm por função desequilibrar o sujeito. O sujeito constitui-se a partir de suas ações sobre essas instâncias e não como "reflexo" ou produto da pressão dessas instâncias sobre ele. Essa forma de compreender não diminui a importância do meio (físico ou social), antes a aumenta, pois sem a resistência do meio o sujeito não teria por que se modificar ou modificar seus esquemas. Essa função do meio, como polo desafiador, reveste-se de tamanha importância no processo de desenvolvimento que produz a ilusão frequente de que o meio determina, por si mesmo, o sujeito.

> Atribuir a lógica e a matemática às coordenações gerais das ações do sujeito não é, por conseguinte, superestimar o papel desse sujeito em sentido idealista, é lembrar que se a fecundidade de seu pensamento depende dos recursos internos do organismo, a eficácia desse pensamento depende do fato de o organismo não ser independente do meio, mas só viver, atuar e pensar em interação com ele. (Piaget, 1967/1973, p. 389)

Se, por um lado, o sujeito retira qualidades (peso, volume, cor, forma, etc.) dos observáveis, incluindo neles não só os objetos físicos, mas, também, as ações próprias ou de outros indivíduos nos seus aspectos materiais (experiência física), por outro lado, ele retira qualidades das coordenações (não observáveis) de suas ações (experiência lógico-matemática). A matéria-prima com a qual o sujeito constrói conhecimento – como forma e conteúdo – é retirada dos observáveis (abstração empírica) e das coordenações de suas ações (abstração reflexionante).

Um dos pontos fortes da obra de Piaget está na demonstração que ele faz de que as estruturas cognitivas que garantem e qualificam a sua capacidade operatória não é dada no genoma nem por aprendizagem (*stricto sensu*) e, menos ainda, por ensino. Ela é construída, passo a passo, por um longo processo de abstração reflexionante (Piaget, 1977/1995) ou de experiência lógico-matemática, que se inicia com o nascimento, aumenta indefinidamente suas possibilidades com o surgimento da função semiótica e, mais tarde, com as estruturas do pensamento operatório – inicialmente concreto e depois formal. Essa construção constitui, em cada momento da psicogênese do sujeito epistêmico, o patamar ou o leque de possibilidades que se abrem para suas novas realizações: de transformação do mundo e, por *feedback*, de transformação de si mesmo.

> No caso da experiência lógico-matemática, ao contrário [...], os conhecimentos obtidos não são tirados dos objetos como tais, mas das ações exercidas sobre eles. É a ação de ordenar que os põem em fileira, é a ação de reunir que lhes confere uma soma enquanto totalidade lógica ou numérica [...]. (Piaget, 1967/1973, p. 350)

O que encanta Habermas (1989) é esse mergulho do sujeito da epistemologia genética nas próprias estruturas, retirando delas a matéria-prima para a confecção da subjetividade:

> É para isso (para que as estratégias de fundamentação reduzidas [construtivismo x pragmatismo, etc.] possam se complementar, ao invés de se confrontarem como até agora) que o estruturalismo genético de Jean Piaget parece-me oferecer um modelo instrutivo para os próprios filósofos e para aqueles que gostariam de continuar a sê-lo. (p. 24).

Explica, em seguida, sua proposta e alerta:

> Piaget concebe a "abstração reflexionante" como o mecanismo de aprendizagem que pode explicar, na ontogênese, o desenvolvimento cognitivo que termina numa compreensão descentrada do mundo. A abstração reflexionante assemelha-se [...] à reflexão transcendental no sentido em que, por meio dela que os elementos formais inicialmente escondidos no conteúdo cognitivo enquanto esquemas de ação do sujeito cognoscente são trazidos [...] à consciência, diferenciados e reconstruídos no estádio de reflexão imediatamente superior. Ao mesmo tempo, esse mecanismo de aprendizagem tem uma função semelhante a que tem em Hegel a forma da negação que supera dialeticamente as figuras da consciência tão logo essas caiam em contradição consigo mesmas. (p. 24)

O cerne da explicação piagetiana da gênese e do desenvolvimento do sujeito epistêmico encontra-se na ideia de autorregulação, prolongada como equilibração ou abstração reflexionante. A ideia central desses processos é a de que o sujeito constitui-se na medida do que ele faz. Ele extrai do que ele fez hoje, o que ele será amanhã. Essas sucessivas sínteses, em forma de infinitas e sucessivas microgêneses, trazem-nos a ideia de um sujeito que *é* somente na medida em que se faz.

CONCLUSÕES

O sujeito epistêmico não é uma entidade desencarnada, morando em um organismo descartável, ou um indivíduo independente do meio ou do contexto em que se desenvolveu. É um organismo biológico e é enquanto *bíos* (βίος) que depende das trocas com outros organismos. É *psique* (ψυχή) que, enquanto tal, depende das trocas com outros indivíduos. É enquanto organismo e psique que poderá tornar-se sujeito epistêmico. Essas trocas têm poder constitutivo; são elas que fazem esse organismo biológico projetar-se como indivíduo psicológico (psique e como sujeito epistêmico – sem deixar nunca de ser biológico. O que resulta das trocas sujeito-meio é mais rico do que aquilo que o meio pode fornecer. Reduzir as ações do sujeito à imitação ou à cópia do meio é empobrecer as possibilidades de construção da subjetividade. A aquisição da linguagem, possibilitada pela construção da função simbólica ou semiótica, abre caminho para um universo de trocas (simbólicas) que ultrapassa "infinitamente" as trocas possíveis entre o organismo e o meio em nível biológico. A função semiótica abre ao indivíduo um universo de linguagens, culturas e conceitos cujos limites, se existem, são desconhecidos. Essa assimilação leva a possibilidades infindáveis de transformações da subjetividade. Não se conhecem limites para o desenvolvimento do sujeito.

O homem é o único animal que pode retirar do que fez formas que trazem as organizações profundas do seu fazer e conservar essas formas; na sequência, ao retirar novas formas de novos fazeres, reestrutura as formas anteriores com as novas formas, produzindo formas-sínteses que serão conservadas como tais. Essas serão refeitas mais adiante por formas novas retiradas de novos fazeres, e assim *ad infinitum*. Ao conjunto dessas formas, sintetizadas, Piaget chama de estrutura; nela se encontram as possibilidades do pensar.

Para Piaget, o sujeito conhece-se na medida em que se descentra. A função semiótica é o recurso para essa descentração. O sujeito consegue compreender-se como um objeto entre tantos objetos, como um animal entre tantos animais, como um indivíduo humano entre tantos indivíduos humanos, como *um* sujeito nas sociedades humanas. Esse processo de descentração estende-se por toda a psicogênese e, a rigor, por toda a vida.

Todos os expedientes utilizados por Piaget para explicar a gênese e o desenvolvimento do sujeito (epistêmico) – abstração, equilibração, experiência (física ou lógico-matemática), tomada de consciência, diferenciação, etc. – têm, na ação espontânea, seu ponto de partida. "Sem dúvida, uma manifestação espontânea da criança vale mais que todos os interrogatórios" (Piaget, 1932/1977, p. 8).

Piaget perseguiu, como objetivo de um ousado projeto científico que durou quase 60 anos, a aferição dos efeitos constitutivos da ação do organismo ou do indivíduo na constituição ou construção do sujeito epistêmico. Não de qualquer ação, mas da ação espontânea. O resultado foi a produção de uma vasta obra, que chamou de epistemologia genética, cujo objetivo era desvendar as sucessivas gêneses e o desenvolvimento do sujeito epistêmico, desde suas raízes biológicas até as mais avançadas operações do pensamento, como as que produziram os modelos da física, da matemática e da filosofia.

Do fundo de sua obra, Piaget aponta para um objetivo educacional que, sob certo aspecto, emerge como vetor privilegiado de sua vasta produção. Tudo acontece como quem diz: todo esse esforço de descoberta do processo de desenvolvimento do sujeito epistêmico serve para indicar o caminho da formação do próprio sujeito humano, em todas as suas dimensões.

> Ainda que nossos trabalhos não tenham nenhuma intenção pedagógica, parece difícil deixar de salientar o fato de que o conhecimento das reações de escolares, descritas nesta obra [*Abstração Reflexionante*], possa ser de alguma utilidade para os educadores. (Piaget, 1977/1995, p. 7)

Por tudo isso, não se pode mais conceber a docência, em qualquer nível de ensino e em qualquer área de conhecimento, sem um domínio mínimo do processo de formação ou desenvolvimento do sujeito epistêmico e, na sua extensão, do processo de aprendizagem.

> Portanto, nada é mais útil para formar os homens do que ensinar a conhecer as leis dessa formação. (Piaget, 1932/1977, p. 9)

Um professor não pode ignorar as linhas gerais do processo que "preparou" o aluno que está a sua frente. Só assim terá condições de contribuir para que o discente, enquanto sujeito epistêmico, avance em seu processo formador, utilizando-se da melhor forma das contribuições da docência.

4
Dialética e epistemologia genética

> Mas, quer o queira quer não (mais exatamente, sem que o queira), a síntese realizada por Piaget coloca-o na linha dos grandes pensadores dialéticos, Kant, Hegel e Marx [...]. Para Piaget (como para Marx), não existe pensamento que não esteja ligado à ação; o mundo teórico no seu conjunto é uma tomada de consciência das condições da ação real ou virtual. (Lucien Goldmann, 1978)

Piaget explica a gênese e o desenvolvimento do conhecimento por interação. Ele não apenas descreve as diferentes gêneses e o desenvolvimento do conhecimento como interação (S ← → O), mas também cria um modelo explicativo para isso. Assim, todas as teorias que explicam o conhecimento humano por gêneses sem estruturas (S ← O) ou por estruturas sem gêneses (S → O) são superadas por sua crítica construtivista.

Interação significa que o conhecimento não se origina no sujeito (apriorismo, idealismo) nem no objeto (empirismo, positivismo), porém acontece no mundo de relações que a atividade do sujeito estabelece e coordena, cria ou inventa para conectar esses dois mundos. A ação do sujeito que constitui essas relações tem sempre duas faces ou acontece em duas direções, entre si complementares: a ação de transformação dos objetos (assimilação) e a ação de transformação do sujeito sobre seus esquemas assimiladores (acomodação). Essas duas ações, radicalmente complementares, são ações do sujeito. A função do mundo do objeto é a de provocar perturbações, desequilíbrios no mundo do sujeito, na medida em que resiste a ser conhecido. Porém, as transformações no mundo do sujeito são produzidas pelo próprio sujeito a partir de relações problemáticas, que causam desequilíbrios, com o mundo.

A obra de Piaget converge, em última análise, para uma concepção interacionista que explica toda novidade, em termos de conhecimento, como gêneses devidas às trocas das estruturas, anteriores a essas novidades, com o meio físico ou social. A presença dessa concepção pode ser detectada, em seus textos, por várias díades:* assimilação/acomodação, estrutura/função, coordenação/diferenciação, conteúdo/forma, estados/processos ou estados/transformações, aspectos figurativos/aspectos operativos, heteronomia/autonomia, endógeno/exógeno, organização/adaptação, aprendizagem/desenvolvimento, abstração empírica/abstração reflexionante, reflexionamento/reflexão, ação/coordenação das ações, real/possível, possível/necessário, etc.

Essa maneira de desenvolver seu pensamento ou sua concepção teórica mostra que quando se aprofunda um conceito não se atinge, ao final, a perfeição desse conceito, e sim seu oposto. Acompanhemos um processo de assimilação. O bebê esforça-se por chupar seu polegar. Faz muitos ensaios, durante semanas ou meses. Em sua luta assimiladora, tem de controlar o reflexo, o que faz com que seu polegar atinja sua testa, seu olho, seu queixo. Finalmente, consegue levá-lo à boca. Trata-se de uma assimilação que deu certo. As tentativas continuam até que atinja uma *performance* que não deixa mais nada a desejar. Toda vez que quer sugar o polegar, leva-o à boca sem qualquer problema. Doravante, fará isso com qualquer objeto que agarrar. Temos aí um esquema acomodado. Isso quer dizer que o ápice de um processo de assimilação consiste em realizar esquemas ou estruturas adaptadas, isto é, perfeitamente acomodadas; esquemas ou estruturas capazes de assimilar uma infinidade de objetos que, antes, era impossível. A competência da assimilação só é atingida pela acomodação. Dito de outro modo, a assimilação desdobra-se em acomodação que, por sua vez, potencializa a assimilação. Ou, ainda, um bom processo de acomodação redunda na melhoria da assimilação. Melhoria como capacidade, não apenas como conteúdo.

Partamos da direção oposta: da acomodação para a assimilação. O bebê não consegue segurar uma bola grande de plástico. Faz muitos exercícios para coordenar suas mãos, mas elas não se encontram. Realiza um longo processo de acomodação que faz com que suas mãos ajam coordenadamente. Resultado: após meses de exercícios, consegue agarrar a bola sem problemas. Seu longo processo de acomodação permite que, finalmente, assimile a bola. O processo de acomodação realizou-se integralmente na nova assimilação.

É desse jogo que emerge a novidade. Daí o termo construção. As construções são função da ação do sujeito nas dimensões histórica (tempo) e social (espaço). Tudo o que se refere ao sujeito epistêmico provém da ação do próprio sujeito, enquanto se recria no tempo e enquanto se multiplica pelas diferentes possibilidades sociais.

---

* Díade complementar é entendida aqui como par de termos em que o significado de um implica o significado do outro.

Mas o caráter próprio da vida é ultrapassar-se continuamente e, se procuramos o segredo da organização racional na organização vital, inclusive em suas superações, o método consiste então em procurar compreender o conhecimento por sua própria construção, o que nada tem de absurdo, pois o conhecimento é essencialmente construção. (Piaget, 1967/1973, p. 409)

Lucien Goldmann (1978), ao mesmo tempo em que reconhece, em um texto lúcido e provocativo, que "a obra de Piaget representa, pelo seu caráter simultaneamente positivo, antiespeculativo e antipositivista, uma das realizações mais importantes do pensamento filosófico contemporâneo" (p. 42), afirma que "a identidade das duas concepções salta à vista. O papel da 'natureza', da 'matéria', do objeto, é idêntico na psicologia de Piaget e no materialismo histórico" (p. 46) de Marx. As duas concepções a que se refere são a de Marx e a de Piaget. Goldmann encontra uma analogia surpreendente entre "a natureza adaptativa da inteligência", segundo Piaget, e o materialismo histórico, segundo Marx.

A adaptação compõe-se de dois processos: assimilação ou ação do sujeito sobre os objetos do meio, ação dependente dos comportamentos anteriores, enquanto incidem sobre os mesmos objetos ou sobre objetos análogos, e acomodação ou ação do sujeito transformando seus esquemas, estruturas ou capacidades. Portanto, a assimilação implica transformação dos objetos, reais ou formais, e a acomodação implica transformação do sujeito, de seus esquemas, estruturas ou capacidades. No cerne desse esquema explicativo, está o movimento. Trata-se de processos de formação garantidos por sucessivos patamares de organização estrutural: momentos estáticos que garantem o fluxo do movimento. Podemos falar de dialética permanência/mudança.

Nosso interesse é o de visitar a epistemologia genética com o olhar da dialética, entendida aqui como movimento constitutivo da realidade – incluindo nela o pensamento. Pensamento e realidade, realidade e pensamento fluem continuamente, transitando por posições e oposições e produzindo, nesse trajeto, novas sínteses. Segundo Abbagnano (1970, p. 252-257)

> De fato, pela identidade de racional e real, a dialética é não só a lei do pensamento, mas a lei da realidade e os seus resultados não são puros conceitos ou conceitos abstratos, mas "pensamentos concretos", isto é, realidades verdadeiras e próprias, realidades necessárias, determinações ou categorias eternas. Toda a realidade move-se dialeticamente e, portanto, a filosofia hegeliana vê em toda parte tríades de teses, antíteses e sínteses, nas quais a antítese representa a "negação" ou "o contrário" ou "o ser diferente" da tese, e a síntese constitui a unidade e ao mesmo tempo o ato de tornar verdadeiras uma e outra.

Assim, pode-se dizer que o conceito de dialética fica caracterizado pelos traços seguintes:

1. a dialética é a passagem de um oposto ao outro;
2. essa passagem é a conciliação dos dois opostos;
3. essa passagem (portanto, a conciliação) é necessária.

A dialética aparece, nesses mais de 2000 anos de história da filosofia ocidental, como um esforço para que o pensamento reflita o movimento de transformação da realidade. A realidade não é, está sendo. Como fazer com que o pensamento não aprisione o movimento e suas formações? E para que, finalmente, o pensamento expresse seu próprio movimento: o movimento de constituição do próprio sujeito por força de sua ação.

Heráclito (século V a.C.) responde a essa questão negando qualquer consistência do real – é o preço que ele paga para fazer o pensamento refletir o movimento. Nada permanece, tudo flui. A permanência é ilusão dos sentidos. Ninguém pode atravessar o mesmo rio duas vezes, porque, ao retornar, o rio já não é mais o mesmo – apesar das aparências – e o sujeito também não. Em Hegel (1770-1831), a realidade, que é racional, percorre um trajeto conceitual que vai da afirmação, pela negação, até a negação da negação; ou da tese, pela antítese, até chegar à síntese. Esta é superação não só da antítese, mas também da tese. Tese e antítese são superadas pela síntese. Do mesmo modo como assimilação e acomodação são superadas por uma nova adaptação. E esta, se prolongada, leva a organização a modificar-se, isto é, a superar a organização precedente. Por exemplo, a aprendizagem da língua materna que impõe à organização do sujeito – incluindo aí o organismo e seu sistema nervoso – modificações tão profundas como se fossem herdadas geneticamente.

> Quem diz dialética diz realização de uma síntese. Ora, todo avanço na obra de Piaget representa certa síntese. As explicações do segundo período (ver N.I. [*O nascimento da inteligência na criança*], 1936, e C.R. [*A construção do real na criança*], 1937) dão conta de organizações coerentes e estáveis (os esquemas, o grupo de deslocamentos) e de mecanismos de funcionamento que asseguram o progresso. O par assimilação-acomodação reflete essa dupla preocupação, assim como o esforço de dar conta do sujeito e do meio. (Montangero e Maurice-Naville, 1998, p. 82)

Piaget reflete esse movimento no conhecimento em geral e no pensamento em particular. Assim, quando o sujeito assimila, ele transforma não só o objeto assimilado, mas também a si mesmo (acomodação). E o resultado desse duplo movimento não é nem a assimilação nem a acomodação, mas sim uma nova realidade, uma síntese que não se reduz às assimilações e às acomodações que lhe deram origem, mas consiste em uma adaptação que afeta a organização. Em resumo, o sujeito não é mais o mesmo; alguma coisa modificou-se nele. Correlativamente, alguma coisa modificou-se no âmbito do objeto.

Piaget atribui à ação do sujeito essas transformações: transformações constitutivas, simultaneamente, do sujeito e do objeto. Como se vê, o funcionamento da assimilação e da acomodação leva a estruturas renovadas ou a novas estruturas, nunca um retorno ao que era antes. (Pode-se dizer, nunca à mesmice.) Se a ação for espontânea, isto é, se ela surgir de uma necessidade sentida pelo sujeito, então, necessariamente ela trará transformações. (Podemos inferir que, sempre que a escola insiste na mesmice, ela está negando ou se opondo a esse dinamismo, tornando estático o que é naturalmente dinâmico.)

> De fato, é o próprio caminhar do pensamento de Piaget que é profundamente dialético. Sempre que o autor põe um problema ou define um objeto de reflexão, ele busca superar uma dicotomia ou, melhor, uma oposição. O conhecimento supõe um sujeito face a um objeto a conhecer. (Montangero e Maurice-Naville, 1998, p. 82)

Podemos voltar aos atributos do conceito de dialética, traduzindo-os à nossa compreensão: a dialética é a passagem de um oposto ao outro. Essa passagem é a conciliação dos dois opostos e, se a ação for espontânea, essa passagem (portanto, a conciliação) será necessária.

Poderíamos passar assim por todas as díades piagetianas aqui expostas. Exploremos um pouco a díade *abstração empírica* & *abstração reflexionante*.

Essas duas formas de abstração são, ao mesmo tempo, irredutíveis e complementares. Enquanto a abstração empírica retira qualidades dos objetos como tais ou das ações nos seus aspectos materiais, a abstração reflexionante retira qualidades das coordenações das ações. A primeira retira qualidades dos observáveis, a segunda dos não observáveis. As coordenações das ações acontecem no mundo endógeno; por isso não podem ser observadas, somente inferidas. Vejo um bebê de cinco meses levando à boca o objeto que agarrou; não vejo, mas infiro a coordenação entre preensão e sucção que acontece em suas estruturas endógenas, fundamentalmente em seu sistema nervoso.

Quanto ao mecanismo da abstração, o *reflexionamento* tem por função jogar para um patamar superior o que retirou de um inferior, isto é, de coordenações de ações anteriores; e a *reflexão* reorganiza nesse novo patamar o material trazido pelo reflexionamento. Esse patamar não está vazio, mas já há nele coordenações anteriormente elaboradas.

A abstração empírica depende totalmente do que a abstração reflexionante elaborou; ela nada pode retirar sem as construções prévias do jogo dos reflexionamentos e reflexões próprio da abstração reflexionante. Esta, por sua vez, fica restrita a um idealismo repetitivo sem as contribuições daquela. Algo parecido acontece com o reflexionamento, que nada pode retirar se não puder contar com as construções das reflexões precedentes, e a reflexão fica parcialmente imobilizada sem o trabalho do reflexionamento.

> O progresso consiste em construir uma estrutura mais ampla que abranja a precedente, mas introduzindo novas operações. (Piaget, 1967/1973, p. 361)

À medida que o trabalho da abstração reflexionante avança, ela exige a presença da abstração empírica, sob pena de sucumbir ao idealismo. Da mesma forma, o aprofundamento da abstração empírica exige os quadros coordenadores da abstração reflexionante, sob pena de sucumbir ao empirismo.

GENERALIZAÇÃO

A teoria de Piaget é, ao mesmo tempo, genética e histórico-crítica. Permitam-me uma citação longa:

> O pensamento de Piaget é genético no seu programa. Tanto a psicologia da formação da inteligência como a teoria epistemológica do acréscimo dos conhecimentos e dos seus mecanismos são uma reconstituição teórica (explicativa) de um processo histórico. O princípio de gênese e o princípio de totalidade são conscientemente acolhidos e concebidos em termos consequentes. Nesta teoria, já não pode haver lugar para qualquer dualidade – tão característica da concepção de Darwin – de uma teoria geral supra-histórica, por um lado, e da reconstituição de uma genealogia, por outro. A apresentação das etapas da genealogia e a teoria do processo genético encontram-se, na concepção piagetiana, unidas em uma totalidade indissolúvel. (Nowinsky, 1967, p. 238)

Se, por um lado, a explicação dá-se pelo trajeto da ação do indivíduo, desde seu nascimento, por outro, esse trajeto acontece em uma totalidade evolutiva (história da vida) e histórica (história da humanidade). Para dar conta dessas dimensões, cujo dinamismo não pode ser subestimado, Piaget trabalha com o conceito de esquema como resultante de um processo de generalização.

O esquema – aquilo que é generalizável em uma determinada ação – sintetiza as ações realizadas até o momento. "O esquema de uma ação é, por definição, o conjunto estruturado dos caracteres generalizáveis desta ação, isto é, dos que permitem repetir a mesma ação ou aplicá-la a novos conteúdos" (Piaget, 1961, p. 252). O que atribui um significado dialético ao conceito de esquema é a generalização, pois um esquema é aplicado à diversidade do meio exterior e generalizado, portanto, em função dos conteúdos que subsume. A assimilação reprodutora faz surgir o esquema; as inumeráveis aplicações do esquema à diversidade do meio exterior fazem com que o esquema se generalize. Trata-se de uma dimensão histórica.

O esquema é, pois, síntese. Ao mesmo tempo em que resume em si as ações passadas, ele se reveste, por força da generalização, de um caráter novo que é o de transbordar as ações que lhe deram origem, abrindo um leque de possibilidades de novas aplicações – reais ou possíveis; essas aplicações não estavam previstas nas ações que lhe deram origem. O esquema é uma totalidade que não se reduz à soma das ações que o engendrou porque nele se condensam qualidades da organização do sujeito. O esquema traz algo novo, irredutível às ações passadas e ao meio em que se desenvolveram essas ações. No alto desse processo, vemos surgir algo que sempre desafiou os filósofos de todos os tempos: a necessidade. Aquele sentimento de que algo é assim e não pode ser diferente: 3 x 7 necessariamente perfaz 21. Se A < B e B < C, necessariamente A < C. Se B é C e A é B, necessariamente A é C. Segundo Piaget (1967/1973, p. 273-275):

> No terreno da inteligência, o exercício e a construção dos esquemas supõem a contínua interação entre o sujeito e os objetos. Nestes últimos domínios, os esquemas estão conjugados a contínuas assimilações e acomodações que os generalizam ou diferenciam, pondo-os em relação ou encaixando-os hierarquicamente, etc.

Os esquemas organizam-se entre si. A criança olha um objeto, agarra-o e suga-o; a essas coordenações sensório-motoras sucedem, mais tarde, coordenações similares com os esquemas verbais e, ainda mais tarde, com os esquemas conceituais. Da tomada de consciência da organização dos esquemas ou da coordenação das ações surgem novas organizações: as operações. As operações são ações interiorizadas, reversíveis e coordenadas em estruturas. Por sua própria dinâmica, as operações organizam-se em totalidades estruturais.

> Um esquema é a estrutura ou a organização das ações, tais como elas se transferem ou se generalizam por ocasião da repetição dessa ação e das circunstâncias semelhantes ou análogas. (Piaget, 1966, p. 11, citado por Montangero e Maurice-Naville, 1998, p. 166)

Cada ponto de chegada, produzido na interação sujeito-meio, é também ponto de partida. Uma síntese é, simultaneamente, patamar construído e plataforma de partida que chegará a novo patamar.

> Contudo, na medida em que a construção dessa estrutura coincide com o momento em que, entre nós, o indivíduo torna-se intelectualmente adulto, essa estrutura final é, ao mesmo tempo, inicial no que diz respeito à sequência do desenvolvimento sociogenético e cultural que prossegue de geração em geração. (Nowinsky, 1967, p. 239)

Assiste-se, no ensino escolar, a inumeráveis repetições. Entretanto, ali não se repetem ações, o que seria pedagogicamente fecundo; repetem-se apenas conteúdos, o que é largamente estéril. Em vez de constituir um laboratório para compreender a gravitação com múltiplos experimentos, ensina-se, sem experimentação, que "os corpos se atraem na direta proporção das massas e no inverso do quadrado das distâncias" – verbalização que os alunos devem repetir até memorizar, mesmo que não tenham entendido. Pode-se chamar a isso de burocratização do conhecimento.

ASPECTO INFERENCIAL DA EQUILIBRAÇÃO

Em *Formas elementares da dialética* (1980), Piaget procura desmistificar a acepção corrente de dialética, isto é, aquela concepção segundo a qual toda forma de pensamento é, desde o início e sempre, dialética, como se não houvesse fases de equilíbrio no decurso das construções para as quais a simples lógica discursiva seria suficiente para explicitar o jogo de afirmações e negações. Para ele, os sistemas equilibrados só geram inferências discursivas, havendo alternância entre as fases de construção dialética e de exploração discursiva.

Nossa interpretação consistirá, portanto, em supor que a dialética constitui o aspecto inferencial de todo processo de equilibração... (Piaget, 1980, p. 11).

Isso quer dizer que a dialética não intervém durante todo o processo de desenvolvimento cognitivo, mas apenas no decurso do processo de equilibração ou de abstração reflexionante.

Desse modo, a dialética consiste na construção de novas interdependências entre significações, desde as mais simples, solidárias e indissociáveis desde o início, até as mais gerais, ou seja, aquelas que ligam as implicações e as significações. Piaget (1980, p. 14) propõe-se a "[...] analisar a dialética enquanto construção de novas interdependências que constituem o aspecto inferencial de equilibração e que procedem por implicações entre ações enquanto portadoras de significações". Isso não exclui a análise das características da dialética, no sentido clássico, como as superações, as circularidades ou espirais e as relativizações.

Piaget reconhece que já há dialética quando dois sistemas, que até agora se apresentavam distintos e separados (não opostos), sintetizam-se em uma totalidade nova e as características dessa totalidade ultrapassam, até de forma marcante, as características dos sistemas antes da fusão. Assim, a classificação qualitativa e a seriação (Piaget e Szeminska, 1941) não são opostas entre si. Porém, ao se fundirem em uma totalidade nova (a sequência dos inteiros) surge uma nova totalidade "sem contradições a superar, nem tese, nem antítese a sintetizar" (Piaget, 1980, p. 197). O autor distingue, portanto, a construção das estruturas – somente ela reconhecidamente dialética – daquilo que se pode tirar dessas estruturas por simples dedução ou por metodologia discursiva.

Piaget (1980, p. 198) distingue cinco características comuns "que se encontram em todas as situações dialéticas e das quais nos resta mostrar a solidariedade":

- a construção de interdependências ainda não estabelecidas entre dois sistemas;
- o estabelecimento de interdependência entre as partes de um mesmo objeto;
- as "superações" geradas por uma nova interdependência que levam a uma nova totalidade transformando a totalidade anterior em um subsistema; é o caso da "generalização construtiva" (Piaget, 1978);
- as circularidades ou espirais que intervêm na construção das interdependências;
- a relativização que suprime o caráter absoluto ao pôr um sistema em relação com outros pelo jogo das interdependências.

Essas cinco características são resumidas em uma sexta que lhes fornece a significação geral: "a dialética constitui o aspecto inferencial de toda equilibração" (Piaget, 1980, p. 200).

Para entender essa formulação, é preciso distinguir o processo de equilibração, enquanto processo construtivo dos estados de equilíbrio, atingido pelas estruturas construídas. Piaget considera abusivo chamar de dialéticas as inferências discursivas feitas a partir desses estados. No entanto, pode-se falar novamente de dialética se uma estrutura estável leva a novas interdependências, pois isso é feito por processos de equilibração que conduzem à nova totalidade. Em todos esses casos, temos construção de novidades, e a equilibração apresenta-se sob três formas (Piaget, 1973):

- a equilibração das relações entre sujeito e objetos (entre assimilações e acomodações);
- a coordenação dos subsistemas;
- a equilibração entre as diferenciações e as integrações (antagônicas ou solidárias).

> [...] lembremos que esse aspecto inferencial das equilibrações comporta sempre um modo particular de ligações, pouco estudado até aqui, mas fundamental em toda dialética, a que chamamos de "implicação entre ações ou entre operações". A implicação entre enunciados p → q mesmo sob sua forma "significante" (p → q, se a significação de q está englobada na de p) consiste, de fato, apenas em um processo discursivo, limitando-se a separar o que já está contido nos termos ligados, enquanto a produção de novidades – portanto, toda "superação" dialética – supõe um processo transformacional que só pode ser sustentado por construções operatórias ou pré-operatórias. (Piaget, 1980, p. 201)

O objetivo deste capítulo foi apresentar passagens representativas dos textos de Piaget ou de colaboradores seus e, sobretudo, a incorporação da ideia de movimento – tão importante no pensamento científico contemporâneo – nos seus trabalhos sobre o conhecimento humano: sua gênese e seu desenvolvimento. Compreender como a epistemologia genética apreende o movimento permite compreender como a ação do sujeito reveste-se de significado no ato pedagógico. Qualquer forma de obstrução da ação do sujeito da aprendizagem no ambiente educativo equivale a obstruir o movimento dialético que caracteriza o desenvolvimento cognitivo humano. O texto mantém-se, pois, longe de um trabalho exaustivo sobre o tema que é muito mais rico do que aparece nessas linhas.

5
Piaget e Freire em relação

> Pensar não se reduz, acreditamos, em falar, classificar em categorias, nem mesmo abstrair. Pensar é agir sobre o objeto e transformá-lo. (Piaget, 1972/1973, p. 85)
>
> [...] estou absolutamente convencido de que a educação, como prática da liberdade, é um ato de conhecimento, uma aproximação crítica da realidade. (Freire, 1979, p. 25).
>
> Conhecer é tarefa de sujeitos, não de objetos. E é como sujeito e somente enquanto sujeito, que o homem pode realmente conhecer. (Freire, 1977, p.27)

Piaget morreu em 1980, legando-nos uma obra vastíssima sobre a gênese e o desenvolvimento do conhecimento. Freire morreu em 1997, legando-nos uma obra pedagógica cujo alcance é difícil de estimar. Ambos partem do pressuposto de que o ser humano não preexiste, ele se faz. "O desenvolvimento é realmente uma formação que leva ao aparecimento de caracteres que não 'preexistem' " (Ottavi, 2001, p. 49). O sujeito não é um dado, doação do meio ou da herança genética, mas uma obra construída pela ação humana. Ação física, ação simbólica, ação social, ação cultural, ação linguística, ação concreta, ação formal, ação de primeiro grau, ação de segundo grau... Esse trajeto da ação, longe de ser simples, exibe vários paradoxos. Primeiro paradoxo: a ação do sujeito constitui o próprio sujeito. Segundo: a ação do sujeito, sobre o objeto ou o meio, constitui o objeto ou o meio. Terceiro: a ação é, simultaneamente, estruturada e estruturante.

A aproximação de autores diferentes, que são criadores de diferentes disciplinas, leva-nos a uma empreitada transdisciplinar; e as peculiaridades de suas produções conduzem-nos ao exercício de uma necessária interdisciplinaridade. Como se vê, trata-se de uma temeridade que convertemos em aposta: aposta na fecundidade dessa aproximação. Para tanto, procuramos, para realizar tal aproximação, as bases epistemológicas de suas obras. Em Piaget, a fundamentação epistemológica pode ser explicitada da seguinte maneira: "Sempre que se considera o desenvolvimento em uma perspectiva epistemológica, uma multidão de problemas aparece com clareza, com tal evidência que nos surpreendemos com o fato de que ninguém os havia visto antes" (1973, p. 83). Em Freire, da seguinte forma: "Conhecer é tarefa de sujeitos, não de objetos. E é como sujeito e somente enquanto sujeito, que o homem pode realmente conhecer" (1977, p. 27), pois "[...] estou absolutamente convencido de que a educação, como prática da liberdade, é um ato de conhecimento, uma aproximação crítica da realidade" (Freire, 1979, p. 25; Becker, 2010, p. 152-154).

As possibilidades que se abrem, a partir da fecundação mútua desses dois autores, parecem-nos infinitas. Piaget explica como se dá a estrutura cognitiva ou a razão do ser humano; isto é, como se origina e se desenvolve sua capacidade operatória que possibilita que se posicione como sujeito frente à realidade e frente a si como parte dessa realidade. Freire diz como devem ser, ou como se revestem, os processos formadores da subjetividade que se projetam na cidadania pautada pela consciência crítica.

Provocaremos, entre esses dois autores, alguns encontros que nos parecem especialmente significativos, obviamente longe de pretender esgotá-los, convidando à reflexão e à experimentação aqueles que não se contentam com aquilo que está posto no meio educacional, mesmo nas propostas (pretensamente) construtivistas, interacionistas, dialéticas, sócio-históricas, conscientizadoras, etc.

PARTIR DOS CONCEITOS ESPONTÂNEOS, DA CULTURA OU DO SABER DO ALUNO

Um dos postulados apresentados por propostas pedagógicas críticas ou construtivistas é o de que se deve partir do aluno, em qualquer programa de ensino. Por um lado, do saber ou da cultura que o educando traz ou representa, como quer Freire; e, por outro, da sua estrutura cognitiva (forma), construída até agora, ou dos seus conceitos espontâneos (conteúdo), como quer Piaget.

As interpretações que a prática pedagógica cotidiana tem feito desse postulado dependem do alcance teórico que sustenta tal prática. Como frequentemente essas práticas nada transformam da visão teórica que as sustentam, as práticas mais avançadas acabam sendo reabsorvidas pelo senso comum que, de fato, anima essas práticas e que invariavelmente se tem mostrado mais forte que qualquer teoria. Por exemplo, um professor vai a um seminário de matemática, com palestrantes nacionais e estrangeiros da melhor estirpe, com oficinas que apresentam práticas avançadas; encanta-se com as novas ideias e com as práticas inovadoras. Ao retornar para sua escola, passa de imediato a implementá-las. Em pouco tempo, essas práticas começam a sofrer um processo de desgaste que o professor não consegue reverter. O que acontece? Como diz Paulo Freire, não há prática revolucionária sem teoria revolucionária. Como um professor pode transformar sua prática sem transformar sua teoria? Como pode implementar uma prática inovadora com uma "teoria" arcaica, não crítica; com uma teoria que pouco ou nada tem de científico e que, de fato, não se diferencia significativamente do senso comum? Lembremos Bachelard, para quem a ciência supera infinitamente o senso comum.

O discurso educacional tem gerado críticas que se dirigem a muitos alvos pedagógicos, sejam eles teóricos ou práticos. Entretanto, uma área do agir teórico e prático educacional tem-se mostrado refratária a essas arremetidas críticas: a área epistemológica ou da crítica do conhecimento. Em nossas pesquisas, encontramos professores com práticas avançadas e, até mesmo, com teorias progressistas. Acontece, porém, que tais professores não conseguiram fazer uma crítica da "teoria" explicativa do conhecimento, isto é, da sua epistemologia inconsciente. Sem uma teoria que tenha passado por uma crítica epistemológica, o professor enfrentará situações conflitantes que não conseguirá superar. Por exemplo, pela teoria crítico-construtivista, sabemos que o ensino não se legitima por si mesmo; ele só se legitima pelo polo complementar da aprendizagem. Por quê? Seria necessário expormos a teoria da equilibração ou da abstração reflexionante para respondermos a essa questão. Contudo, podemos dizer resumidamente que, sem esquemas ou estruturas apropriadas, previamente construídas, nenhum conteúdo poderá ser aprendido (assimilado) pelo aluno, visto que este só consegue significar algo a partir de esquemas ou estruturas que comportem tal ato significador. Ora, se essa teoria não está clara para o professor, ele continuará insistindo na importância que o ensino tem em si, independentemente da aprendizagem e, por força do hábito, atropelará a frágil possibilidade do novo, sem tomar consciência do conflito profundo que está vivendo – conflito que é, de fato, epistemológico. Em uma palavra, ele voltará a ensinar como antes, pois, por falta de instância crítica à altura da nova prática, não consegue dialetizar a relação ensino-aprendizagem em cujo processo está imerso. Sua visão teórica não tem alcance para que ele tome consciência desse processo.

Em que consiste, então, a razão teórica do postulado enunciado?

Sob o ponto de vista de Freire (1979, p. 68), o fazer educativo deve ter três atributos básicos para transformar-se em um fazer com êxito. Conseguir:

- ser ativo, atividade esta realizada no diálogo;
- modificar o conteúdo programático: trocar os mitos "educativos" da elite pela produção cultural do educando;
- usar técnicas como a de redução e a de codificação (neste terceiro atributo, certamente Piaget tem muito a dizer a Freire).

Diz Freire (1979, p. 41): "Procurávamos uma metodologia que fosse um instrumento do educando, e não somente do educador, e que identificasse [...] o conteúdo da aprendizagem com o processo mesmo de aprender". Os demais atributos decorrem desse primeiro, o que nos leva a tratar o diálogo, enquanto postura metodológica, como a realização da dimensão ativa dessa postura. Em *Pedagogia do oprimido* (1970, p. 102), Freire diz que o diálogo é "uma exigência existencial", "um ato de criação", "é este encontro dos homens, mediatizados pelo mundo, para pronunciá-lo, não se esgotando, portanto, na relação eu-tu". Com adjetivos estranhos aos textos pedagógicos da época e à maioria dos textos atuais, descreve o diálogo como amoroso, humilde, crítico, esperançoso, confiante, criador. Em suas próprias palavras:

> Sem amor é impossível o diálogo. É por isso que não pode haver diálogo entre opressores e oprimidos. É imprescindível, para restaurar-se, ou inaugurar-se o diálogo, que se acabe com a opressão. Se não amo o mundo, se não amo a vida, se não amo os homens, não me é possível o diálogo. (Freire, 1979, p. 94)

Como relação de sujeitos, a postura dialógica permite que o educador assuma temporariamente a ingenuidade do educando, o tempo suficiente para que este problematize sua ingenuidade, a qual consiste, fundamentalmente, em atribuir uma falsa causalidade a fenômenos sociais como a opressão, as diferenças entre pobres e ricos, entre homens e mulheres, entre negros e brancos, etc. Para que o diálogo logre esse objetivo, deve fundar-se sobre o pensar verdadeiro. Pensar que busca a causalidade verdadeira; pensar crítico que, negando o "espaço garantido", estático, e o tempo presente como "uma estratificação das aquisições e experiências do passado" (1979, p. 97), relativize espaço e tempo, "temporalizando o espaço" ou percebendo a realidade como processo em constante mudança; processo que é fruto da ação de sujeitos em diálogo e cujo produto é a transformação da realidade; enfim, pensar que é capaz de compreender as relações das partes com o todo. Quem dialoga o faz sobre algo. Esse algo será o novo conteúdo programático da educação proposta por Freire. (Poderíamos fazer um parêntese e perguntar sobre o que dialogam professores e alunos atualmente, se é que dialogam.) Nesse contexto teórico, a alfabetização, para além de um domínio mecânico de técnicas de leitura e escrita ou de uma "memorização mecânica das sentenças, das palavras, das sílabas, desvinculadas de um universo existencial", é um ato de criação e recriação: "É entender o que se lê e escrever o que se entende" (Freire, 1979, p. 72). Portanto, ensinar pressupõe mergulhar no universo cultural em que interagem os alunos ou educandos a fim de apreender não só os conteúdos culturais, mas também as formas de constituição desses conteúdos. O que decorre daí é, necessariamente, uma pedagogia ativa.

Sob o ponto de vista de Piaget, o sujeito assimila estritamente, dentro dos limites de seus esquemas, estruturas ou capacidades previamente construídas. Por exemplo, se um bebê ainda não construiu seu esquema de preensão (a partir do reflexo de preensão), de nada adianta a mãe ensiná-lo a segurar a mamadeira. E isso não é só questão de maturação. Se uma criança de 7 anos ainda não construiu a noção de número (síntese da seriação e da classificação), de nada adianta a professora ensinar-lhe operações aritméticas, por mais simples que sejam. Se uma professora ensina, de forma exclusivamente verbal, produtos notáveis para uma criança operatório-concreta, essa aprendizagem, além de não ocorrer, poderá ser vivida pela criança como uma tortura, o que faz Piaget proferir esta mensagem aparentemente condenatória de todo ensino: "Tudo o que a gente ensina a uma criança, a criança não pode mais, ela mesma, descobrir ou inventar" (Piaget, citado por Bringuier, 1978, p. 96). Em seguida, alerta, ele mesmo, para o perigo de se interpretar essa afirmação como eliminação de toda intervenção ou como proposta de *laissez-faire*. Em qualquer desses exemplos, o professor deve aprender a "ler" a estrutura cognitiva do aluno para saber onde ele se encontra e organizar ações de valor pedagógico para que ele, não importando o conteúdo a assimilar, possa construir os instrumentos cognitivos necessários a tais aprendizagens. Para fazer essa "leitura", não basta saber a idade, pois a cronologia dos estádios (Cap. 11), além de depender da experiência anterior dos indivíduos, depende "do meio social, que pode acelerar ou retardar o aparecimento de um estádio, ou mesmo impedir sua manifestação" (Piaget, 1972/1973, p. 50).

Acabamos de insistir no aspecto negativo que entende os estádios sob o ponto de vista de seus limites. Cabe ao professor ver o estádio sob o ponto de vista das possibilidades quase infinitas que são abertas para a ação e a experiência dos indivíduos ou dos alunos. A "vivência" profunda das possibilidades de um estádio é condição de sua superação no sentido da gênese do novo estádio ou, simplesmente, do novo patamar de abstração reflexionante. Por exemplo, no período operatório concreto aparece a primeira forma de reversibilidade mental, mas ainda incompleta porque limitada ao âmbito das ações sobre o real. Cabe ao professor propor inumeráveis atividades que desafiem o aluno a generalizar essa capacidade. Ele chegará à reversibilidade completa, própria do período operatório formal, "vivendo" intensamente situações nas quais se exige a reversibilidade própria desse período; e não treinando a reversibilidade formal, própria do período seguinte.

TOMADA DE CONSCIÊNCIA *VERSUS* CONSCIENTIZAÇÃO

A pergunta que se faz é se existe alguma identidade entre os conceitos de *tomada de consciência* (Piaget) e de *conscientização* (Freire). Tais conceitos foram construídos em diferentes lugares, em diferentes culturas, com objetivos diferentes e com diferentes preocupações epistemológicas. Freire decola do Nordeste brasileiro para o Chile, para a Genebra de Piaget, para países africanos recém-independentes e, daí, para diversos outros lugares; com a queda do regime político, instalado em 1964, retornou ao Brasil no início dos anos de 1980. A partir daí, já conhecido internacionalmente, viajou para numerosas nações, inclusive para receber vários títulos *honoris causa* de diversas universidades. Piaget trabalha em Genebra, tendo feito importantes estadas em Paris, onde lecionou, raramente saindo dali como, excepcionalmente, aconteceu com suas idas para a Sociedade Americana de Psicologia e para a Academia de Ciências de Moscou.

Freire tem sempre em mira pensar a educação como um fazer político que transcende a sala de aula e projeta-se para os grandes problemas vividos pela humanidade, sobretudo os problemas gerados pelas diferentes formas de opressão. Piaget busca compreender como o ser humano conhece ou como se desenvolve, isto é, como passa de um conhecimento mais simples a um mais complexo; e como, a partir das construções próprias do desenvolvimento, o sujeito aumenta sua capacidade de aprendizagem.

Freire descreve o homem como podendo transitar por vários níveis de consciência, dependendo esse trânsito de uma luta coletiva, uma práxis histórica que é responsável pela evolução dessa consciência. Detecta, inicialmente, um nível de quase pré-consciência, de uma aproximação espontânea do homem em relação ao mundo, em que o mundo, a realidade objetiva, não lhe é oferecido como um objeto cognoscível de sua consciência crítica; é uma consciência em que o homem não se reconhece como agente, mas como mero espectador.

Trata-se, pois, do nível da consciência ingênua ou consciência semi-intransitiva. Segue-se um nível de consciência ingênuo-transitiva, que se caracteriza por ampliar a capacidade de compreensão e de reposta aos desafios do meio: as preocupações e os interesses projetam-se para além do cotidiano, para esferas mais amplas que as da sobrevivência. Tem-se, finalmente, um terceiro nível, o da consciência transitiva-crítica, que se caracteriza por buscar a verdadeira causalidade dos fenômenos sociais pela profundidade na interpretação dos problemas que vive. O sujeito aparece aqui como alguém que assimila criticamente a realidade, faz cultura e tem consciência histórica dessas suas ações. Em meio à multiplicidade de relações, tem consciência de sua singularidade. Cria e recria suas ações. Não é mais objeto, é sujeito em evolução. Piaget afirma que o sujeito não existe desde sempre; ele é produto de sua própria construção. Tanto a subjetividade quanto a objetividade são construções do próprio sujeito: ao constituir o mundo, o sujeito constitui-se.

> O que resta, então, é a própria construção e não se vê por que seria insensato pensar que a natureza última do real é estar em construção permanente, em lugar de consistir em uma acumulação de estruturas prontas. (Piaget, 1955/1968, p. 56)

Nos primórdios, pode-se dizer que não existe objeto porque não existe sujeito, que é quem o constitui. Existe uma grande amálgama; é tudo indiferenciado. A diferenciação vai sendo produzida pelas ações acomodadoras que são precedidas por ações assimiladoras – a função da acomodação é diferenciar. A assimilação transforma os objetos enquanto a acomodação transforma os esquemas – diferencia-os em função das exigências dos objetos assimilados.

> [...] donde a conclusão de que a natureza do sujeito é constituir um centro de funcionamento e não a sede *a priori* de um edifício acabado. Se se substitui o sujeito por uma unidade social, ou pela espécie, ou pela vida, ou mesmo pelo universo, as coisas serão ainda assim. (Piaget, 1955/1968, p. 116)

O que têm em comum a tomada de consciência e a conscientização? Esses processos são resultantes da atividade do próprio sujeito, e não de outro sobre ele; afirmar isso não implica diminuir a presença substantiva do outro. Porém, são processos que acontecem na medida da interação entre sujeito e mundo; são processos em que o sujeito, constituindo o mundo, constitui-se a si mesmo. São processos que deixam claro que o sujeito não preexiste, nem no genoma nem no meio físico ou social. Ele se constrói por força de sua própria ação: ação sobre o objeto ou meio físico e social, ação sobre a cultura; e, finalmente, ação de retorno sobre si, modificando-se. Constrói-se não só no sentido cognitivo, mas também nos sentidos afetivo, ético e estético, simultaneamente.

AÇÕES DE PRIMEIRO GRAU *VERSUS* AÇÕES DE SEGUNDO GRAU

O sentido pedagógico que emerge da epistemologia genética constitui o professor como um organizador de ações, isto é, o professor tem por função, segundo

Piaget (1975, p. 89), "inventar situações experimentais para facilitar a invenção de seu aluno". Como se vê, organizador de ações de segundo grau em que, tal como vimos no Capítulo 2, a fala desempenha um papel de primeira grandeza. Supera-se, assim, aquela sala de aula que, em nome da aprendizagem ou do desenvolvimento do conhecimento, reprime a fala.

Freire alerta todos aqueles que se comprometem com uma educação problematizadora para que não caiam na contradição de valer-se da educação "bancária", herança da dominação que pretendem superar. A educação problematizadora, libertadora, pretende, de imediato, a superação radical da dicotomia educador-educando. Em vez de um professor que transmite "recados" a um aluno que passivamente os recebe e repete, um professor que, além de ensinar, aprende e um aluno que, além de aprender, ensina. Esse processo é sempre mediado pelo objeto, no sentido epistemológico, ou pelo meio físico ou social ou, ainda, como prefere Freire, pelo mundo. Surge, então, a concepção dialógica de educação.

> Dessa maneira, o educador já não é o que apenas educa, mas o que, enquanto educa, é educado, em diálogo com o educando que, ao ser educado, também educa. Ambos, assim, se tornam sujeito do processo em que crescem juntos e em que os "argumentos de autoridade" já não valem. (Freire, 1979, p. 78-9)

Esse diálogo, no seu inequívoco compromisso com a liberdade, "não impõe, não maneja, não domestica, não sloganiza" (1979, p. 179). O diálogo é um ato de criação e recriação: "O diálogo é o encontro entre os homens, mediatizados pelo mundo, para designá-lo" (1979, p. 82).

Freire (1977, p. 27-28) fundamenta epistemologicamente a pedagogia do diálogo:

> Por isso mesmo é que, no processo de aprendizagem, só aprende verdadeiramente aquele que se apropria do aprendido, transformando-o em apreendido, com o que pode, por isso mesmo, reinventá-lo; aquele que é capaz de aplicar o aprendido-apreendido a situações existenciais concretas.

Consciente de que a educação bancária escamoteia o ato de conhecimento, uma vez que a didática do treinamento tira do educando a condição de reelaboração necessária ao aprender, Freire (1977, p. 27) propõe o seguinte: "Conhecer é tarefa de sujeitos, não de objetos. E é como sujeito, e somente enquanto sujeito, que o homem pode realmente conhecer". Assim, o educando é compreendido como

> "[...] um corpo consciente, desafiado e respondendo ao desafio [...] sua consciência intencionada vai captando as particularidades da problemática total,

que vão sendo percebidas como unidades em interação pelo ato reflexivo de sua consciência, que se vai tornando crítica". (1974, p. 20)

Fica claro que, tanto em Freire quanto em Piaget, o conhecimento é uma construção realizada por um tipo de ação que se diferencia da ação prática, da ação que busca o êxito. A ação que constrói conhecimento é uma ação que se debruça, inicialmente, sobre os resultados da ação prática que busca o êxito e vai progressivamente na direção de seus mecanismos íntimos, isto é, na busca da compreensão. Essa ação caracteriza-se por uma gratuidade radical: ela não busca êxito, ela quer compreender. Por isso, para construir conhecimento, precisa-se de tempo: tempo biológico, tempo psicológico, tempo cognitivo, tempo cultural, tempo histórico, tempo de gênese (Becker, 2004)... tempo livre.

ENTENDER A FALA COMO AÇÃO DE SEGUNDO GRAU

Repetindo o dizer de Freire, que educador é aquele que, além de ensinar, aprende, e que educando é aquele que, além de aprender, ensina, pergunto: O que o professor pode aprender de seus alunos? Mais do que os dados objetivos da cultura (conteúdo), o professor pode e precisa aprender o universo cognitivo do aluno, seus conceitos espontâneos e suas capacidades. Precisa conhecer o alcance e os limites da capacidade cognitiva do aluno. Tal fato implica a instalação definitiva da fala do aluno na sala de aula. A fala ocupa um lugar central no processo educacional. O direito de dizer sua palavra equivale ao direito de ser sujeito. O direito à palavra verdadeira, à palavra que é práxis, isto é, síntese dos fazeres práticos e teóricos. Não há sujeito quando esse direito é negado, diminuído, subtraído, como se faz, com frequência assustadora, na sala de aula. Diferentemente da fala incipiente da criança recém-simbólica, que já deve ser respeitada e promovida como componente fundamental do processo de desenvolvimento, a fala de agora assume a dianteira na construção da subjetividade.

Como vimos no Capítulo 2, a fala é, para Piaget, o instrumento de troca entre sujeitos, constituindo-se em ação de segundo grau. Por ser uma ação sobre outra ação anterior, simbólica ou não, é construtora de conhecimento. Ela constrói conhecimento na medida em que leva a ação anterior a um novo patamar. Essa ação anterior pode ser, também ela, uma fala; a estrutura que a possibilita poderá ser assim reconstruída nesse novo patamar. Nem toda fala preenche esses requisitos. Enquanto linguagem, ela é tributária da função semiótica que emerge das coordenações das ações sensório-motoras; portanto, sua origem provém das ações. A fala é, rigorosamente falando, ação; porém, ação de segundo grau.

Tanto em Piaget quanto em Freire, a fala desempenha um papel constitutivo do sujeito em todas as suas dimensões: cognitivas, afetivas, éticas e estéticas.

ERRO E CONSCIÊNCIA DO INACABAMENTO

Procurarei, inicialmente, buscar o sentido do erro no mecanismo da abstração reflexionante.

Para Piaget (1977/1995), o processo de abstração ocorre por dois subprocessos, complementares entre si: o reflexionamento e a reflexão. O *reflexionamento*, na abstração empírica, tira informações dos observáveis, dos objetos ou das ações nas suas características materiais; na abstração reflexionante (pseudoempírica ou refletida), tira informações das coordenações das ações. Como se vê, em qualquer forma de abstração, o reflexionamento retira características; nunca todas as características. Temos aí uma primeira fonte de erro. Por isso, qualquer conhecimento, por mais elaborado que seja, sempre pode receber aperfeiçoamento.

A *reflexão* organiza essas informações no quadro dos esquemas ou das estruturas já existentes que, por sua vez, foram construídos por abstrações, empíricas ou reflexionantes, anteriores. O sujeito nunca consegue assimilar todo o real, pois este é infinitamente superior à sua capacidade assimiladora em um determinado momento da psicogênese. Temos aí uma segunda fonte de erro.

Podemos reduzir essas duas fontes de erro a uma só: à capacidade limitada do sujeito humano de conhecer a infinita diversidade do real, incluindo nesse real ele próprio. Essa capacidade é exercida por aproximações. Acontece que essas aproximações não se dão linearmente, pois estão submetidas a rupturas estruturais. Isso implica que às aproximações correspondem os distanciamentos. O ato de conhecimento dá-se por uma dialética aproximação/afastamento. A essa dialética corresponde outra: a dialética do todo e da parte. Essas duas dialéticas só podem ser entendidas pelo jogo combinado das assimilações e das acomodações que implicam constantes funcionais e rupturas estruturais.

Compreende-se, assim, que o erro é resultante de uma contingência histórica radical. Não há processo de conhecimento sem erro. Nem o do conhecimento científico que, para cada acerto, pode acumular dezenas ou até centenas de erros. O erro é parte constitutiva da gênese e do desenvolvimento cognitivo. Tentar impedir, de todas as formas, que o aluno erre* equivale a obstruir o processo das sucessivas gêneses cognitivas. É o mesmo que impedir que o aluno construa

---

* Skinner insiste, em sua *Instrução programada*, que as chances de erro, em um programa de ensino, devem ser estatisticamente baixas. Deve-se reduzir essa chance a 5%; se possível, a 3%.

os instrumentos indispensáveis ao seu pensar ou, ainda, impedir que o aluno conheça ou pense.

Freire (1997, p. 55) do erro como "inacabamento", "inconclusão" ou "consciência do inacabamento". "A educação crítica considera os homens como seres inacabados, incompletos, em uma realidade igualmente inacabada e juntamente com ela" (1979, p. 81). No fato de ser o homem inacabado, e de ter consciência desse inacabamento, encontra-se a própria origem da educação como fenômeno especificamente humano.

> Aqui chegamos ao ponto de que talvez devêssemos ter partido. O do inacabamento do ser humano. Na verdade, o inacabamento do ser ou sua inconclusão é próprio da experiência vital. Onde há vida, há inacabamento. Mas só entre mulheres e homens o inacabamento se tornou consciente. (Freire, 1997, p. 55)

A consciência da incompletude, tanto do sujeito quanto do meio, perpassa a obra de Freire e encontra-se nos próprios fundamentos da postura construtivista. Se tudo está pronto, no sujeito ou no meio, o inacabamento ou a consciência do inacabamento são absurdos. Essa interpretação de seu corpo, de suas ações, de seu conhecimento ou de sua consciência como falta, incompletude, inacabamento, inconclusão é precisamente o que move o sujeito a construir algo que lhe permite superar essa situação. Daí os processos de desenvolvimento e aprendizagem humanos desconhecidos entre os animais.

Inacabamento do sujeito (Freire) e erro inerente aos processos de constituição da cognição (Piaget) parecem ser duas faces da mesma compreensão da gênese e do desenvolvimento do sujeito: a capacidade cognitiva do sujeito não existe *a priori*, no meio ou na bagagem hereditária; constrói-se mediante processos formadores, radicalmente históricos e se realizam num espaço social. Processo que começa quando o recém-nascido sente falta da mãe e busca alimento e aconchego, transformando esse mecanismo biológico de sobrevivência em campo de interações significativas, sob os pontos de vista afetivos e cognitivos. É por isso que afirmamos que a escola deve considerar o erro como instrumento analítico, que deverá ser traduzido pedagógica e didaticamente, e não como objeto de punição.

O QUE PIAGET PODE ENSINAR A FREIRE E O QUE FREIRE PODE ENSINAR A PIAGET

Esse subtítulo deve ser entendido como um convite a um longo e fecundo diálogo entre "freirianos" e "piagetianos". Aqui, apenas apontamos para alguns caminhos possíveis.

Freire intui, com admirável argúcia, um processo pedagógico que é fundamentalmente um processo político e descreve longamente, com detalhes minuciosos, esses processos. Não explica, porém, seus mecanismos, como o faz a psicologia genética, nem articula uma explicação epistemológica, como o faz para os processos de desenvolvimento e de aprendizagem, a epistemologia genética. Piaget mergulha a fundo nos mecanismos íntimos da ação e das coordenações das ações e explica como eles constituem as condições *a priori* do desenvolvimento e da aprendizagem humanos; as condições *a priori* de todo conhecimento e, portanto, de toda socialização. Não faz isso, porém, em nível pedagógico e, insistentemente, remete aos pedagogos a tarefa de experimentar novas formas de aprendizagem para facilitar a invenção do aluno.

Poderíamos prosseguir nessa análise e explorar outra aproximação entre Freire e Piaget. De um lado, a relação dialógica e, de outro, a cooperação. Para Piaget, a relação constitutiva do conhecimento é sempre uma relação de cooperação; para Freire, é estabelecida pelo diálogo. Como acontece com todas as aproximações já tematizadas, essa aproximação ganha em quantidade e qualidade. O sujeito, em todas as suas dimensões, constrói-se na relação coletiva sem, todavia, nada subtrair da dimensão individual. Ao contrário, o coletivo realiza o individual assim como o individual possibilita o coletivo.

6
Conseguir e compreender

> O ponto essencial de nossa teoria é o de que o conhecimento resulta de interações entre sujeito e objeto que são mais ricas do que aquilo que os objetos podem fornecer por eles. [...] O problema que é necessário resolver para explicar o desenvolvimento cognitivo é o da invenção e não o da mera cópia. (Piaget)

A matéria-prima do trabalho do professor é o conhecimento. Não é conseguir que o aluno faça isto ou aquilo, mas conseguir que ele entenda, por reflexão e tomada de consciência, como fez isto ou aquilo. Se uma criança desmontou e remontou corretamente um brinquedo, por sugestão do professor, ou se um aluno de colégio técnico desmontou e remontou o sistema de carburação de um automóvel, como tarefa de aula, ou um aluno de engenharia elétrica tenha montado um computador, não significa que eles tenham avançado em termos de conhecimento. Esse "conhecimento prático" constitui a matéria-prima do conhecimento entendido como capacidade, mas ele, por si mesmo, não produz avanços. Piaget debruça-se sobre o conhecimento prático apenas com o objetivo de compreender como se constitui o conhecimento como capacidade ou estrutura; isto é, como se produz a capacidade de operar. A propósito, é alta a probabilidade de uma montagem ou desmontagem de um brinquedo, sistema de carburação ou de um computador, que alguém tenha feito espontaneamente, redundar em alguma novidade ou melhora na capacidade cognitiva.

O criador da epistemologia genética tem em mira não essa ação prática, ou de primeiro grau, mas a ação de segundo grau ou de segunda potência: a ação sobre a ação de primeiro grau. A ação de primeiro grau serve de apoio (*porter sur* = apoiar-se sobre) à ação de segundo grau, isto é, à abstração reflexionante ou à tomada de consciência. É essa ação de segundo grau que se interioriza como operação, tornando-se progressivamente endógena.

Exemplifiquemos. Se o professor, que pediu as tarefas práticas, solicitasse aos seus alunos, agora que a tarefa está concluída, que explicassem, pela fala, pela escrita, pelo desenho, etc., o que fizeram, mas sem voltar à prática, pelo menos durante a explicação, esses alunos enfrentariam uma dificuldade nova que não fora resolvida na atividade prática; uma dificuldade pelo menos tão grande quanto a enfrentada na solução da tarefa prática. Essa ação de segunda potência implica uma abstração, ao mesmo tempo empírica e reflexionante, que poderá demandar abstrações pseudoempíricas e chegar a abstrações refletidas. Por esse caminho, o professor estará ativando o processo de desenvolvimento e não apenas o de aprendizagem. Estará possibilitando ao aluno aumentar sua capacidade de aprender, já que a aprendizagem só funciona a partir das conquistas do desenvolvimento.

TEORIA E PRÁTICA: UMA NOVA RELAÇÃO?

O desenvolvimento do conhecimento que, segundo Piaget, embasa toda aprendizagem ocorre também no nível teórico, e não apenas no nível da ação prática. Uma pessoa pode atravessar sua vida repetindo tarefas práticas, com grande habilidade, mas sem mostrar progresso significativo no conhecimento. Veja-se o que ocorre na burocracia oficial, por exemplo. Pessoas que passam a vida inteira manuseando e carimbando documentos não desenvolvem a mínima capacidade de análise dos conteúdos desses documentos se não construírem instâncias teóricas. Pessoas que durante 20 anos veem diariamente televisão não são capazes, por isso, de traçar um perfil crítico dessa mídia.

Um agricultor que, durante toda a sua vida, desgastou seus músculos no trabalho braçal provendo, com dificuldade, sua vida e a dos seus, nem por isso é capaz de delinear uma crítica à divisão do trabalho na sociedade em que vive e situar o lugar do camponês no sistema de produção em que está inserido. Um menino de rua que, não encontrando alternativa para viver, apela para o roubo ou para o furto, nem por isso compreende o sistema de produção que gerou a situação de impasse em que vive há anos, nem consegue avaliar eticamente seus atos. O operário da linha de montagem pode passar 25 anos montando sistemas elétricos de automóveis, que funcionam com perfeição, mas ser incapaz de desenhar um sistema similar. Um rapaz pode passar sua adolescência inteira utilizando a internet e não fazer ideia do que seja a rede mundial de computadores.

Suponhamos, agora, que os alunos do exemplo anterior passem a montar e desmontar outros objetos, como motor elétrico, engrenagem de relógio ou circuito de relógio digital, motor de automóvel, "torpedo" de bicicleta, computador, forno de micro-ondas, amplificador de som. A cada montagem e desmontagem, o professor pede que, de alguma maneira, expliquem o que fizeram. Esses alunos, em breve, poderão tomar consciência (apropriar-se dos mecanismos da ação própria) e chegar, assim, a uma ou mais generalizações (Piaget, 1978) ao compreender que esses aparelhos possuem mecanismos comuns ou são tão diferentes que é difícil comparar seus funcionamentos. Por exemplo, ao comparar um aparelho elétrico, como um motor, com um eletrônico, como um computador ou um forno de micro-ondas. Poderão até teorizar sobre transmissão de força, rotações por minuto, circuito elétrico, intensidade de carga elétrica, resistência dos materiais, processadores e, quem sabe, até projetar um aparelho com características inéditas se comparadas com as dos aparelhos manuseados. Sua generalização ultrapassará o plano do real (objetos manuseados), projetando-se sobre o plano dos possíveis (o conjunto dos aparelhos possíveis a partir de determinadas condições). Sua capacidade cognitiva é transformada para melhor, podendo aprender mais em nível mais complexo.

A prática não tem, por si mesma, alcance para produzir mudanças. Ela simplesmente repete aquilo que deu certo. Ela não consegue apontar para caminhos novos. Ao contrário, a teoria é capaz de mudanças na medida em que se apropria da prática, indicando-lhe novos rumos e dizendo o porquê da necessidade de mudança. A boa teoria é capaz de tirar a prática de sua circularidade, arrancá-la do aqui e agora e jogá-la em um universo de possibilidades inatingíveis por ela mesma. A boa teoria redimensiona a prática. A mesma prática que alimenta e viabiliza a teoria é incapaz de transformar a si mesma.

FORMA E CONTEÚDO

Imaginemos, didaticamente, que esses alunos passem a organizar-se em grupos de trabalho e comecem a desenvolver essas tarefas nesses grupos. O professor poderá solicitar-lhes que descrevam como se organizaram. Poderá, então, solicitar tarefas parecidas, porém mais complexas: como se organiza o trabalho no comércio, na indústria, na agricultura; como se constituem as relações entre patrão e empregado, entre capital e trabalho; como funciona o sistema financeiro, nacional e internacional; como funciona o sistema de cartões de crédito; como funciona o sistema exportador e importador do país, etc., etc. Para citar mais um exemplo: os alunos que participaram pela primeira vez de eleições poderão discutir, à base de leituras, o significado da ausência de eleições em diversos países dominados politicamente por regimes ditatoriais e os limites dos sistemas eleitorais dos países com regimes democráticos; ou questionar a representatividade de minorias, étnicas ou outras, nos processos eleitorais. Poderão coletar, a respeito, a opinião de líderes políticos próximos sobre o significado de uma eleição e os limites da mesma para provocar mudanças necessárias no atual momento histórico. Estaremos, então, em um terceiro patamar de conhecimento, em que as primeiras explicações ou as primeiras formas explicativas transformam-se em conteúdo para o qual se constroem novas formas, mais abrangentes e de maior profundidade. Transitam, assim, para um quarto, um quinto, um "enésimo" patamar de reflexionamento. Piaget (1977/1995, p. 306) diz que todo reflexionamento de conteúdos precisa da intervenção de uma forma e os conteúdos transferidos desse modo exigem a construção de novas formas pela ação da reflexão. Alternam-se, assim, reflexionamentos, reflexões, novos reflexionamentos; ou conteúdos, formas, conteúdos refeitos, novas formas. Essas formas atingem domínios cada vez mais amplos, prolongando esse processo *ad infinitum*.

Vemos como o trabalho da abstração reflexionante sobrepõe-se ao da abstração empírica, restringindo o campo de atuação desta e alargando indefinidamente os referenciais daquela. A ideia empirista ou positivista de que a teoria é cópia ou radiografia do objeto definitivamente não tem lugar aqui. O conhecimento – e, *a fortiori*, suas categorias básicas de objeto, espaço, tempo e relação causal – é resultado de uma construção por um processo de abstração reflexionante que ocorre, de modo geral, na interação sujeito-objeto. É exatamente por força dessa interação, por compreender que o conhecimento é resultado de trocas do organismo com o meio, ou do sujeito com o entorno simbólico, que a abstração reflexionante, apesar da progressiva predominância sobre a abstração empírica, nunca se torna hegemônica, mas seguidamente precisa apelar para os recursos da leitura perceptiva.

CONSEGUIR E COMPREENDER

O que dissemos permite afirmar que o trabalho da educação caracteriza-se por sua forma peculiar. O operário da construção civil não precisa saber como se fabrica o cimento, o tijolo ou o ferro para conseguir (*réussir*,* cf. Piaget, 1974) construir o prédio; o operário da linha de montagem não precisa saber a definição operacional de aerodinâmica para participar da fabricação do automóvel. Ele (uma multidão de trabalhadores) é treinado para fazer ou realizar o que outros

---

* O livro *Réussir et comprendre* (Piaget, 1974) foi traduzido para o português como *Fazer e compreender*. Trata-se de uma tradução pelo menos imprecisa, senão equivocada, pois *réussir* significa *fazer com êxito* ou *conseguir*. Utilizarei, pois, neste texto, este último verbo.

(um pequeno grupo) pensaram. E ninguém, na linha de montagem, solicitará dele que explique o que fez e por que o fez. Ou seja, ele poderá trabalhar 30 anos na linha de montagem sem aferir, a partir disso, progressos significativos para sua capacidade cognitiva. Sua prática não é utilizada como matéria-prima para fazer teoria. Experiência, no sentido de Piaget, não é prática, mas o que se faz com a prática: "experiência não é o que se fez, mas o que se faz com o que se fez" (Aldous Huxley). Por isso, consideramos ingenuidade atribuir ao trabalhador um saber genuíno pelo simples fato de ele ter a prática. O saber não vem da prática, e sim da abstração reflexionante "apoiada sobre" (*porter sur*) a prática. A prática é, por conseguinte, condição necessária da teoria, mas de modo algum sua condição suficiente. A prática tem toda importância que se pode imaginar, mas sem a teoria ela é cega e, por isso, incapaz de responder aos problemas novos que inevitavelmente hão de surgir e de introduzir transformações nela mesma.

Afirmamos, então, que o professor é um trabalhador essencialmente diferente do operário da linha de montagem. Embora critique de modo contundente o processo de alienação do trabalhador, próprio da linha de montagem, reconhecemos que seu trabalho pode gerar um produto acabado (uma geladeira, um automóvel, um televisor, um computador). Negamos que isso possa acontecer com o professor. O trabalho docente alienado só poderá gerar um produto discente alienado; se isso não acontece é porque o aluno conseguiu, por outros caminhos, criticar a prática de seu professor – o que, convenhamos, é raro. É por esse motivo que afirmamos que o professor precisa saber como se constitui o conhecimento. (A teoria de Piaget é um caminho importante, porém está longe de ser o único – cf. Marx, Gramsci, Paulo Freire, Freinet, Vygotsky, Wallon, Dewey, etc.) Caso contrário, poderá não só tornar inócuo o processo de aprendizagem, como até obstruir o processo de desenvolvimento que o fundamenta.

Por isso, somos enfáticos ao afirmar: o treinamento é a pior forma de se entender, na prática e na teoria, a produção escolar do conhecimento, porque atua no sentido da destruição das condições prévias do desenvolvimento. À medida que o treinamento exige o fazer ou conseguir sem o compreender, separando a prática da teoria, ele subtrai a matéria-prima do reflexionamento, anulando a possibilidade da reflexão. O treinamento contrapõe-se ao processo de construção das condições prévias de todo desenvolvimento cognitivo e, portanto, de toda aprendizagem. O reflexionamento do conseguir, ou da prática exitosa, é a condição necessária da reflexão e, por conseguinte, do desenvolvimento do conhecimento que, por sua vez, abre novas possibilidades para a aprendizagem.

A boa teoria é aquela que liberta o fazer, o conseguir ao trazê-lo para o plano da compreensão, e abre-lhe possibilidades novas.

DESENVOLVIMENTO E APRENDIZAGEM

A epistemologia genética piagetiana constitui-se em um poderoso instrumento de compreensão do processo de desenvolvimento do conhecimento humano e, por consequência, do processo de aprendizagem, escolar ou não. O conhecimento dessa epistemologia, pelo menos em suas noções básicas, possibilita ao professor compreender esse processo, alinhar-se a ele – não inutilizá-lo ou prejudicá-lo – e até acelerá-lo. A análise que fazemos da epistemologia "subjacente" ao trabalho do professor (Becker, 2011) mostrou a presença, em larga escala, de uma epistemologia empirista, misturada, aqui e ali, com apriorismos às vezes fortemente inatistas. Muito raramente apareceu uma epistemologia construtivista. Quando isso aconteceu, surpreendemo-nos com um construtivismo mesclado de concepções empiristas ou inatistas; um construtivismo convivendo com seus opostos. Essa compreensão epistemológica ideologizada faz do professor um treinador, um "domesticador" que não tem consciência de sua ação – de seu alcance e dos prejuízos que ela acarreta para o aluno; e, ao mesmo tempo, impedindo que se transforme num educador capaz de constituir-se em polo de interação nas relações cognitivas no interior da escola, em especial, na sala de aula.

Em uma gélida noite de inverno – o termômetro marcava zero grau – voltávamos para casa Filipe (8 anos) e eu. A duas quadras de casa, perguntou-me ele: "Pai, o que é 'horizontal' e o que é 'vertical'?". Apressando o passo, para não congelar, imaginei uma resposta o menos insensata possível, assumindo o ponto de vista (espacial) dele. Perguntei: "O poste é horizontal ou vertical?". Acertada a resposta, após algumas tentativas, continuei a perguntar: e a calçada, a rua, a árvore, o carro, a porta, etc.; suas respostas faziam sentido. Ao entrar no prédio, deparei-me com o corrimão preto, longo, salientando-se sobre o fundo branco das paredes. Perguntei: "E o corrimão?". Ele ficou em silêncio, visivelmente surpreso, quase imóvel, olhar perdido. Aguentei um tempo razoável de silêncio e pronunciei: "Oblíquo!". Ele repetiu a palavra, por várias vezes, até superar a dificuldade de pronúncia. Entramos em casa. Sugeri: "Vamos representar no papel a vertical, a horizontal e a oblíqua". Tomei uma folha "de pé" e tracei, no alto, as três dimensões com um ponto comum de intersecção. Tive a impressão de que ele não viu o meu traçado. Pegou a folha e desenhou, no rodapé, primeiro uma chaminé de 9cm de altura por 1,5cm de largura, com bastante fumaça, no sentido da folha; no alto da chaminé, escreveu: "vertical". Em seguida, desenhou uma cama de 1cm de altura por 2,5cm de largura, com uma menina deitada nela; no alto escreveu: "horizontal". Por último, desenhou um prédio, em posição oblíqua à chaminé, com dois minaretes constituídos de abóbadas e pontas lançando-se para o alto. Escreveu no alto: "oblíquo". Já passara em muito sua hora de dormir e ele ainda continuava a desenhar, no meio da folha, "monstros espaciais", foguetes, aviões e a lua, com fisionomia humana, rodeada de estrelas. Contou-me uma breve história a respeito disso tudo, história que faz parte de suas fantasias atuais. E, então, foi dormir.

Tudo isso não demorou mais que o tempo de uma hora-aula do colégio onde ele cursa a segunda série. No entanto, o processo de aprendizagem escolar ignora completamente e – isto é mais sério – ignora metodicamente esse processo de construção. (E, por favor, que ninguém venha acusar-me de estar culpando o professor pelo "fracasso" escolar...). Em lugar de alinhar-se ao complexo e fascinante processo de desenvolvimento, a metodologia de ensino da escola continua a insistir no treinamento com vistas ao domínio de algoritmos, de gramatiquices, de mil decorebas (Becker, 2010). Assim, o mesmo Filipe – uma criança igual às outras! – que consegue, em tão pouco tempo, coordenar noções complicadas como as aqui descritas, não consegue responder a um problema bem menos complicado. Naqueles dias, ele estava fazendo a "lição de casa". Estava escrito: 190 + 15. Ele faz o cálculo como a escola o treinou: soma "5 + 0 dá 5; 9 + 1 dá 10, escreve 0 e sobra 1; o 1 que sobrou + o 1 da esquerda dá 2. Resultado: 205". Em seguida, fechei o caderno e perguntei-lhe: "Quanto dá 190 mais 15?". Ele me olhou meio sem graça, franziu a testa, fez força como quem quer forçar o próprio pensamento e... não conseguiu responder. Ele resolve sem mais o algoritmo, mas não sabe somar! Para a escola, se ele resolveu o algoritmo, ele aprendeu a somar...

O que aconteceu? O treinamento de ações práticas "planejadas" (resolver o algoritmo, somando unidades) impede a apropriação de ações espontâneas, ou de qualquer outro tipo de ação, pelo processo de reflexionamento, reorganizado em seguida pela reflexão. Nessa sala de aula, não há lugar para o reflexionamento seguido de reflexões, mas apenas para o treinamento. Não há lugar para a apropriação de ações efetivamente executadas, mas apenas para a repetição interminável de ações planejadas por outro (o professor). A aprendizagem escolar foi transformada em um grande processo de treinamento pelo qual o aluno é pressionado continuamente, pela disciplina escolar, a resolver problemas que não são seus e a executar ações que não lhe dizem respeito. A avaliação escolar, complementar desse processo, afere se o aluno resolveu os problemas do professor e executou as ações para as quais não nutre qualquer interesse, desejo ou afeto; com as quais não se vincula. O processo de aprendizagem escolar não passa de um grande processo de alienação, processo este eficiente e eficaz na medida em que dispõe dos instrumentos para levá-lo avante e, sobretudo, dispõe de todo o tempo do mundo.

O aluno habitua-se, no ambiente escolar, a fazer coisas sem sentido. Se isso não é perversidade, o que é então?

A EPISTEMOLOGIA DO PROFESSOR

E o professor, como se comporta frente a tal situação? Será que é surpresa o que vou dizer? O professor professa uma epistemologia (Becker, 2010b; 2011), mais inconsciente do que consciente, plenamente adequada a essa ordem de coisas. Uma epistemologia que não só serve de pano de fundo para todo esse descalabro didático-pedagógico, mas que também legitima o exercício pleno do treinamento. Ou, para dizer a recíproca, o treinamento é a expressão legítima da epistemologia (empirista, com contrapontos aprioristas) predominante no meio docente. Acompanhemos alguns exemplos.

Diz a professora de Estatística na universidade: "O papel do professor é, de certa maneira, de transmissão do conhecimento e o do aluno é de vivência". "Vivência" denota aqui a internalização de estímulos e configura, portanto, a noção empirista de experiência. A professora de Botânica, lecionando em pós-graduação, diz: "Para mim, o [papel] do professor é realmente o de transmitir, o de tentar fazer com que eles absorvam o conhecimento; e o do aluno seria de tentar captar, entender, raciocinar a respeito disso". O professor de Odontologia reage assim à pergunta sobre os papéis representados em sala de aula: "O professor ensina e o aluno aprende! Qual é a sua dúvida?". A professora universitária de História afirma: "O professor deve organizar o conteúdo, esmiuçar, tornar agradável e estimulante o conteúdo. O aluno deve pôr o conteúdo nos buracos que ele tem na cabeça". O professor de Educação Física, do Ensino Médio, diz: "Se confirma que não é na teoria que se vai conseguir alguma coisa, mas é na prática, é por meio do convívio deles com os pais". A professora da Pré-Escola afirma: "O professor tem que estimular a criança ao conhecimento; passar o conhecimento, ficar à disposição da criança para isso". O professor universitário de Geografia Humana diz: "O professor é o condutor, é o orientador, é ele que direciona o processo em si da aprendizagem. O papel do aluno é exatamente a prontidão... Tem que ter ouvidos e ouvir com a via de acionar a dimensão intelectual dele para buscar respostas". A professora de Ensino Fundamental afirma: "[...] os animais [...] podem ser adestrados a partir do conhecimento matemático. Tu ensinas um cachorro a contar dez passos e dar um pulo, isso é, de alguma maneira ele está contando. Se a gente falasse em frações, por exemplo, ele tem como se dar conta de que deram a metade da comida para ele". O professor universitário de matemática informa: "O macaco tem um cérebro muito limitado e o homem, naturalmente, tem um cérebro mais sofisticado, elaborado, cheio de neurônios e outras *cositas más*. É um dom divino, dá para dizer isso. E até hoje pouco entendido".

Essas concepções pedagógicas, fundadas em epistemologias do senso comum, submetem incondicionalmente o aluno ao professor. Frente ao aluno, o professor goza de absoluta hegemonia. Ele mesmo, porém, está hierarquicamente submetido à estrutura curricular, pedagógica, administrativa, etc., da escola, do sistema de ensino. Está aí para cumprir uma missão: reproduzir a ideologia. Remeto o leitor aos crítico-reprodutivistas, aos críticos desses críticos, para dar conta dessa questão que aqui não pode ser desenvolvida (embora a epistemologia genética tenha respostas próprias para isso, não pode ignorar as análises pertinentes da sociologia crítica). A epistemologia que constitui o pano de fundo dessa pedagogia, e a legítima na concepção de conhecimento no cotidiano escolar, é a empirista. Essa epistemologia aparece (Becker, 2011), como vimos antes, das mais diversas maneiras, nos depoimentos dos professores, tais como: "O aluno é como a anilina no papel em branco, que a gente tinge, passa para o papel; o aluno assimila, elabora, coloca com as próprias palavras". Ou este: o conhecimento dá-se "penso que sempre via cinco sentidos, de uma ou outra maneira, ou lendo, ou participando, ou desmontando algum objeto". Ou, ainda: o conhecimento "se dá à medida que as coisas vão aparecendo e sendo introduzidas por nós nas crianças". O professor ensina conhecimentos científicos, mas suas concepções epistemológicas perdem-se em experiências físicas ou empíricas, há anos luz da experiência lógico-matemática ou da abstração reflexionante (Piaget, 1977/1995) que gera conhecimentos a respeito dos quais as sensações ou percepções têm pouco a dizer, por mais importantes que sejam.

Como vimos, a educação precisa ser transformada não apenas no que concerne às relações de sala de aula – micromundo onde se estruturam as relações pedagógicas por excelência. Precisa ser reestruturada também no que concerne à formação dos professores. Como pode um professor reconceber as relações pedagógicas de sala de aula se ele mesmo é vítima de uma visão precária, empirista, da matéria-prima de seu fazer, o conhecimento? Como ele pode propor e praticar a dialetização das relações entre professor e aluno, entre ensino e aprendizagem, entre saber constituído e saber constituinte, entre estrutura e função, entre ciência e acontecimentos factuais, se ele mesmo é vítima de uma visão de mundo antidialética? Como ele pode conceber o conhecimento como uma construção, se sua base epistemológica é anticonstrutivista, anti-interacionista?

Para reverter um quadro educacional qualquer com o qual não se concorda, costuma-se propor uma "nova" prática (não confundir com práxis, relação dinâmica entre teoria e prática), treinando os professores para aderirem a ela. O treinamento leva o professor a assumir uma prática, um conseguir, sem a compreensão, sem a teoria que lhe dá sentido e da qual se originou. Ora, basta um breve olhar na direção do passado para tomar consciência dos resultados inócuos ou até desastrosos de tais práticas: o sistema antigo absorve o novo, pulverizando seus significados – "tudo o que é sólido desmancha no ar", disse Marx. Em outras palavras, tudo continua como estava, com tendência a piorar... salvo trabalhos individuais ou de pequenos grupos que têm criado uma dinâmica própria, e que resistem ao descalabro geral que atingiu a produção do conhecimento escolar. Nesta época em que definições de políticas educacionais priorizam questões secundárias, como Bolsa Família, merenda escolar, flexibilização do currículo do ensino médio; ou transformam um problema fundamental em uma questão secundária, como a inclusão artificial de alunos no sistema educacional (ciclos, inclusão das diferenças, cotas raciais), sem o devido preparo dos professores – objetivos que têm por finalidade engordar estatísticas eleitoreiras, absorvendo gigantescos recursos públicos –, temos de reagir com toda a força e apontar para o palco onde acontecem efetivamente os fenômenos educacionais e para onde devem convergir os esforços que podem produzir modificações consistentes no panorama educacional: a sala de aula e a condição prévia de seu funcionamento, o professor cuja formação deve constituir o principal ou um dos principais objetivos das políticas públicas em educação. Pensamos a formação do professor com uma visão interacionista, construtivista do ser humano em geral e do conhecimento em particular porque a origem e o desenvolvimento do conhecimento remontam a processos interacionistas ou construtivistas. Essa é capaz de suportar a realidade trazida pelo aluno para dentro da sala de aula e transformá-la em matéria-prima da ação pedagógica visando, antes de qualquer coisa, à construção das condições prévias de todo conhecimento e, *a fortiori*, de toda aprendizagem. O conhecimento científico surge da estrita continuidade do conhecimento comum.

Não podemos esquecer que uma sala de aula ativa, com um professor preparado na compreensão do desenvolvimento cognitivo e da aprendizagem humanos, precisa contar com uma gestão educacional à altura dessa pretensão. Infelizmente, tem-se subestimado o poder de uma gestão escolar descomprometida de liquidar tentativas desse porte. A gestão escolar precisa passar urgentemente por transformações que a habilitem a gerenciar, não salas de aula silenciosas que privilegiem exclusivamente as falas docentes, mas ambientes interativos nos quais as falas de professores e alunos são igualmente valorizadas porque compreendidas com instrumentos privilegiados de construção de conhecimento.

Como se vê, a gestão educacional precisa urgentemente de uma revolução para dar conta das mudanças profundas que vêm sendo gestadas na ação docente. Não se pode mais tolerar gestões escolares desinformadas, frequentemente ignorantes, despreocupadas com a ausência de laboratórios e bibliotecas. Gestões, cuja única preocupação é garantir o funcionamento de aulas puramente disciplinares e conteudistas, em horários rígidos, para alunos silenciados que mal conseguem suportar o tédio de assistir a preleções sem sentido, nas quais se inibem perguntas ou participações espontâneas e se dão respostas a perguntas que não foram feitas. A gestão escolar, salvo raras e honrosas exceções, tem sistematicamente inibido ações didático-pedagógicas inovadoras na escola. Em vez de desafiar os professores a reinventarem o ensino, cobram deles a mesmice consagrada pela tradição e limitada por epistemologias do senso comum. Tradição e concepção epistemológicas que há muito tempo não conseguem fazer justiça à complexidade do conhecimento. A gestão escolar parece ignorar completamente distinções fundamentais que a docência deve dominar, como conhecimento-conteúdo *de* conhecimento-estrutura. Essa distinção é necessária para outras distinções igualmente úteis e importantes para o trabalho escolar, como conhecimento *de* informação, saber *de* conhecimento e processo (metodologia científica) *de* produto (conhecimento científico). Ignora também que existem concepções de conhecimento ou epistemologias que precisam ser criticadas na medida em que interpõem limites ou, até, se opõem à atividade científica. É difícil imaginar uma escola que compreenda sua função social de transmissora de conhecimentos elaborados, como os científicos, se ela não consegue distinguir senso comum de conhecimento científico e exerce uma prática que se encontra muito mais próxima do senso comum do que da metodologia científica.

7

Abstração reflexionante, conhecimento e ensino

> A abstração reflexionante consiste, por si mesma, numa diferenciação, porquanto separa uma característica para transferi-la, e uma nova diferenciação acarreta a necessidade de integração em novas totalidades, sem as quais a assimilação deixa de funcionar; daí o princípio comum da formação das novidades: a abstração reflexionante conduz a generalizações, por isso mesmo construtivas, e não simplesmente indutivas ou extensivas como a abstração empírica. (Piaget, 1977/1995, p. 284)

De acordo com o senso comum, inclusive o senso comum acadêmico, o conhecimento é entendido como um produto da sensação ou da percepção sobre uma *tabula rasa* ou sustentado por um "núcleo fixo herdado" inerente ao genoma. Na teoria de Piaget, ao contrário, o conhecimento é concebido como uma *construção*. Em 1977/1995, Piaget explica esta construção por meio do processo de abstração reflexionante (*abstraction réfléchissante*).

A ABSTRAÇÃO REFLEXIONANTE

O processo de abstração reflexionante comporta sempre dois aspectos inseparáveis: de um lado, o *reflexionamento (réfléchissement)*, isto é, a projeção sobre um patamar superior daquilo que foi tirado do patamar inferior, como acontece com a passagem da ação sensório-motora à representação; ou da assimilação simbólica pré-operatória às operações concretas; ou, ainda, desta à operação formal – considerando apenas os grandes saltos qualitativos chamados estádios do desenvolvimento (Piaget, 1972/1973, Cap. III). De outro lado, uma *reflexão (réflexion)*, "como ato mental de reconstrução e reorganização sobre o patamar superior daquilo que foi assim transferido do inferior" (Piaget, 1977/1995, p.

303), como acontece, por exemplo, quando a criança de 1,6 a 2 anos, "traduz" seus esquemas sensório-motores em esquemas simbólicos ou verbais.

De onde vem o "material" retirado por reflexionamento? Vem de duas fontes possíveis:

- dos observáveis, isto é, "dos objetos ou das ações do sujeito em suas características materiais" (p. 303); o mecanismo que assim procede leva o nome de abstração "empírica";
- dos não observáveis, isto é, das coordenações das ações do sujeito, coordenações endógenas (ouço, observo uma criança de 2 anos chamando um cavalo de "au-au", mas não ouço, não vejo, não observo a coordenação que a levou a generalizar para o cavalo o nome que atribuía usualmente ao cachorro; mas sei que ela existe, isto é, posso inferir essa coordenação a partir do comportamento da criança); Piaget chama de "reflexionante" *(réfléchissante)* essa forma de abstração.

A abstração reflexionante tem dois desdobramentos:

- se o objeto "é modificado pelas ações do sujeito e enriquecido de propriedades tiradas de suas coordenações" (p. 303), como acontece quando uma criança de 3 anos enfileira, sem plano prévio, alguns carrinhos e, ao terminar, chama esse conjunto de "Fómula Um" (Fórmula Um); temos, então, uma abstração *pseudoempírica*
- *(pseudo-empirique)*. É pseudoempírica porque aquilo que a criança retirou da fileira de carrinhos não está nos carrinhos, isto é, no observável, mas nas relações entre os objetos (carrinhos); em outras palavras, a criança retirou dos objetos o que ela colocou neles e não o que lhes é próprio; e o que ela colocou neles é produto da coordenação de suas ações que fez dos carrinhos, inicialmente isolados, uma classe ("Fómula Um"), uma totalidade; por isso tal abstração faz parte da categoria "reflexionante" e não da categoria "empírica";
- se o resultado de uma abstração reflexionante, de qualquer nível, tornar-se consciente, teremos uma abstração refletida *(réflechie);* isso acontece, por exemplo, quando uma criança operatório-concreta se apropria de elementos comuns às operações de adição de unidades, dezenas e centenas [apreende, na ação concreta, que $3 + 3 + 3 = 3 \times 3$; ou que $(9 - 3) - 3 = 9 : 3$] ou quando uma criança operatório-formal se apropria de relações comuns às operações aritméticas [apreende que $(2 + 3) + 4 = 2 + (3 + 4)$: comutatividade da adição].

O que significa abstração? O verbo latino *abstrahere* significa *retirar, arrancar, extrair* algo de algo; não no sentido de tirar água do poço ou remover o obstáculo do caminho, mas no sentido de tirar o amarelo da laranja madura (abstração empírica), tirar *a* soma das ações de acrescentar objetos a uma classe, tirar *a* fileira de uma série de árvores alinhadas (abstrações reflexionantes), enunciar uma proposição geral que sintetiza o conteúdo comum de uma série de proposições particulares. Nunca todas as características ou propriedades de um objeto, de uma representação, de um esquema ou de uma operação, mas apenas algo, algumas características. Reside, aqui, o limite do conhecimento (o objeto nunca é conhecido totalmente), por um lado, e o motivo pelo qual o conhecimento é progressivo, por outro. O processo ou o progresso do conhecimento restringe-se ao que o sujeito pode retirar dos objetos ou de suas próprias ações ou operações, isto é, pode *assimilar,* dos observáveis ou dos não observáveis, em um determinado momento.

O que o sujeito retira por abstração? Aquilo que ele pode retirar, isto é, aquilo que seus esquemas de assimilação atuais possibilitam que ele retire. A abstração está limitada pelos esquemas de assimilação disponíveis no momento; os esquemas disponíveis são sínteses das experiências anteriores, isto é, das abstrações, empíricas e reflexionantes, passadas; mas ele pode modificar tais esquemas. Ele os modifica por *acomodação*. Assim que um esquema de assimilação é percebido como insuficiente, para dar conta dos desafios atuais, no plano das transformações do real, o sujeito volta-se para si mesmo, produzindo transformações nos esquemas que não funcionaram a contento. O esquema assim refeito pode proceder, agora, a novas assimilações ou retiradas (abstrações) de características dos objetos, das ações e das coordenações das ações; isto é, pode proceder a abstrações empíricas ou reflexionantes. Se novas dificuldades de assimilação ou de abstração se apresentarem, o sujeito responderá novamente por acomodação, agora em novo patamar – e assim sucessivamente...

As novas respostas, ações ou condutas do sujeito não são automáticas ou necessárias (no sentido lógico). Elas dependem da necessidade (no sentido psicológico) ou interesse sentido por ele no momento. Se uma coisa, uma afirmação ou uma operação não afetar (afetividade) o indivíduo, a abstração não acontecerá. Necessidade, interesse, motivação ou afeto não são, para Piaget, fatores estranhos ao esquema ou à estrutura das ações ou operações. Ao contrário, eles constituem o aspecto afetivo ou emocional das ações ou operações.

> Não nos é, pois, necessário, para explicar a aprendizagem, recorrer a fatores separados de motivação, não porque eles não intervenham..., mas porque estão incluídos desde o começo na concepção global da assimilação. De tal ponto de

vista, a necessidade nada mais é do que o aspecto cognitivo ou afetivo de um esquema, enquanto reclame sua alimentação normal, quer dizer os objetos que ele pode assimilar; e o interesse... é a relação afetiva entre a necessidade e o objeto suscetível de satisfazê-la. (Piaget, 1959/1974, p. 66)

Afirmar que alguém se interessa por um resultado ou por algum objeto equivale a dizer que ele deseja *assimilar* esse objeto ou resultado ou, ainda, que antecipa (ação virtual, desejo) uma assimilação. E, afirmar que alguém tem necessidade é o mesmo que dizer que ele tem esquemas que, por sua própria constituição como vida, "exigem" serem utilizados.

Podemos sustentar, em compensação, sem tautologia, que o grau de assimilação e de acomodação, numa conduta, é função da intensidade da necessidade..., porque essa intensidade é ela mesma função da relação entre os esquemas e a situação considerada num momento dado.... (Piaget, 1959/1974, p. 66)

Engana-se quem pensa que a abstração reflexionante trata os processos cognitivos de forma racionalista, ignorando a presença dos fatores afetivos ou emocionais. Eles estão sempre presentes, desde o início, como insiste Damásio (1994), e constituem a energética das condutas (Piaget, 1972/1973. Cap. II) ou o fator afetivo ou motivacional do funcionamento das estruturas cognitivas.

A abstração reflexionante dá-se sempre por dois processos complementares (como vimos anteriormente, e que pretendemos desenvolver um pouco mais aqui):

- de um lado o *reflexionamento (réfléchissement)* que consiste na projeção sobre um patamar superior daquilo que foi retirado de um patamar inferior, como se este fosse um refletor que espelhasse um jato de luz de baixo para cima. Tal acontece, por exemplo, quando a criança, já simbólica, traz ao plano da representação o que até agora vigorava somente no plano das coordenações das ações sensório-motoras;
- de outro lado, a *reflexão (réflexion)* que consiste num "ato mental de reconstrução e reorganização sobre o patamar superior daquilo que foi assim transferido do inferior" (Piaget, 1977/1995, p. 303). Para ficar no exemplo, aquilo que é trazido do plano das ações ou das coordenações das ações sensório-motoras é reconstruído e reorganizado, em nível endógeno, no plano da representação.

Em outras palavras, um conteúdo qualquer abstraído em um patamar é, no outro patamar, reorganizado em função do que já existe ali. Considerando que o patamar superior é o lugar onde já se encontram construções anteriores, duas coisas acontecem: o conteúdo novo é sugado para dentro de um conjunto de elementos já organizados (coordenação das ações ou estruturas) que são estranhos ao lugar de origem desse novo conteúdo: por exemplo, o peso – conteúdo perceptível, no sentido de *sopesar* – de uma esfera de aço, manuseada pela primeira vez pela criança, é jogado para dentro (assimilado) de um universo de relações ou formas (previamente construídas) não perceptíveis, mas inteligíveis, inexistentes no plano material das esferas de aço. Em segundo lugar, o patamar de elementos organizados, das coordenações das ações, reorganiza-se (acomoda-se) por força da "reflexão" em função desse novo conteúdo. Mesmo que numerosas crianças manuseassem a mesma esfera de aço, ainda assim não teríamos duas compreensões exatamente iguais desse peso, pois o mundo do segundo patamar, mundo endógeno das coordenações das ações, é diferente de uma criança para outra, pois depende da experiência anterior ou da história das ações dos indivíduos, de seus interesses, emoções, etc.

Mas, e isso é fascinante no ser humano, não importa o caminho percorrido pela experiência ou pela história das ações de um indivíduo, ele poderá chegar ao conhecimento *universal e necessário* (Piaget, 1978; 1981; 1981b). Podemos imaginar experiências tão diferenciadas em função da geografia, da cultura, da língua, etc., como as dos esquimós, dos alemães, dos negros bauleses da Costa do Marfim (Dasen *et alii*, 1978), dos gaúchos, dos nativos da Polinésia ou da região Amazônica, dos descendentes de índios paraguaios, chilenos, peruanos, bolivianos, brasileiros, etc. Todos os sujeitos dessas experiências *podem* chegar ao conhecimento universal e necessário, não importa as peculiaridades de suas experiências, isto é, de suas ações e de suas abstrações – empíricas ou reflexionantes. Nisso todos eles se igualam, constituindo o sujeito epistêmico, o sujeito do conhecimento. Nada, no entanto, garante *a priori* que eles cheguem a tal ponto. Somente a ação, entendida como abstração reflexionante, garante *a posteriori* a chegada a esse patamar de conhecimento. Mas – e isso é o que fascina no conhecimento humano! – uma vez chegado ao patamar operatório-formal, a diversidade de experiências é superada, sem perda de sua riqueza; ao contrário, chega a uma grande unificação estrutural de onde pode valorizar a diversidade. Bastará superar as diferenças de língua, para que representantes de culturas tão diferentes possam se comunicar, pois suas estruturas lógicas apresentam identidades profundas.

Temos de lembrar que, para Piaget (1973), as estruturas são simultaneamente orgânicas em função da ação; são, ao mesmo tempo, estruturadas e estruturantes. Podemos afirmar, genericamente, que todo ser humano que continua vivo pode, salvo no que se refere a prejuízos orgânicos irreversíveis ou psíquicos, avançar na construção de seus instrumentos cognitivos. Sua grandeza ou sua miséria não estão inscritas na bagagem hereditária. Estão, sim, nas condições objetivas que possibilitam ou inviabilizam, em grau maior ou menor, as trocas do indivíduo com o meio. Portanto, uma criança que vive durante anos um quadro de desnutrição, e de miséria que configura este quadro, não constrói suas estruturas mentais no ritmo da criança bem-alimentada e rodeada de objetos variados e de variadas solicitações culturais. É vítima de um déficit, pois; não, porém de um déficit irreversível. Assim que forem superadas as condições objetivas responsáveis pela produção desse déficit, a criança poderá reassumir seu processo de abstração reflexionante, de onde havia parado, retomando o processo de construção de seus instrumentos cognitivos.

O REFLEXIONAMENTO

1. O reflexionamento é um movimento que conduz das ações sucessivas à sua representação atual, da ação prática, sensório-motora, a um início de conceituação.
2. O reflexionamento reconstitui a sequência das ações, do início ao fim, reunindo as representações em um todo coordenado.
3. O reflexionamento realiza-se por comparações. Assim que ele reúne as representações em um todo coordenado, possibilita compará-las a outras, análogas ou diferentes.
4. Assim que o reflexionamento põe em destaque essas estruturas comuns ou não comuns, um quarto, um quinto, um enésimo patamar de reflexionamento, caracterizado por reflexões sobre as reflexões anteriores, podendo chegar a graus de metarreflexão ou de pensamento reflexivo. É assim que o sujeito poderá chegar às razões das conexões que realizou (Piaget, 1977/1995, p. 275). Por exemplo, a superfície e o perímetro de um retângulo não podem ser assegurados ao mesmo tempo; pode-se assegurar que a superfície varia se o perímetro for mantido constante e este, por sua vez, varia se aquela for mantida constante (Piaget, Cap. 12).

Daí, as *tematizações*, isto é, o que permanecia, no patamar inferior, como objeto a serviço do pensamento, torna-se um objeto de pensamento. Por exemplo, refletir sobre a adição depois de se ter servido dela, transforma o processo aditivo em novo objeto de pensamento. Outro exemplo: a invenção da álgebra exigiu dos matemáticos a tematização da aritmética – eles transformam as formas da aritmética em conteúdo do qual retiraram nova(s) forma(s), que deram origem à álgebra.

Formam-se novos patamares de reflexionamento para permitir novas reflexões – como acontece na história das matemáticas, quando surgem novidades ou novas construções. A história das matemáticas pode ser vista como a história dessas construções – cada nova construção, ao mesmo tempo em que foi possibilitada pelas anteriores, as subsumiu. A aritmética não foi "revogada" quando se construiu a álgebra; ao contrário, sobrevive no interior da álgebra onde seu poder aumentou. A geometria euclidiana não caducou com o surgimento das geometrias modernas; foi subsumida por estas.

Não sabemos onde começa o processo de abstração. Não importa o nível, ele começa assim que o sujeito retira do patamar inferior algum conteúdo e o faz "refletir", como por um espelho, sobre o patamar imediatamente superior. Piaget chama de *reflexionamento* a essa ação. O novo material precisa ser reorganizado em função do que já existe ali, tal como fazemos ao introduzir um móvel novo na sala de estar – temos que reorganizá-la. A essa reorganização Piaget chama de *reflexão*.

A reorganização desse patamar, em função da introdução de novidades, vindas do patamar inferior, produz uma construção nova. Essa nova construção, ao lado de outras que foram sendo realizadas nesse patamar, pode ser transferida para um patamar ainda mais elevado. A reorganização, no novo patamar, em função do que já foi construído ali, faz surgir uma nova construção, ainda mais complexa que a anterior. E assim sucessivamente e em qualquer nível de desenvolvimento.

Um interesse muito especial desse processo acontece quando o sujeito se apropria de uma forma, construída em um nível precedente, e, transformando-a em conteúdo, projeta-a sobre um patamar subsequente. Se existe algo que não se ensina é essa transformação de forma em conteúdo; ou o sujeito faz essa transformação ou ela não acontecerá. É essa transformação que faz surgir novidades cognitivas na vida de um indivíduo – novidades que a humanidade já pode saber há muito tempo, mas aquele indivíduo não. Por isso, podemos afirmar que se a aprendizagem acontece no prolongamento do desenvolvimento, longos processos de aprendizagem podem colaborar com o desenvolvimento, aumentando nossa capacidade cognitiva, possibilitando aprendizagens de conteúdos ainda mais complexos, pois a transformação de formas em conteúdos possibilita o surgimento de novas formas, o que redunda em aumento da capacidade de aprender.

O conhecimento do mecanismo da abstração reflexionante tem especial interesse, pois se pode explicar, por ele, a criação de novidades ou criação de novas formas. A abstração reflexionante é:

> [...] fonte contínua de novidades porque atinge novas 'reflexões' sobre cada um dos planos sucessivos do 'reflexionamento'[...] e estes se engendram sem que sua sequência seja jamais acabada [...] da ação à representação, desta às narrações [...], a seguir, às comparações e, enfim, ao pensamento reflexivo [...até] níveis metarreflexivos, cada vez mais elevados. Numa palavra, o duplo processo do 'reflexionamento dos reflexionamentos' inferiores e da 'reflexão sobre as reflexões' precedentes constitui um dinamismo ininterrupto [...]. (Piaget, 1977/1995, p. 205)

Tanto se fala em criatividade, mas não se traz uma explicação de como o ser humano supera as enfadonhas repetições, criando novidades ou realizando novas construções. Essas novidades surgem da ação do sujeito que se desenrola no tempo, embora a idade em que surgem construções de determinada complexidade (os estádios) possam variar consideravelmente de um para outro indivíduo. Esse desenrolar temporal ou cronologia, "é extremamente variável; ela depende da experiência anterior dos indivíduos, e não somente de sua maturação, e depende principalmente do meio social que pode acelerar ou retardar o aparecimento de um [estádio], ou mesmo impedir sua manifestação" (Piaget, 1972b, p. 50); "[...] é evidente que os resultados variarão segundo o meio social" (Piaget, 1973, p. 82). Acompanhemos essas construções de novidades, na ordem crescente de complexidade em que se manifestam, do sensório-motor às operações formais.

FUNDAMENTANDO A CRIAÇÃO DE NOVIDADES

Piaget (1977/1995) demonstra a evolução do processo de abstração, desde os reflexionamentos e reflexões sensório-motores até as operações formais próprias do pensamento adolescente ou do início da vida adulta. Vê nessa evolução o mecanismo responsável pela inventividade ou criação de novidades. Ele distingue 10 passos nessa evolução.

1. O primeiro resultado desse processo consiste na diferenciação de um esquema de assimilação para aplicá-lo de maneira nova; o esquema criado anteriormente é aplicado, agora, de forma nova, constituindo-se como esquema diferenciado. Abstrair significa, pois, retirar de seu contexto coordenações de ações, retê-las e descartar o resto. Isso acontece nos subestádios mais avançados do período sensório-motor.

2. O segundo consiste na construção de uma nova forma ou correspondência entre a coordenação conceitualizada incipiente e as situações práticas nas quais essa ação coordenada se repete.
3. Merece atenção a construção da noção de ordem, porque para poder afirmar a ordem das árvores de uma alameda, o sujeito precisa utilizar ações (andar ao longo da alameda, andar em direção contrária à direção anterior, etc.) que são elas mesmas já ordenadas. Surge aqui uma implicação significante – uma coordenação necessária – entre dois esquemas de ordem.
4. A novidade que intervém, neste quarto passo da criação de novidades, é a das comparações entre coordenações, análogas entre si; não se trata de coordenações que se repetem como cópia das que apareceram por primeiro, mas de coordenações novas, realizadas a partir de coordenações anteriores.
5. Essas comparações possibilitam a emergência de estruturas qualitativas comuns que poderão resolver grande quantidade de problemas, insolúveis com as estruturas anteriores.
6. Realiza-se, neste sexto passo, a generalização das negações ou inversões, que são tardias, pois se notou uma sistemática primazia das afirmações ou características positivas, sobre as negações ou características negativas. A negação exige uma construção nova na medida em que é resultado da abstração reflexionante das relações qualitativas das diferenças.
7. A construção das negações, tardia com relação às afirmações, no plano das formas, conduz à quantificação das extensões – nova etapa fundamental de construtividade – no referente às classes e às diferenças e no referente às quantificações assimétricas e às seriações. "[...] a quantificação [...] é extraída, por abstração, das composições das operações diretas e inversas" (p. 281). As negações estão longe "... de serem apreendidas de modo imediato e precoce, uma vez que sua correspondência sistemática com as afirmações é necessária para assegurar a reversibilidade operatória" (p. 281).
8. A construção das quantificações e da reversibilidade possibilita a formação das estruturas operatórias "concretas" em seu conjunto. Enquanto lógico-matemáticas, tais estruturas são tiradas das atividades do sujeito. A abstração refletida começa a ser responsável por novas construções a partir dos processos "reflexionantes".
9. Tornam-se possíveis, neste nono patamar, reflexões sobre reflexões anteriores ou operações sobre operações, desde que já se tenham for-

mado estruturas operatórias. Têm início, então, metarreflexões sistemáticas, o que gera um pensamento reflexivo que possibilita trabalhar com hipóteses e as ligações necessárias entre elas e suas consequências. Para isso não se precisa mais da empiria imediata.

10. Finalmente, uma forma de atividade criadora manifesta-se como "[...] a capacidade de depreender as 'razões' das coordenações até então utilizadas, sem justificação" (p. 282). A busca das razões das coisas caracteriza a abstração reflexionante enquanto oposta à abstração empírica.

O equilíbrio cognitivo resulta das trocas constantes do sujeito com o meio; é o oposto de um estado de inatividade. Cada novidade endógena provém da realização de possibilidades abertas pelas construções do nível precedente – rigorosamente nada é dado ao sujeito, ou, melhor dito, adquirido por ele, independente de sua atividade. O segredo das novidades ou das novas construções reside no equilíbrio das diferenciações e das integrações.

> A abstração consiste, por si mesma [...], numa diferenciação, porquanto separa uma característica para transferi-la, e uma nova diferenciação acarreta a necessidade de integração em novas totalidades, sem as quais a assimilação deixa de funcionar, daí o princípio comum da formação das novidades: a abstração reflexionante conduz a generalizações, por isso mesmo, construtivas, e não simplesmente indutivas ou extensivas como a abstração empírica. (Piaget, 1977/1995, p. 284)

A possibilidade de superar a metodologia da repetição, amplamente consagrada pela escola, metodologia que reduz o sujeito à passividade, reside na abstração reflexionante. Tal superação deve ser feita na direção de uma pedagogia ativa que aposta na construtividade, criatividade e inventividade da ação do sujeito da aprendizagem.

DIFERENCIAÇÃO E EQUILÍBRIO

O equilíbrio é conseguido porque as trocas garantem a conservação do sistema. "[...] o equilíbrio cognitivo não é um estado de inatividade, mas de constantes trocas" (Piaget, 1977/1995, p. 314). Uma nova troca compensa o desequilíbrio causado pela anterior. Podemos afirmar, de forma aparentemente circular, que se não há trocas, não há conservação do sistema e, se não há conservação do sistema, não são possíveis trocas do organismo com o meio. Tais trocas realizam a conservação do "ciclo de ações ou de operações interdependentes", isto é, realizam a conservação do sistema. Sem a realimentação (*feedback*) desse ciclo não são possíveis novas trocas. O que equivale a dizer que a assimilação em patamares mais complexos cessa, pois a acomodação não cumpriu seu papel. Sem assimilação não há acomodação, tornando impossível a realização do equilíbrio em patamares mais elevados.

Note-se, antes de prosseguirmos, que "equilíbrio cognitivo" não se confunde, em Piaget, com equilíbrio mecânico ou termodinâmico. Ele utiliza esse termo por analogia à estabilidade de um organismo vivo. "Equilíbrio cognitivo" é diferente de equilíbrio mecânico, que se obtém por balanceamento de forças opostas. É diferente de equilíbrio termodinâmico, que consiste no repouso com destruição das estruturas. Obtém-se o "equilíbrio cognitivo" uma vez que o sistema se mantém aberto ao meio, isto é, quando há trocas do organismo com o meio. As trocas são possíveis porque o sistema se mantém em funcionamento, em atividade; mantém-se ele em funcionamento ou em atividade porque procede a trocas com o meio... Temos, então, um movimento circular, em vez de um movimento em espiral como quer Piaget?

Teríamos um movimento circular se os elementos em interação fossem sempre iguais; se o objetivo do desenvolvimento – ou da aprendizagem – fosse retornar ao que se era antes, ao ponto de partida. Sujeito e objeto transformam-se, no entanto, por força da própria interação. O sujeito assimila os objetos, isto é, age sobre eles, transformando-os em função dos esquemas de que dispõe. Assimilar implica, pois, transformar o objeto. Um objeto qualquer nunca é assimilado na sua totalidade, aliás, inesgotável (é isso que Kant queria dizer com *noumenon*); são assimiladas apenas características dos objetos por abstração empírica, e das coordenações das ações por abstração reflexionante. Tais características invadem o mundo endógeno (interno), mundo das coordenações do sujeito, impondo-lhe modificações para as quais o sujeito nem sempre dispõe de instrumentos (esquemas ou estruturas) ou, pelo menos, instrumentos adequados para responder. Urge, pois, construir tais instrumentos por modificação dos instrumentos já existentes ou por construção de instrumentos novos. Torna-se necessário, portanto, que o sujeito transforme a si mesmo. A esse esforço transformador de si mesmo Piaget chama de *acomodação*. Acomodação implica, pois, transformação do sujeito; mas transformação realizada pelo próprio sujeito. Assimilar e acomodar são, portanto, ações transformadoras do próprio sujeito, embora de direções opostas. Essas transformações são correlativas, isto é, à medida que elas acontecem no plano do objeto, tendem a acontecer, também, no plano do sujeito. Assimilando, por reflexionamento, o sujeito transforma o meio; acomodando, por reflexão, transforma a si mesmo; o resultado é um patamar novo de equilíbrio, a criação de algo novo, que possibilita ao sujeito assimilar, doravante, conteúdos mais complexos.

Em outras palavras, o sujeito se faz sujeito na medida de sua ação transformadora sobre os objetos e, de retorno, na medida de sua ação transformadora sobre si mesmo. Objetividade e subjetividade, em Piaget, são complementares. Não há um sujeito prévio às ações como também não há um objeto prévio às ações. Sujeito e objeto determinam-se mutuamente, sem sacrifício de suas identidades próprias, ao contrário, com enriquecimento progressivo das mesmas, se as condições objetivas não impedirem o desenrolar do processo. É isto que Piaget quer dizer com "equilibração majorante". É por isso, também, que não se fala em circularidade, mas em espiral ascendente, em que cada nova espira eleva-se com relação à anterior e tem maior abrangência que ela. Isto é, *a ação rompe a circularidade*. A ação destrói a dicotomia entre razão e realidade. Em Piaget, a ação ultrapassa a dicotomia entre a razão e a realidade; a ação supera a irredutibilidade sujeito-objeto; ela realiza sínteses progressivas em que o sujeito se objetiva e o objeto se subjetiva. Pode-se dizer que o sujeito, ao fazer-se outro, faz-se mais ele mesmo; ao assimilar a alteridade, o indivíduo redimensiona sua identidade. Por isso Piaget elege a ação como a instância explicativa por excelência; e critica explicações por estruturas preformadas ou por pressão unilateral do meio sobre o indivíduo.

A seguinte história mostra-nos o quanto a ação é fundamental na explicação piagetiana. Perguntado por psicólogos soviéticos se acreditava na existência de um objeto, antes que fosse conhecido, Piaget respondeu: "Como psicólogo entendo que o sujeito só conhece um objeto enquanto age sobre ele e parcialmente o transforma. Assim sendo, não sei o que o objeto é antes de conhecê-lo"; isto é, antes de agir sobre ele. Em seguida, um deles quis saber se concordava com a afirmação de que o mundo existe antes de ser conhecido. Respondeu:

> O conhecimento pressupõe uma atividade do cérebro; ocorre que o cérebro é uma parte do organismo, o qual, ele próprio, é uma parte do mundo... Portanto, posso concordar com o senhor. (Watzlawick, citado por Kesselring, 1993)

Note-se, também, que Piaget não se refere a qualquer ação. Mas à *ação espontânea*, isto é, à ação que parte de necessidades dos indivíduos ou dos grupos. Ação espontânea, não espontaneísta! "Espontaneísta" refere-se a uma concepção equivocada de espontâneo como se qualquer ação, por mais aleatória que fosse, pudesse ser espontânea, redundasse em transformações significativas nas direções correlativas da objetividade e da subjetividade. Com as contribuições da psicanálise, sabemos que praticamente não há ação aleatória, fortuita. Há, sim, ações aprisionadas. Aprisionadas pelo trabalho alienado, pelas religiões, pelas neuroses, pela educação, pela disciplina, pelo treinamento, etc. Aprisionadas pela ideologia, portanto. Tais ações têm como função obstruir as transformações, instalando uma circularidade que torna inviável qualquer novidade. Elas impõem às práticas do indivíduo um reprodutivismo que impede sua atividade teórica; sem teoria, a prática não supera sua circularidade que consiste em repetir indefinidamente aquilo que pretensamente deu certo. Lembre-se, ainda, de que "espontânea", para Piaget, é a ação assimiladora que busca prover uma necessidade de origem *endógena;* e não a ação determinada por estímulos programados por alguma instância institucional, como a escola, por exemplo: ação de origem *exógena,* portanto. Esta assume maior ou menor significação em função daquela.

Esse equilíbrio é obtido por formas mais ou menos distanciadas do equilíbrio perfeito, que só é conseguido, mesmo assim raramente, em matemática pura. O ponto de chegada das diferentes formas de equilíbrio acontece em estruturas equilibradas que comportam, do ponto de vista formal e em todos os patamares de reflexionamento, compensações exatas entre afirmações e negações. Antes do nível formal, porém, no plano do pensamento natural, o caminho encontra-se permeado de desequilíbrios, como os devidos aos conflitos entre o sujeito e os objetos por acomodação insuficiente, conflitos gerados por falhas momentâneas de coordenação, conflito entre diferenciação e integração. O atraso das negações em relação às afirmações, que redunda em um defeito das compensações, constitui uma fonte sistemática de desequilíbrios.

Piaget dá a entender que a teoria da abstração veio para superar a teoria da equilibração, formulada algum tempo antes (1975). Superá-la significa ultrapassá-la, integrando-a; ela permanecerá válida, mas no interior de uma totalidade que a engloba, tal como acontece no mecanismo da abstração (1977/1995). O processo geral de equilibração "permanece válido a título de tendências e, sobretudo, nas contínuas (re)equilibrações, refazendo os desequilíbrios e procedendo por regulações ordinárias antes de atingir essas regulagens 'perfeitas' que constituem as operações" (Piaget, citado por Mussen, 1977, p. 315). As novidades devidas à abstração reflexionante encontram sua razão de ser nesse processo. A equilibração, no entanto, não subordina instâncias explicativas como a "tomada de consciência", que passa a ter lugar decisivo na abstração reflexionante, ou como a "abstração empírica" sem a qual a abstração reflexionante dispara para o racionalismo, para não falar da categoria nova de inestimável valor explicativo: a "abstração pseudoempírica", categoria com a qual se torna possível atentar ao fascinante jogo de significações com o qual o sujeito impregna o mundo dos objetos e acontecimentos antes de assimilá-los na qualidade de objetos. Ela permite também criticar, com uma só tacada, o empirismo e o apriorismo.

As construções de um nível ampliam, por um lado, o leque de possibilidades do nível precedente, e, por outro, determinam o âmbito das ações do nível seguinte. A ação da acomodação de um esquema a objetos exteriores faz com que tal esquema se diferencie; a diferenciação dá-se de modo imprevisível, pois ela se origina de uma perturbação cuja "causa" é de origem externa, isto é, ocorre em função de características do mundo do objeto, até agora desconhecidas. A acomodação tem, portanto, uma função *diferenciadora*. Nesse sentido, passa ela a constituir uma função específica da abstração reflexionante, constituindo esta o processo mais geral. A diferenciação tem sempre duplo sentido: diferenciam-se os esquemas pelo trabalho da acomodação e, por isso, diferenciam-se cada vez mais os objetos a serem assimilados. À função diferenciadora corresponde uma função *coordenadora* que é processada pela assimilação. Assimilação, primeiramente, dos objetos e, posteriormente, dos próprios esquemas entre si; mais adiante, dos subsistemas de esquemas, etc.

Primeiro, o bebê suga o que é colocado em sua boca, depois ele agarra o objeto e o leva à boca para sugar, mais tarde olha, agarra e suga, etc. O esquema de sugar foi assimilado ao esquema de agarrar, os esquemas de agarrar e de sugar foram assimilados ao esquema de olhar. Visto de outro lado, o sugar resiste em certa medida ao agarrar, de tal modo que só certas coisas agarradas podem ser sugadas; o mesmo acontecendo com o olhar, isto é, nem tudo que é olhado pode ser agarrado ou só certas coisas olhadas podem ser agarradas. Temos, assim, assimilação dos esquemas entre si ou assimilação recíproca dos esquemas. "A abstração reflexionante participa, com efeito, das coordenações, portanto, da assimilação recíproca dos esquemas de ações ou de operações..." (Piaget citado por Mussen, 1977, p. 322). Essa assimilação recíproca abre caminho a novas assimilações recíprocas, que abrem caminho para novas acomodações que, por sua vez, diferenciarão os esquemas a serem coordenados. Os esquemas assim diferenciados tendem, de retorno, a assimilar-se reciprocamente, abrindo novas possibilidades para a ação. O "equilíbrio entre a diferenciação e a integração... é, sem dúvida, a característica mais geral e mais importante da abstração reflexionante" (p. 322). Reside, aí, a produção das novidades, própria da abstração reflexionante, isto é, a ação instrumentaliza-se por intermédio de formas imprevisíveis, tanto no plano do objeto quanto no plano do sujeito: formas produzidas na interação e irredutíveis aos polos primitivos desta interação (sujeito e objeto).

ABSTRAÇÃO EMPÍRICA E REFLEXIONANTE

As comparações entre abstração empírica e reflexionante nos levam a concluir que, quanto mais se sobe nas faixas etárias, tanto mais o sujeito torna-se capaz de atividades reflexivas, próprias do processo de abstração reflexionante, chegando a abstrações refletidas, e quanto mais se desce nas faixas etárias, tanto mais o sujeito limita-se a atividades que levam a abstrações empíricas ou, no máximo, pseudoempíricas. Por isso, no trânsito que vai da predominância da abstração empírica até a consolidação da reflexionante deve-se, no que concerne à aprendizagem, intensificar ações que desafiam o sujeito a realizar abstrações pseudoempíricas – o que acontece com grande intensidade no período pré-operatório. O progresso da abstração empírica depende da abstração reflexionante, já esta pode realizar reflexões sobre as reflexões precedentes e buscar abstrações empíricas somente quando for necessário. Entretanto, a hegemonia da abstração reflexionante realiza-se "sob a condição de se apoiar, durante muito tempo, sobre abstrações pseudoempíricas, tais que os resultados dos reflexionamentos e das reflexões permanecem materializados nos objetos transformados e enriquecidos pelas atividades do sujeito" (Piaget, 1977/1995, p. 287). Já a abstração refletida permanece em retardo sistemático com relação ao processo reflexionante até tornar-se necessária às reflexões sobre as reflexões anteriores, atingindo assim metarreflexões pelas quais constitui "sistemas lógico-matemáticos de cunho científico" (p. 288).

Nota-se que a abstração reflexionante não dispensa as abstrações empíricas, mas, na medida do desenvolvimento, pelo qual se consolida, "os progressos da conceituação, das relações de ordem, ou das estruturas lógico-aritméticas em geral e, sobretudo, da métrica espacial e dos sistemas de referência" (p. 288), aumenta-as consideravelmente em número e em qualidade. Isso ocorre de forma inequívoca no terreno do pensamento científico.

Uma assimetria crescente marca a relação entre abstração empírica e reflexionante. A empírica crescendo em dependência da reflexionante, enquanto esta atinge um novo patamar de complexidade com o surgimento de uma nova forma de assimilação: "a assimilação recíproca dos esquemas de ações ou de operações, o que implica uma primazia da assimilação" (p. 289). Tudo isso acontece de acordo com as relações gerais entre assimilação e acomodação, "caso particular deste equilíbrio entre a diferenciação e a integração que é, sem dúvida, a característica mais geral e a mais importante da abstração reflexionante" (p. 289). Deve-se essa assimetria sistemática das abstrações, empírica e reflexionante, à falta de reciprocidade entre a acomodação aos objetos e a assimilação lógico-matemática (p. 290). A abstração empírica pode levar a contradições, mas a reflexionante vai superando as contradições no desenrolar do processo de desenvolvimento; aquela se integra permanentemente num quadro espaço-temporal enquanto esta, "graças ao jogo das reversibilidades crescentes, atinge a construção de estruturas intemporais" (p. 291).

Ao descrever e explicar o mecanismo da abstração reflexionante, Piaget constrói uma ponte entre as ações sensório-motoras do bebê e a atividade do cientista no laboratório, do matemático em suas atividades dedutivas ou do filósofo em suas reflexões sistêmicas. Mostra que há, entre aquelas e estas, uma rigorosa continuidade. Continuidade entre as percepções do bebê que se esgotam na manipulação dos objetos do entorno e o conhecimento universal e necessário do cientista cujos limites são as fronteiras do universo, do micro e do macrocosmos, do espaço e do tempo. A universalidade e a necessidade, que fornece alcance inestimável ao conhecimento, foram arrancadas das inumeráveis ações praticadas pelo sujeito epistêmico, mediante processos de abstração reflexionante, no desenrolar da existência do sujeito psicológico, possibilitado pelo organismo biológico com seu cérebro. O que a abstração reflexionante realiza, abstração empírica nenhuma consegue fazê-lo. É esse processo que abre à aprendizagem sucessivas e infinitas possibilidades. "Aprender é proceder a uma síntese indefinidamente renovada entre a continuidade e a novidade" (Inhelder, Bovet e Sinclair, 1977, p. 263).

8

O que é construtivismo

> Mas o caráter próprio da vida é ultrapassar-se continuamente e, se procuramos o segredo da organização racional na organização vital, inclusive em suas superações, o método consiste então em procurar compreender o conhecimento por sua própria construção, o que nada tem de absurdo, pois o conhecimento é essencialmente construção. (Piaget, 1967/1973, p. 409)

O universo sempre foi o que é hoje? Os mais antigos acreditavam, e muitos ainda acreditam, que o universo foi criado por Deus tal qual é hoje; e o teria criado há 7000 anos, aproximadamente. Segundo essa crença, a Terra é o centro do universo; mas a partir do século XVI tal concepção foi desmoronando, com a afirmação de que não a Terra, mas o Sol seria o centro. Hoje, "a Terra é uma pedrinha que orbita uma estrela pequena que fica na periferia de uma galáxia sem importância à deriva em um universo que se expande" *(Folha de São Paulo,* 10 maio 1992).

Esse desmoronamento ocorre em várias áreas do conhecimento humano. Darwin, no século XVIII, na biologia, tira do homem o título de filho de Deus e faz dele um descendente dos símios. Freud, no início do século XX, na psicanálise, afirma que o homem nem ao menos é dono de sua consciência e de seus atos, pois estes são determinados, em larga escala, pelo inconsciente, "sistema dinâmico em permanente atividade", profundamente enraizado nas relações sociais.

Sabemos, hoje, que o universo é muito maior do que se imaginava, que não é estático e, mais, que desde o seu início, há 15 bilhões de anos, está em expansão a velocidades espantosas. A física atômica já nos passara, no início do século XX, a ideia de movimento à velocidade da luz, no microcosmo. Em uma palavra, todo o universo, nos níveis micro e macro, está em movimento. Se ele está em movimento, está-se constituindo, está-se construindo. Ou se destruindo? Ou construindo coisas novas?

No plano da vida acontece a mesma coisa. A vida apareceu na Terra há mais de 3,6 bilhões de anos, dizem os biólogos. Pensava-se que Deus criara as espécies e que elas se conservavam tal e qual. Sabe-se, hoje, que as espécies que vivem atualmente na Terra pouco têm a ver com as que viveram há 650 ou há 65 milhões de anos (data do desaparecimento dos dinossauros): mas as que vivem hoje, inclusive a humana, são herdeiras das que viveram nessas épocas – herança do que sobrou de grandes catástrofes, como, por exemplo, as provocadas por chuva de meteoritos.

Essas concepções que as ciências foram construindo refletem-se na filosofia e na sociologia. Hegel e Marx expressam esse movimento pela dialética: dialética no pensamento e dialética na realidade objetiva. O princípio da transformação está na essência do próprio ser. No século XX, já sob a influência da física relativista e da mecânica quântica, Piaget faz refletir estas ideias na psicologia, na filosofia e, mais especificamente, na epistemologia, construindo uma nova ciência a que chamou de epistemologia genética.

Piaget vai mostrar como o homem, logo que nasce, apesar de trazer uma fascinante bagagem hereditária que remonta a milhões de anos de evolução, não consegue emitir a mais simples operação de pensamento ou o mais elementar ato simbólico. Vai mostrar ainda que o meio social, por mais que sintetize milhares de anos de civilização, não consegue *ensinar* a esse recém-nascido o mais elementar conhecimento objetivo. Isto é, o *sujeito* humano é um projeto a ser construído; o *objeto* é, também, um projeto a ser construído. Sujeito e objeto não têm existência prévia, *a priori*: eles se constituem mutuamente, na interação. Eles se *constroem*. Como?

O sujeito age sobre o objeto, assimilando-o: essa ação assimiladora transforma o objeto. O objeto, ao ser assimilado, resiste aos instrumentos de assimilação de que o sujeito dispõe no momento. Por isso, o sujeito reage, refazendo esses instrumentos ou construindo novos instrumentos, mais poderosos, com os quais se torna capaz de assimilar, isto é, de transformar objetos cada vez mais complexos. Essas transformações dos instrumentos de assimilação constituem a ação acomodadora. *Conhecer é transformar o objeto e, por essa transformação, transformar a si mesmo.* (O processo educacional que nada transforma está negando a si mesmo.) O conhecimento não nasce com o indivíduo nem é dado pelo meio social. O sujeito constrói seu conhecimento na interação com o meio – tanto físico como social. Essa *construção* depende, portanto, das condições do sujeito (indivíduo sadio, bem-alimentado, sem deficiências neurológicas, etc.) e das condições do meio; na favela é extremamente mais difícil construir conhecimento, e progredir nessa construção, do que nas classes média e alta.

Vê-se, pois, assim como Marx derrubou a ideia de uma sociedade constituída por estratos, ricos e pobres, que existem desde toda a eternidade, e criou a ideia de uma sociedade que se produz e reproduz, estabelecendo um sistema de produção que a perpetua, Piaget derruba a ideia de um universo de conhecimento dado, seja na bagagem hereditária (apriorismo), seja no meio (empirismo) físico ou social. Criou a ideia de *conhecimento-construção*, expressando, nessa área específica, o movimento do pensamento humano em cada indivíduo particular, e apontou como isso se daria na humanidade como um todo. No entanto, assim como o marxismo atual exerce uma crítica sobre sua conceituação de "classe social", uma vez que "estudos concretos desvendaram formas originais de práticas coletivas", e na medida em que se toma consciência de que a classe social é alterada pelo modo mesmo como é vivida, a epistemologia genética exerce, também, sua autocrítica no sentido de ampliar a compreensão do que significa o "objeto", se entendido como o mundo das relações sociais, no sentido do conflito sociocognitivo ou das representações sociais da inteligência, pois a vida social não pode continuar a ser entendida simplesmente como "coordenação de operações individuais" ou ajuntamento de indivíduos.

Construtivismo significa isto: a ideia de que nada, a rigor, está pronto, acabado, e de que o conhecimento não é dado, em nenhuma instância, como algo terminado – é sempre um leque de possibilidades que podem ou não ser realizadas. É constituído pela interação entre indivíduo e o meio físico e social, o simbolismo humano e o mundo das relações sociais; e se constitui por força de sua ação, e não por qualquer dotação prévia, na bagagem hereditária ou no meio, de tal modo que podemos afirmar que antes da ação não há psiquismo nem consciência e, muito menos, pensamento.

Construtivismo é, portanto, uma ideia; ou melhor, uma teoria, um modo de ser do conhecimento ou um movimento do pensamento que emerge do avanço das ciências e da filosofia dos últimos séculos. Uma teoria que nos permite interpretar o mundo em que vivemos, além de nos situar como sujeitos neste mundo. No caso da epistemologia genética de Piaget, o mundo do conhecimento: sua gênese e seu desenvolvimento. Construtivismo não é uma prática ou um método; não é uma técnica de ensino nem uma forma de aprendizagem; não é um projeto escolar; é, sim, uma teoria que permite (re)interpretar todas essas coisas, jogando-nos para dentro do movimento da história – das culturas, das sociedades, da humanidade e do universo. Não se pode esquecer que, em Piaget, aprendizagem só tem sentido como extensão do processo de desenvolvimento do conhecimento, do movimento das estruturas da consciência. Por isso, se parece esquisito dizer que um método é construtivista, dizer que um currículo é construtivista parece mais ainda; e ainda mais esquisito é afirmar que uma escola é construtivista.

Vimos o sentido de construtivismo na ciência e na filosofia, bem como na epistemologia genética piagetiana. Que sentido terá o construtivismo na educação?

Entendemos que construtivismo na educação poderá ser a forma teórica ampla que reúna as várias tendências atuais do pensamento educacional. Tendências que têm em comum a insatisfação com um sistema educacional que teima em continuar (ideologia) essa forma particular de transmissão que é a escola, que consiste em fazer repetir, recitar, aprender, ensinar o que já está pronto, em vez de desafiar o sujeito para agir, operar, criar, construir, inventar a partir da realidade vivida por alunos e professores, isto é, pela sociedade – a próxima e, aos poucos, as distantes, e a partir das produções científicas, filosóficas, etc... A educação deve ser um processo de construção de conhecimento ao qual acorrem, em condição de complementaridade, por um lado, os alunos e professores e, por outro, os problemas sociais atuais e o conhecimento já construído ("acervo cultural da humanidade").

Façamos uma pequena pausa em nosso pensamento e entremos na sala de aula. Conversemos com o professor sobre a "matéria-prima" de sua prática, de seu conseguir: o conhecimento. O professor conhece uma ou mais áreas de conhecimento. Ao ser perguntado, porém, sobre a natureza desse conhecimento, reage, meio espantado, porque a pergunta é inusitada. O professor ensina conhecimento, mas, ao ser perguntado sobre o conhecimento que ensina, espanta-se como se a pergunta não fizesse sentido ou fosse descabida. Ao responder sobre "o que é o conhecimento", responde de acordo com o senso comum, isto é, como qualquer pessoa que só utiliza sua inteligência para resolver problemas do cotidiano, problemas práticos. Isso acontece com professores de pré-escola, de ensino fundamental e médio e, do mesmo modo, com professores universitários, incluindo os de pós-graduação *lato* e *stricto sensu*.

O professor, vítima desta visão epistemológica equivocada, afirma que o conhecimento é algo que *entra* pelos sentidos – algo que vem *de fora* da pessoa, portanto – e se instala no indivíduo, independentemente de sua vontade, e *é sentido* por esse indivíduo como uma "vivência". A pessoa, o indivíduo ou, de modo geral, o *sujeito* não tem mérito nisso, pois é passivo. O *objeto*, isto é, o conjunto de tudo o que *é* não sujeito, pouco ou nada tem a ver com isso. Esse modo de entender o aparecimento, a gênese do conhecimento em um indivíduo, é chamado de *empirismo*. Podemos dizer que empiristas são aqueles que pensam que o conhecimento acontece porque nós vemos, ouvimos, tateamos, degustamos, etc., e não porque agimos. O conhecimento será, então, sensível no começo, abstrato depois. Essa forma de entender o conhecimento comparece, na psicologia, pela teoria da *associação* entre estímulo e resposta. Pode-se dizer que o associacionismo constitui o cerne de uma epistemologia empirista. Ele é muito mais professado do que se costuma admitir. Aparece, em geral e com frequência, nos discursos que atribuem aos estímulos as diferentes formas de comportamento ou de pensamento.

Alguns exemplos da concepção empirista, que aparecem na fala dos professores, ilustram esse modo de pensar. O conhecimento, diz um professor, "se dá sempre via cinco sentidos, de uma ou outra maneira"; o conhecimento, diz outro, "se dá à medida que as coisas vão aparecendo e sendo introduzidas por nós nas crianças"; o conhecimento, diz um terceiro, se dá pela reação das pessoas "através de alguns estímulos, a partir de situações estimulantes; na medida em que a pessoa é estimulada, perguntada, incitada, questionada, ela é até obrigada a dar uma resposta"; um quarto docente afirma que "o aluno é como a anilina no papel em branco que a gente tinge: passa para o papel; o aluno elabora, coloca com as próprias palavras"; um quinto, de matemática, afirma: "Quando tu abraças uma árvore, tens a noção perfeita do que será futuramente um cilindro, aquele tronco, do que seja uma circunferência; [...] a árvore serrada te dá o contorno de uma esfera [circunferência]...".

Se continuarmos a perguntar ao professor sobre o conhecimento, desautorizando a concepção empirista, como acontece quando se pergunta por que um macaco submetido à estimulação da linguagem humana não aprende a falar e a pensar formalmente, o professor muda a concepção epistemológica que vinha utilizando. Passa a negar, inconscientemente, seu empirismo, afirmando que o indivíduo conhece porque já tem em si o conhecimento. A concepção de conhecimento que acredita que se conhece porque já se traz algo programado no genoma para amadurecer, mais tarde, em etapas previstas, chama-se maturacionismo na psicologia e *apriorismo* na epistemologia. Podemos dizer que aprioristas são todos aqueles que pensam que o conhecimento acontece em cada indivíduo porque ele traz já, em seu sistema nervoso, o programa pronto. O mundo das coisas ou dos objetos tem função apenas subsidiária: abastece, com conteúdo, as formas existentes *a priori* (determinadas previamente). Como se vê, o apriorismo opõe-se ao empirismo. Mas o faz neste ponto, porque também ele acaba propondo uma visão passiva de conhecimento, pois, de uma ou de outra maneira, suas condições prévias já estão todas determinadas, independentemente da atividade do indivíduo.

Seguem alguns exemplos de falas que denunciam concepções epistemológicas aprioristas da parte dos professores. Um deles afirma: "Ninguém pode transmitir. É o aluno que aprende.". Outro diz: "Ah! Isso é difícil, porque acho que ninguém pode ensinar ninguém; pode tentar transmitir, pode tentar mostrar [...]. Acho que a pessoa aprende praticamente por si [...]". Outro afirma: "O conhecimento para a criança [...] é intuitivo, não se ensina, não se transmite". Outro, ainda, diz: "O conhecimento é alguma coisa que a gente tenta despertar no aluno. Ele tem aquela ânsia de conhecer [...]".

Raramente o professor consegue romper o vaivém entre empirismo e apriorismo: se ele notar que a explicação empirista não convence, lança mão de argumentos aprioristas. E volta-se, na primeira oportunidade, ao empirismo, se a explicação apriorista não convencer. Surpreendentemente – e devia surpreender? – a ruptura acontece se o professor para a sua prática e reflete sobre ela. O que acontece por força dessa reflexão? O professor dá-se conta (toma consciência = apropria-se das próprias ações) de que a extensão da estrutura do seu pensar é muito limitada, de que ele precisa ampliar essa estrutura ou, até, construir uma nova.

Ora, ele faz isso precisamente por um processo de reflexão. Ao apropriar-se de sua prática, ele constrói – ou reconstrói – as estruturas do seu pensar, ampliando sua capacidade, simultaneamente em compreensão e em extensão. Essa construção é possível uma vez que ele tem a prática, a ação própria; e, também, porque ele se apropria de teoria(s) suficientemente crítica(s) para dar conta das qualidades e dos limites de sua prática. Essas duas condições são indispensáveis para o avanço do conhecimento, para a ruptura com o senso comum na explicação das sucessivas gêneses da capacidade cognitiva.

De acordo com esse ponto de vista, o conhecimento não é dado nem nos objetos ou meio físico (empirismo) nem na bagagem hereditária (apriorismo). O conhecimento resulta de construções. O sujeito age espontaneamente – isto é, independentemente do ensino, mas, não independentemente dos estímulos sociais –,* com os esquemas ou estruturas que já construiu, sobre o meio físico ou social. Retira (abstração) desse meio o que é do seu interesse. Em seguida, reconstrói (reflexão) o que já tem, por força dos elementos novos que acaba de abstrair. Temos, então, a síntese dinâmica da ação e da abstração, do conseguir e do compreender, da prática e da teoria. Dessas sínteses é que emerge o elemento novo; sínteses que o apriorismo e o empirismo são incapazes de processar, porque só valorizam um dos polos da relação. Na visão construtivista, de base inte-

---

* "Espontâneo significa independente do ensino escolar, mas não, naturalmente, dos estímulos do meio social em geral" (Piaget, 1955/1968, p. 19).

racionista, sujeito e meio têm toda a importância que se pode imaginar, mas essa importância é radicalmente relativa.

Valorizo o sujeito quando valorizo o objeto, e vice-versa. Como posso valorizar o indivíduo, subestimando o poder de determinação da sociedade? Como posso valorizar a sociedade, subestimando a capacidade de transformação do indivíduo? A novidade cria-se na exata medida da relação dinâmica entre indivíduo e sociedade, entre sujeito e objeto, entre organismo e meio.

Observemos os depoimentos dos professores que se aproximam dessa concepção. Um deles afirma: "A criança adquire conhecimento acho que olhando o mundo, o ambiente. Sofrendo influência das coisas ao seu redor começa-se a estabelecer relações com este mundo". Outro diz: "A criança já traz parte do conhecimento. Adquire outra parte com o meio e constrói a partir disso". Este afirma: "O bicho eu adestro, é estímulo-resposta. A criança envolve inteligência, pensamento divergente, ela questiona, vai além". Esta diz: "Como professora, procuro interferir o mínimo para que a criança toque, mexa, experimente e, para isso, o professor precisa ter um pouco de sensibilidade para perceber se o aluno está ou não a fim de algo". E, finalmente, outro diz: "Olha, o conhecimento é o domínio sobre o saber fazer, no sentido da especificidade do curso com que eu trabalho [Arquitetura]. No outro sentido, vejo como aquilo que você produziu sobre esse saber fazer".

O que essas concepções epistemológicas têm a ver com a sala de aula? Se a concepção de conhecimento do professor, a sua epistemologia – na maior parte das vezes inconsciente, como vimos – for empirista, ele tenderá a seguir um determinado caminho didático-pedagógico. Ele ensinará a teoria e exigirá que seu aluno a aplique à prática, como se a teoria originariamente nada tivesse a ver com práticas anteriores, e a prática não sofresse nenhuma interferência da teoria que a precedeu; é o mesmo que afirmar que uma teoria não tem história. Exigirá, ainda, que seu aluno repita, inúmeras vezes, a teoria, até memorizá-la, pois ele é, originariamente, *tabula rasa*, folha de papel em branco, mente vazia ou um "nada" em termos de conhecimento. Essa memorização consistirá, necessariamente, num empobrecimento da teoria, além de impedir que algo novo se constitua. É assim que funciona a quase totalidade de nossas salas de aula.

Se a epistemologia do professor for apriorista, ele tenderá a subestimar o tremendo poder de determinação que as estruturas sociais, em particular a linguagem, têm sobre o indivíduo. Conceberá esse indivíduo como um semideus que já traz em si toda a sabedoria ou, pelo menos, o seu embrião. Inconscientemente ou não, aceitará que só certos estratos sociais sejam portadores de tal privilégio: os não índios, os não negros, os não pobres, etc. Um ensino determinado por tais pressupostos tenderá a subestimar o papel do professor, o papel do conhecimento organizado, etc., pois acredita que o aluno já traz em si o saber.

Se, no entanto, o professor conceber o conhecimento do ponto de vista construtivista, ele procurará conhecer o aluno como uma síntese individual da interação entre esse sujeito e seu meio social (cultural, político, econômico, etc.). Não há *tabula rasa*, portanto. Há uma riquíssima bagagem hereditária, produto de milhões de anos de evolução, que se realizará por interação entre indivíduo e cultura – esta produto de milhares de anos de civilização. Segundo Piaget, conforme vimos, o aluno é um sujeito cultural ativo cuja ação tem dupla dimensão: assimiladora e acomodadora. Pela dimensão assimiladora, ele produz transformações no mundo objetivo, enquanto pela dimensão acomodadora produz transformações em si mesmo, no mundo subjetivo, para conseguir responder às diferenças que o meio apresenta. *Assimilação* e *acomodação* constituem as duas faces, complementares entre si, de todas as suas ações. Por isso, o professor não aceita que seu aluno fique passivo, ouvindo sua fala ou repetindo lições que consistem em dar respostas mecânicas para problemas que não assimilou (transformou para si).

Conforme pudemos observar, esses dados – as falas dos professores – e reflexões epistemológicas sugerem um caminho didático para a formação de professores (Becker, 2011, p. 331-335): o docente precisa refletir, primeiramente, sobre a prática pedagógica da qual é sujeito. Somente, então, apropriar-se-á de teoria capaz de desmontar a prática conservadora e apontar para as construções futuras.

A partir disso, posso afirmar que uma simples mudança de concepção epistemológica não garante, necessariamente, uma mudança de concepção pedagógica ou de prática escolar, mas sem essa mudança de concepção, superando o empirismo e o apriorismo, certamente não haverá mudança profunda na teoria e na prática de sala de aula. A superação do apriorismo e, sobretudo, do empirismo é condição necessária, embora não suficiente, de avanços apreciáveis e duradouros na prática docente.

Pensamos, por isso, que o movimento próprio do processo de construção do conhecimento deve impregnar a sala de aula em particular, e o sistema educacional em geral. A sala de aula deve ser inserida na história e no espaço social. O compromisso da escola deve ser o de construir o novo, superando o arcaico, e não o de repetir, interminavelmente e sem modificações, o antigo.

Nas palavras de Piaget, nesta verdadeira obra-prima que é o *Nascimento da inteligência na criança* (1936/1978, p. 386), "as relações entre o sujeito e o seu meio consistem numa interação radical, de modo tal que a consciência não começa pelo conhecimento dos objetos nem pelo da atividade do sujeito, mas por um estado indiferenciado; e é desse estado que derivam dois movimentos complementares, um de incorporação das coisas ao sujeito, o outro de acomodação às próprias coisas". E, sobre o problema da construção do novo, diz: "A organização de que a atividade assimiladora é testemunha é, essencialmente, construção e, assim, é de fato invenção, desde o princípio" (p. 389).

Isto é, a novidade emerge da própria natureza do processo de desenvolvimento do conhecimento humano. Para que a novidade não ocorra, deve-se obstruir esse processo. É esse, parece-nos, o papel da ideologia enquanto condensa concepções epistemológicas do senso comum, impregnando a consciência do professor e determinando, dessa maneira, seu modo de pensar (teoria) e suas ações (prática).

Construtivismo, segundo pensamos, é esta forma de conceber o conhecimento: sua gênese e seu desenvolvimento e, por consequência, um novo modo de ver o universo, a vida e o mundo das relações sociais e educacionais.

9
Construtivismo e pedagogia

> Se o ensino tradicional "só tem por ideal fazer que se repita corretamente o que corretamente foi exposto, isto significa que as máquinas [de ensinar, de Skinner] podem preencher acertadamente essas condições. (Piaget, 1969/1976, p. 83)
>
> Conhecer é, pois, assimilar o real às estruturas de transformações, que são as estruturas elaboradas pela inteligência enquanto prolongamento direto da ação. (Piaget, 1969/1976, p. 37)
>
> O direito à educação é, portanto, nem mais nem menos, o direito que tem o indivíduo de se desenvolver normalmente, em função das possibilidades de que dispõe, e a obrigação, para a sociedade, de transformar essas possibilidades em realizações efetivas e úteis. (Piaget, , 1971/1973, p. 41)

Comemoramos, em 1996, o centenário do nascimento de Jean Piaget (1896-1980). Ele criou um modelo para explicar como o conhecimento se origina (gênese) e se desenvolve (devir) por interação. Piaget não apenas descreve as diferentes gêneses e o desenvolvimento do conhecimento como interação, como fazem outros autores, mas cria um modelo explicativo para isso. Todas as teorias que explicam o conhecimento humano *por gêneses sem estruturas* (explicações behavioristas, por exemplo) ou *por estruturas sem gêneses* (explicações "gestaltistas", por exemplo) deixam de ter validade para ele.

A obra de Piaget converge, em última análise, para um interacionismo radical que explica toda novidade, em termos de conhecimento, como gêneses devidas às trocas das estruturas, anteriores a essas novidades, com o meio – físico ou social. A presença desse interacionismo pode ser detectada, em seus textos, por numerosas díades: assimilação/acomodação, estrutura/gênese ou estrutura/função, coordenação/diferenciação, estados/processos ou estados/transformações, conteúdo/forma, organização/adaptação, aprendizagem/desenvolvimento, abstração empírica/abstração reflexionante, reflexionamento/reflexão, ação/coordenação das ações ou ação/esquemas de ação, heteronomia/autonomia, etc.

Penso, pois, que uma proposta pedagógica que pretenda levar em conta os avanços da epistemologia genética deve contemplar pelo menos os seguintes pontos:

CONSIDERAR AS CONSTRUÇÕES COGNITIVAS, OS CONCEITOS ESPONTÂNEOS

É possível que esse seja o grande desafio de uma proposta pedagógica construtivista. Como postulado pedagógico ele já está anunciado e foi efetivamente praticado pelo que se convencionou chamar de "método Paulo Freire". O grande equívoco cometido por essa prática; entretanto, parece-me, está em que se reduziu esse postulado ao domínio do conteúdo, relegando a segundo plano ou até ignorando o aspecto estrutural ou cognitivo: a forma. Entendido como conteúdo, interpretou-se que o educador deveria levar em conta a "cultura" do educando, o que equivale, quase ou integralmente, às aprendizagens no sentido convencional – escolares ou não – de um sujeito em um meio social qualquer.

Ora, sabemos como variam as aprendizagens espontâneas de um sujeito particular em função do meio em que vive; e como podem ser precárias tais aprendizagens dependendo desse meio. No rastro dessa compreensão vamos ouvir, durante muito tempo – e não será raro escutar-se isso, ainda hoje – o que podemos chamar de elogio da pobreza ou da miséria: a criança favelada não é deficiente; ela é, apenas, diferente. Em nome de que se pode fazer tal afirmação, se a grande maioria da sociedade em que vivemos não tem acesso a grande parte dos espaços sociais, mormente dos espaços culturais no sentido estrito – livraria, cinema, teatro, internet, etc.? Além disso, a escola para essa maioria é de inferior qualidade. Reduzir esse postulado ao conteúdo implica transformá-lo em meia verdade, o que pode levar, pedagogicamente, a nefastas consequências.

A pertinência, a meu ver a principal, desse postulado refere-se ao seu aspecto cognitivo, às estruturas cognitivas construídas até certo momento pelo sujeito epistêmico; isso é, à forma (em geral e não só sob o ponto de vista operatório formal). Secundariamente, refere-se aos conteúdos culturais ou científicos. Essas estruturas não dependem, linearmente, do acesso às instâncias culturais de um determinado meio social; dependem, antes, da *qualidade da interação*. No extremo, podemos afirmar, por um lado, que um indivíduo qualquer pode apresentar razoável *performance* cognitiva embora provenha de um meio social que pouco oferece aos indivíduos e, por outro, que um indivíduo qualquer pode apresentar *déficit* cognitivo, embora provenha de um meio social que tudo pode oferecer. Isto é, o meio social não se reproduz* simplesmente pela pressão que ele exerce sobre os indivíduos. As novidades ou sociogêneses, tais como as psicogêneses, acontecem por interação; sua intensidade depende estritamente da qualidade dessa interação.

Uma interação de qualidade é aquela em que, a um meio físico e social, põe à disposição do indivíduo uma variedade de coisas, situações, acontecimentos, fatos, corresponde um sujeito ativo, isto é, um sujeito que *assimila*** efetivamente o que está à disposição – essa assimilação pode depender de múltiplas e, espera--se, competentes mediações. Em última instância, a qualidade da interação diz respeito às *acomodações* efetivamente realizadas ou, ainda, à regulagem do meio interno (Cf. "autorregulação", Piaget, 1967/1973). É o mesmo que dizer que uma interação de qualidade se dá na medida das trocas do organismo com o meio ou, avançando na psicogênese, das trocas simbólicas do sujeito com o objeto ou meio físico e social. Não há regulagem do meio interno sem assimilação, isto é, sem perturbação provocada pelo meio externo. Reciprocamente, não há assimilação sem um meio interno devidamente regulado, capaz de assimilar a novidade que se apresenta. Uma interação ideal é aquela em que a um máximo de atividade do meio – físico ou social – corresponde um máximo de atividade do sujeito. Isso é, a um máximo de assimilação corresponde um máximo de acomodação; ou de estruturas capazes de responder à altura às novas investidas do meio.

Afirmar que uma determinada cultura gera ou reproduz uma determinada cognição, independente da atividade do sujeito, é ceder a um mecanicismo que tem no seu bojo uma compreensão epistemológica empirista. Afirmar que a cognição se constitui à medida da qualidade da interação significa atribuir a força do processo não ao sujeito (idealismo) nem ao objeto (empirismo), mas à interação entre sujeito e objeto; isto é, à ação do sujeito. Isso se dá, sempre, em duas dimensões entre si complementares: a assimilação e a acomodação; o reflexionamento e a reflexão. *Reflexionamento* consiste em retirar características dos observáveis (dos objetos e das ações) e dos não observáveis (da coordenação das

---

* A sociologia da educação deveria criticar esta metáfora biológica que ela utiliza com tanto apreço: *a reprodução*. Essa metáfora não explica nada; aliás, é ela que precisa ser explicada. Ou será que é tão simples assim: *todo ser vivo se reproduz; ora, a sociedade é um ser vivo; logo...* Acontece que a atividade científica inicia no momento em que se começa a estranhar o óbvio.

** Assimilar é integrar objetos aos esquemas de ação. A ação que se apoia sobre um objeto transforma-o em suas propriedades ou em suas relações. A assimilação transforma o objeto ou as conexões externas que assimila. A assimilação funde um objeto novo com um esquema previamente construído. Assimilação "é a fusão de um objeto novo com um esquema já existente" (Piaget, 1967, p. 143).

ações). *Reflexão* consiste em refazer a organização prévia em função das novidades trazidas pelo reflexionamento.

Compreende-se, assim, que o processo de conhecimento ou processo de construção das estruturas cognitivas é radicalmente individual, porém realizado coletivamente. As diferenças entre os vários indivíduos devem-se, simultaneamente, à qualidade do meio físico ou social e à qualidade das estruturas prévias do sujeito. É por isso que constatamos diferenças marcantes entre os indivíduos, mesmo num meio bastante homogêneo, e constatamos semelhanças entre indivíduos provenientes de meios heterogêneos.

INSTAURAR A FALA DO ALUNO

Para que o professor parta dos conceitos espontâneos do aluno, é imprescindível que ele ouça e observe o fazer do aluno, se logra êxito ou não – incluindo nesse fazer a sua fala. O professor precisa "aprender" seu aluno. É isso que lhe dá legitimidade para ensinar. *O professor que não "aprende" seu aluno não adquire legitimidade para ensinar.* Se o professor praticar um ensino sem essa legitimidade, ele estará produzindo uma ruptura entre o ensinar e o aprender. A vítima principal será, invariavelmente, o aluno, e, a médio prazo, por esse mesmo fato, o próprio professor. Aprender o aluno dá condições ao professor para que avalie suas ações e evite o marasmo pedagógico.

Paulo Freire diz que educador é aquele que, além de ensinar, aprende, e educando é aquele que, além de aprender, ensina. O que pode o aluno ensinar a seu professor? Ele pode ensinar, em primeiro lugar, seu universo cognitivo (forma ou estrutura), seus conceitos espontâneos; em segundo lugar, sua cultura (conteúdo); isto é, a cultura em que ele nasceu e cresceu, "vivida" por ele como indivíduo; ou seja, interiorizada ativamente por ele, por assimilação, pelas coordenações das ações, pela operação.

O que pode o professor aprender de seus alunos? Mais do que os dados objetivos da cultura (conteúdo), *o professor precisa aprender o "universo cognitivo" (forma ou estrutura) do aluno, seus conceitos espontâneos*. Precisa construir noções do alcance e dos limites da capacidade cognitiva do aluno. Essa aprendizagem, que tem sido banalizada em algumas experiências construtivistas, em outras tem se mostrado capaz de transformar profundamente a vida do professor, o ambiente de aprendizagem e, de retorno, a vida do aluno – escolar ou extraescolar.

Esse aspecto, a instauração ou o resgate da fala do aluno, tem sido interpretado nas escolas como uma forma de limitar a capacidade do aluno. De acordo com o senso comum escolar, o aluno pode aprender qualquer coisa desde que tenha os pré-requisitos para tal aprendizagem; e esses pré-requisitos são, apenas, segundo essa interpretação, conteúdos ministrados pela própria escola. A contribuição da "teoria" dos estádios, de Piaget, nos traz a compreensão de que a capacidade cognitiva humana está diretamente ligada ao processo de abstração reflexionante; não é dada, portanto, nem na bagagem hereditária, nem no meio (físico ou social). A bagagem hereditária é sempre ponto de partida; é determinação enquanto é estritamente possibilidade. E o meio, físico ou social, nada determina, ou "reproduz", a não ser pela mediação da ação assimiladora do sujeito. Em outras palavras, para a epistemologia genética, o mundo é sempre um mundo de sujeitos, mais ou menos autônomos; jamais um mundo que suprime o sujeito. A instância coletiva depende sempre do somatório das relações entre os indivíduos. Suprimir o indivíduo em nome do coletivo é o mesmo que destruir o coletivo. Reciprocamente, afirmar o indivíduo contra o coletivo é pretender a sobrevivência da vida sem oxigênio.

A capacidade cognitiva do sujeito é construída, pois, por um processo de abstração em que se coordenam ações de primeiro e de segundo graus.

As ações de primeiro grau são aquelas que levam ao *êxito*. São ações práticas, mais ou menos automatizadas, das quais nos valemos no cotidiano, para resolver nossos problemas imediatos. Essas ações prescindem de tomadas de consciência. As ações de segundo grau são aquelas que se debruçam sobre as ações de primeiro grau, abstraindo delas, por reflexionamento (Piaget, 1977/1995), suas coordenações. Seu objetivo é a *compreensão*. Proceder a ações de segundo grau implica parar as ações de primeiro grau para abstrair suas coordenações (reflexionamento) e levá-las a outro patamar, em que serão reorganizadas (reflexão). O resultado desse reflexionamento e dessa reflexão combinados incide sobre as futuras ações de primeiro grau, modificando-as. E assim sucessivamente, dependendo sempre da qualidade da interação.

– Mas, o que leva o sujeito a não se satisfazer com ações de primeiro grau? – A busca do equilíbrio que, no nível do pensamento, dá-se pela busca da superação das contradições. Assim como o organismo não suporta o desequilíbrio, a inteligência não suporta a contradição.

Indubitavelmente, uma das formas privilegiadas de proceder a ações de segundo grau é a linguagem, entendida aqui, com Piaget, como fala. A fala espontânea e, *a fortiori*, a organizada, consiste em apropriação e reorganização, em outro patamar, de ações já executadas no patamar anterior. Nesse sentido, *a fala é sempre ação de segundo grau*. Isto é, no mais genuíno sentido da epistemologia genética, *a fala é constitutiva do conhecimento; em particular, do pensamento*.

O sentido pedagógico que emerge da epistemologia genética constitui o professor como um organizador de ações: isto é, o professor tem por função, segundo Piaget, "inventar situações experimentais para facilitar a invenção de seu aluno". Como se vê, organizador de ações de segundo grau em que a fala desempenha um papel de primeira grandeza. Supera-se, assim, aquela sala de aula que, em nome da aprendizagem ou do desenvolvimento do conhecimento, reprime a fala. Supera-se, também, a *cultura do silêncio*, denunciada por Freire, que tende a prolongar estruturas sociais que, de uma ou de outra forma, coíbem o exercício da fala. Coíbem-na diretamente, como acontece com regimes ditatoriais ou a coíbem indiretamente, instalando falas privilegiadas como a da televisão, para citar apenas o exemplo mais palpável: a televisão pode, com todo o poder, proferir as falas mais insólitas, irresponsáveis, desrespeitosas, cobrando o silêncio de quem a assiste e inviabilizando, por sua própria forma e poder, a crítica, a resposta, a interação.

Recentemente, a televisão tem-se instituído como juíza de comportamentos escolares, jogando para o grande público eventos ou comportamentos que deveriam ser avaliados no âmbito restrito da escola ou do sistema escolar. Nesse jogo, reproduz-se sempre a dicotomia bandido-mocinho: ora o aluno é mocinho e o professor, bandido, ou o inverso; em outros eventos, o professor é bandido e os pais são mocinhos. Embora a importância de trazer a público problemas escolares para que a população se posicione e aprenda a lidar com esses conflitos, o equívoco reside na forma dicotômica de fazê-lo visando não à solução do problema, mas o "aquecimento" da notícia.

REVER CONTINUAMENTE AS ATIVIDADES EM FUNÇÃO DO OBJETIVO

Um dos problemas mais difíceis de ser enfrentado pelo professor é a avaliação. Numerosas análises têm mostrado como a avaliação pode transformar-se facilmente em instância de puro exercício de poder. Pode-se afirmar por isso, talvez com uma margem de erro não muito grande, que os professores podem ser classificados, sob o ponto de vista da avaliação, em três grupos:

a) aqueles que continuam a avaliar seus alunos pelo modo como a escola vem secularmente fazendo;

b) aqueles que, devido a essa crítica, negam-se a qualquer esforço que formalmente possa ser entendido como avaliação;
c) um terceiro grupo, minoritário, dirige-se para a superação dessa dicotomia: são aqueles que compreendem a avaliação como, por um lado, revisão contínua da significação das ações sob os pontos de vista cognitivo, afetivo e ético e, por outro, como atividade coletiva envolvendo professor e alunos.

A escola precisa aprender a escolher ações que têm chance de produzir resultados cognitivos – ou seja, de transformar as estruturas de conhecimento do sujeito – de ações inócuas ou, até, prejudiciais. Não é qualquer ação, como vimos anteriormente, que produz transformações cognitivas. Vimos, também, que as ações práticas ou de primeiro grau só assumirão significado se forem transformadas em alvo de ações de segundo grau. A escola não só desconhece isso como se esforça para não sabê-lo, para não falar de setores que passaram a combater essa mudança que, acreditamos, deverá fazer história no melhor sentido.

As ações escolares são, na sua quase totalidade, ações de primeiro grau; e, por isso, encontram-se entre as ações de menores possibilidades cognitivas na aposta pedagógica.

O vetor das ações, no mais genuíno sentido da epistemologia genética, dirige-se de ações sem sentido ético (anomia) para ações heterônomas, até chegar a ações marcadas progressivamente pela autonomia. Isso significa que tudo se inicia com ações de um organismo que ainda não é sujeito, prosseguindo com ações de um sujeito heterônomo – o que equivale a dizer: centrado na própria individualidade – para chegar a ações cooperativas. Numa palavra, transita-se de um sentido a-individual para um sentido individual até chegar ao sentido coletivo que implica não a negação, mas a coordenação das individualidades. Trata-se de um movimento que vai da anomia, pela heteronomia, para a autonomia.

O professor que desconhece esse "vetor" tentará fazer do aluno um sujeito autônomo desde o início, por força do ensino, atropelando esse processo. Tudo o que conseguirá é a heteronomia de seu aluno, possivelmente para toda sua vida. Para não falar dos professores que acham que seu aluno deve restringir-se a ser obediente, heterônomo, em todas as circunstâncias – e nada mais.

Vemos, pois, que:

a) a avaliação deve existir;
b) ela deve ser contínua;
c) ela deve processar-se cada vez mais no âmbito do coletivo.

O caminho da heteronomia para a autonomia se dá pela progressiva descentração, o que implicará cada vez mais a cooperação. A escola tradicional privilegia comportamentos individuais: comportar-se bem, ficar quieto e em silêncio, copiar o que o professor dita, repetir o que copiou, responder individualmente à avaliação, receber uma nota; o êxito do aluno independe completamente do que acontece com seu colega. A escola ativa promove a cooperação: o aluno realiza seu objetivo na completa dependência do outro. Os ambientes cooperativos são os laboratórios onde se produzem a autonomia.

A avaliação na pré-escola e nas primeiras séries do ensino fundamental será calcada no individual, mas já introduzindo, o que será feito progressivamente, as instâncias coletivas. Assim que a criança construir a estrutura operatório-formal, tornando-se capaz de trabalhar com hipóteses, a avaliação deverá caracterizar-se fortemente pela dimensão coletiva, sem sacrifício da dimensão individual, mas esta dimensão deverá ser pautada decididamente por aquela. Ou, melhor dito, deve-se "dialetizar", da forma mais radical possível, essas duas dimensões. É importante que o professor saiba como um grupo de adolescentes realiza um trabalho coletivo em casa; como se organizam, dividem tarefas, coordenam os resultados de cada um, avaliam os relapsos e faltosos.

CONSIDERAR O ERRO COMO INSTRUMENTO ANALÍTICO E NÃO COMO OBJETO DE PUNIÇÃO

Vários autores (Macedo, 1994, Cap. 8; Ferreiro, 1987) escreveram sobre o sentido do erro na epistemologia genética e, por decorrência, seu sentido na prática pedagógica. Nenhum desses textos abordou a questão sob o ponto de vista da abstração reflexionante. Isso não os desmerece, necessariamente. Procurarei, portanto, dirigir minha contribuição no sentido de buscar a causa do erro no mecanismo da abstração.

Para Piaget (1977/1995), o processo de abstração dá-se por dois subprocessos entre si complementares: o reflexionamento e a reflexão. O reflexionamento, na abstração empírica, tira informações dos observáveis dos objetos ou das ações nas suas características materiais; na abstração reflexionante (pseudoempírica ou refletida), tira informações das coordenações das ações. Como se vê, em qualquer forma de abstração, o reflexionamento retira características; nunca *todas* as características. Temos, aí, uma *primeira* fonte de erro.

A reflexão organiza essas informações dentro do quadro dos esquemas ou estruturas já existentes que, por sua vez, foram construídos por abstrações, empíricas ou reflexionantes, anteriores; eles nunca conseguem assimilar todo o real, pois este é "infinitamente" superior à capacidade assimiladora do sujeito num determinado momento da psicogênese. Temos, aí, uma *segunda* fonte de erro.

Podemos, pois, reduzir essas duas fontes de erro a uma só: à capacidade limitada do sujeito humano, em termos de estruturas cognitivas, para conhecer a infinita diversidade do real, incluindo nesse real ele próprio. Essa capacidade é exercida por aproximações. Acontece que essas aproximações não se dão linearmente; elas estão submetidas a rupturas estruturais, o que implica a correspondência entre aproximação e distanciamentos. O ato de conhecimento se dá por uma dialética aproximação/afastamento. A essa dialética corresponde outra: a dialética do todo e da parte. Essas duas dialéticas só podem ser entendidas pelo jogo combinado das assimilações e acomodações que implicam constantes funcionais e rupturas estruturais.

O trajeto cognitivo do sujeito epistêmico – isto é, de todos os indivíduos como sujeitos de conhecimento – é único. O trajeto cognitivo de cada indivíduo, porém, é diverso, singular, não repetível. Não há dois indivíduos com trajetórias individuais ou com histórias iguais; nem se forem gêmeos univitelinos. A teoria da abstração reflexionante nos dá o sentido dessa trajetória. Ela depende das relações entre sujeito e objeto, isto é, entre indivíduo e meio físico ou social.

Essa interação está longe de ser igual para todos os indivíduos, pois depende, ao mesmo tempo, da bagagem hereditária e do meio físico ou social; e, de modo todo especial, de como se dá esse encontro, essa interação, que pode ser qualificada ou não. Se Napoleão não tivesse saído da ilha de Córsega, não teria sido Napoleão. Se Augusto (nome fictício), filho de pequenos agricultores, não tivesse tido acesso a uma escola pública de razoável qualidade, ele não seria o engenheiro eletricista capaz que é hoje. Se Jorge (nome fictício) não tivesse fugido de casa, não seria um menino de rua, com tudo o que isso significa em termos de sobrevivência. A interação depende, pois, de níveis de qualidade: é diferente a chegada do jovem Napoleão à Paris do século XVIII da chegada de Augusto à capital do Estado há 20 anos, ou da chegada do jovem Jorge às ruas da capital há seis anos. A dialética entre a história de cada indivíduo, por meio de suas experiências cotidianas, e a história de uma sociedade como um todo determina o processo de formação ou a psicogênese individual. Mas essa determinação – essa tese é fundamental em Piaget – acontece na dependência estrita da ação do indivíduo (ação do sujeito). Ação que tem, sempre, duas dimensões entre si complementares: ação de busca no meio físico ou social produzindo modificações nesse meio (assimilação) e ação sobre si mesmo, buscando transformar as próprias estruturas cognitivas em função das novidades (acomodação).

A ação está, sempre, duplamente amarrada: amarrada pelas condições atuais do sujeito (indivíduo, sob o ponto de vista psicológico) e amarrada pelas condições do meio que, nesse momento, envolve o sujeito. Se o sujeito tem condições ótimas de ação devido a suas experiências anteriores significativas e o meio é positivamente desafiador, a qualidade da interação cresce; ela será função de um desenvolvimento cognitivo ótimo. Se o sujeito tem as condições referidas, mas o meio falha em sua capacidade de desafiar, a tendência é a de baixar a qualidade da interação; mas essa tendência pode não se confirmar num caso específico. Se as condições do sujeito são precárias, e o meio é desafiador, prevê-se a mesma tendência de baixa que, também, em um caso específico, pode não se verificar. Se, entretanto, um indivíduo traz uma história de experiências fracassadas e o meio é omisso, a probabilidade de um novo fracasso é elevada.

Em uma palavra, o desenvolvimento cognitivo não está determinado previamente, nem no meio nem no sujeito. Ele se define na experiência. Na história de interações de cada indivíduo. Piaget (1936), que define *esquema* como aquilo que é generalizável numa determinada ação ou como verdadeira síntese de ações de determinado tipo, afirma:

> Um esquema resume em si o passado e consiste sempre, portanto, numa organização ativa da experiência vivida. Ora, esse é o ponto fundamental: a análise contínua de três crianças, de que observamos quase todas as reações, desde o nascimento até a conquista da linguagem, convenceu-nos, efetivamente, da impossibilidade de divorciar qualquer conduta, seja ela qual for, do contexto histórico de que ela fez parte.... (p. 356)
>
> Existe [...] uma completa continuidade entre as condutas características das diferentes fases (do período sensório-motor); [...] pareceu-nos impossível explicar o aparecimento de tais coordenações sem conhecer, em cada caso particular, o passado do sujeito. (p. 358)
>
> Comparando o progresso da inteligência em três crianças, dia após dia, vê-se como cada nova conduta se constitui por diferenciação e adaptação das precedentes. [...] O esquema é, portanto uma *Gestalt* que tem história. (p. 359)

Compreende-se, pois, que o erro é resultante de uma contingência histórica radical. Não há processo de conhecimento sem erro. Nem no conhecimento científico. O erro é parte constitutiva da gênese e do desenvolvimento cognitivo. Tentar impedir, de todas as formas, que o aluno erre equivale a obstruir o processo das sucessivas gêneses cognitivas. É o mesmo que impedir que o aluno construa os instrumentos indispensáveis ao seu pensar.

PÔR O ALUNO EM INTERAÇÃO COM A CIÊNCIA, A ARTE, OS VALORES

Pôr o aluno em interação – não apenas em *contato* – com os grandes matemáticos de todos os tempos, em interação com a física newtoniana, relativista e quântica, com a astrofísica, com os grandes filósofos desses 2,5 mil anos de pensamento ocidental – para não falar da filosofia oriental; em interação com os grandes sistemas psicológicos do século XX, com os grandes poetas e literatos, músicos, pintores e escultores; em interação com várias línguas, com a história da humanidade, com as mais diversas culturas; em interação com os espaços próximos e remotos, planetários e cósmicos; com os grandes biólogos, geneticistas e neurologistas da atualidade; em interação com os grandes sistemas jurídicos e morais; com os avanços da microeletrônica e da informática... é um dos principais desafios da pedagogia atual. É a resposta a esse desafio que constitui em grande parte este outro desafio: o da construção de uma proposta pedagógica construtivista, pois não se trata de dizer, simplesmente, ao aluno *o que* disseram ou fizeram tais pensadores, escultores, pintores, cientistas, historiadores, psicólogos, sociólogos mas *como* o fizeram, isto é, *pensar com sua metodologia*.

O que isso implica do ponto de vista teórico assumido neste texto? Implica compreender o conhecimento como um processo de construção, e não de mera cópia. Essa interação não se dá por repetição dos conhecimentos já elaborados, mas por *(re)construção para si* desses conhecimentos.

Não se trata, pois, de "contato", mas de "construção", isto é, o aluno tem que, de certa forma, (re)descobrir esses conhecimentos. Dito de outra maneira: o aluno deve descobrir para si esses conhecimentos. Esse é o preço que ele tem de pagar para aprender. Isso implica um processo de aprendizagem ativo.

Não podemos mais permanecer na velha "pedagogia da exposição e da repetição do exposto", por mais que a exposição constitua um instrumento da comunicação escolar e científica. Um processo de aprendizagem ativo precisa contar com a capacidade do professor. Capacidade em três dimensões relacionadas entre si:

- capacidade no que tange ao conteúdo específico (física, matemática, história, biologia, sociologia, ética, etc.) pelo qual é responsável;
- capacidade de criar relações transdisciplinares (multi, pluri ou, ainda, interdisciplinares).
- capacidade de inventar, em permanente negociação com o grupo de alunos, ações apropriadas para que o aluno construa seu processo de aprendizagem como extensão do processo de desenvolvimento.

Esse processo pode ser entendido como assimilação (Piaget, 1936), como *equilibração* (Piaget, 1975), como *abstração reflexionante* (Piaget, 1977/1995) e, também, como *generalização* (Piaget, 1978). Em todas essas modalidades, em especial na abstração reflexionante, está incluído o processo de tomada de consciência. A *tomada de consciência* que é entendida, aqui, como substituição das regulações automáticas por regulações ativas ou como apropriação dos mecanismos da ação própria, pode ser o caminho pelo qual professores e alunos apropriar-se-ão dos conceitos espontâneos (Cf. o primeiro item deste texto) relativos ao conteúdo em jogo. Na base de tudo isso se encontra a compreensão de que o processo de aprendizagem coincide com o processo de (re)construção de estruturas cognitivas; essas estruturas constituem a condição da assimilação de qualquer conteúdo.

Esses processos são, de fato, um só processo de construção de conhecimento com o qual se poderá assimilar – no sentido piagetiano –, com capacidade crítica, os conteúdos das ciências, da arte, da cultura, dos valores. Isto é, construir para si os trajetos que as ciências, as artes, a cultura, os valores já percorreram na história da humanidade; e a partir dali poder avançar por caminhos novos. Inventar.

SUPERAR A REPETIÇÃO COM A CONSTRUÇÃO

Compreender a mudança profunda da proposta construtivista significa, sob certo aspecto, compreender que a metodologia pedagógica da repetição precisa perder completamente sua hegemonia. A repetição, de acordo com a psicologia e a epistemologia genéticas, tem um significado muito mais restrito do que aquele que a escola lhe atribui. A psicologia da *Gestalt* já havia alertado para isso: quando a aprendizagem ocorre por *insight* (aprendizagem com significado), dizem os gestaltistas, a quantidade necessária de exercício ou repetição – de treino – torna-se desprezível. As metodologias de ensino praticadas pela escola concentram-se a tal ponto na repetição que podemos falar, com propriedade, de uma "pedagogia da repetição". Fundada numa concepção epistemológica empirista (Becker, 2011), essa pedagogia exerce um poder deletério sobre o pensar, uma vez que intervém no processo mesmo do conhecimento subtraindo-lhe o dinamismo e diminuindo a atividade do sujeito a níveis de quase inanição.

Piaget diz que: "A idade em que a criança é mais egocêntrica é aquela em que ela mais imita". A necessidade de imitar caracteriza o predomínio de relações heterônomas, o que de certa forma denuncia o tipo de relação pedagógica prestigiada pela escola. Tudo o que a escola quer é que o aluno imite modelos prontos, consagrados pelos diferentes controles sociais. Na escola não há lugar para o novo! Pode, até, haver lugar para o exótico, mas não para o novo. A escola, ao propor a repetição, nega o cerne da metodologia científica – a curiosidade e a criatividade! – que produziu a ciência que ela pretende transmitir. Na medida mesma em que propõe a repetição como forma única de assimilação da produção científica, artística e ética, a escola instala a metodologia do treinamento como alternativa metodológica única para o ensino. Paulo Freire chama a essa metodologia de domesticação. A repetição é o apanágio do treinamento, e está muito bem-formulada na lei do exercício de Thorndike: repetir tantas vezes quantas forem necessárias... até condicionar – é o que todo behaviorismo propõe.

Se a vida é criadora de novidades (Piaget, 1977/1995), a criação do novo dá-se, na inteligência humana, pela atividade do sujeito (assimilação prolongada em acomodação ou reflexionamento prolongado em reflexão) e, só tardiamente, pela operação (ação reversível, progressivamente formal). A operação origina-se de um processo de interiorização das ações próprias – não dos seus efeitos, mas de suas organizações. Podemos dizer que os conceitos, que constituem a estrutura básica das teorias científicas, são expressão das características mais gerais das ações humanas; das operações, portanto.

O processo de aprendizagem escolar deve transitar, pois, da ação, pelas coordenações das ações, o que implica, cada vez mais, a representação de ordem operatória, até chegar às operações.

EXERCER RIGOR INTELECTUAL

Em Piaget, o rigor intelectual é exercido, sempre, em duas dimensões: da formalização e da experimentação, entendidas como complementares do fazer científico. Entender uma proposta pedagógica construtivista segundo a qual o professor não precisa fazer nada porque a atividade da criança – ou de qualquer aluno – produz espontaneamente resultados, é um equívoco que não encontra guarida em uma linha sequer dos numerosos e extensos textos de Piaget.

O interacionismo radical da epistemologia genética não convive com qualquer compreensão na linha do *laissez-faire*. Piaget diz que a ciência progride por dois movimentos combinados: experimentação e axiomatização. Esses movimentos nada têm de espontaneísmo. São, ao contrário, ações cada vez mais complexas e de intencionalidade cada vez mais específica. A experimentação demanda axiomatização, esta conduz a nova experimentação...

A sala de aula não é um laboratório científico *stricto sensu*. É, entretanto, um lugar onde se procura simular os grandes eventos da literatura, das artes, da filosofia, das ciências. É um laboratório de simulação, visto que, na grande maioria das vezes, não se pode fazer acontecer a vida real. O que se busca com essa simulação? Busca-se atingir objetivos científicos, artísticos, literários e técnicos no mais alto grau possível. Ora, só quem pensa que a escola é um lugar de faz de conta, sem nenhuma consequência social ou política, poderá afirmar que o rigor intelectual não se inscreve entre os seus objetivos.

Podemos ir mais longe e afirmar que a experimentação e a formalização combinadas devem constituir objetivos a serem perseguidos no cotidiano escolar. A experimentação crescerá em significado se seus resultados forem formalizados, o que implica crescente rigor intelectual. A formalização crescente é responsável, com o rigor intelectual que ela implica, pela abertura de novos caminhos à experimentação.

Presenciamos a busca do rigor intelectual quando o professor convida um aluno a refazer seu texto, dando-lhe maior força expressiva, fazendo crescer o número de distinções, perseguindo a precisão até nos detalhes, desmembrando frases, criando novos parágrafos, fazendo crescer em quantidade e qualidade as informações, etc.; quando o professor desafia seu aluno a refazer uma operação matemática em n contextos diferentes ou a reconfigurar a própria operação; quando o professor de química, física ou biologia insiste, mediante experiências que "não deram certo", que se descubra a causa do erro. O rigor intelectual exige trabalho quase artesanal que só será enfadonho se for repetitivo e imposto; é o momento da criatividade, é a hora do esforço que faz tanta diferença.

A sala de aula não é lugar de espetáculo onde o professor se vê competindo com a televisão. É um lugar de construção de conhecimento em que professor e alunos são atores, em que todos são ativos e responsáveis – sem diluir a assimetria dessa responsabilidade, antes qualificando-a pelo planejamento e pela organização de ações significativas.

O professor não deve se preocupar em liberar o aluno do trabalho penoso; deve, sim, zelar para que as ações sejam significativas. E só acompanhar crianças e adolescentes em competições esportivas para verificar de quanto esforço eles são capazes, desde que a competição tenha significado; o mesmo podemos dizer de salas de aula que implementam propostas construtivistas.[*] Os alunos costumam rejeitar atividades didático-pedagógicas não por serem difíceis, mas por serem desprovidas de significado. É o vazio de significado que amedronta o ser humano e não a dificuldade do empreendimento. Ou, melhor dito, uma ação não é difícil por si mesma; o significado que ela representa é que a torna mais fácil ou mais difícil.

---

[*] Consideramos "construtivistas" propostas pedagógicas que se desenvolvem por ações carregadas de significado para seus participantes.

Vê-se, pois, que rigor intelectual implica significado; implica "paixão de aprender".

RELATIVIZAR O ENSINO EM FUNÇÃO DA APRENDIZAGEM

Os estudos de Piaget e de seus colaboradores (1959, 1974) sobre aprendizagem revelam-nos compreensões contrárias ao senso comum. A pergunta de Piaget, se se aprendem as estruturas lógicas, tem resposta negativa. Estruturas lógicas não se aprendem *stricto sensu*, são construídas. Essa construção não é função do ensino – como propõem, por exemplo, as teorias do reforço – mas da ação espontânea" como explicadas pela epistemologia genética, mediante equilibração (Piaget, 1975) ou abstração reflexionante (Piaget, 1977/1995).

O processo de desenvolvimento do conhecimento é entendido por Piaget sempre como um processo de construção. O resultado dessa construção delimita, em cada patamar, a capacidade do sujeito para aprender. Infere-se, daí, que o sujeito não tem uma capacidade ilimitada de aprendizagem, como pensam os associacionistas de Pavlov a Skinner. Sua capacidade de aprender está circunscrita ao conjunto de possibilidades de suas estruturas atuais. Isso não significa que a aprendizagem não exerça influência sobre o processo de desenvolvimento. Ao contrário, dado um patamar qualquer, o sujeito que nele se encontra pode aprender na medida das estruturas que definem esse patamar; e, é óbvio, na medida dos desafios e oportunidades do meio físico (família, escola, etc.). Isso ocorrerá se as estruturas atuais conseguirem *tematizar* esse meio.

Acontece que esse patamar poderia ser muito mais avançado, pois a falta de oportunidades e desafios não permitiu que nosso sujeito hipotético avançasse o quanto era possível para um indivíduo da sua idade. Voltando ao patamar dado, as aprendizagens que aí ocorrem intervêm diretamente sobre o processo de desenvolvimento, possibilitando a passagem para novo patamar. Se essas aprendizagens se intensificarem, a construção de um novo patamar poderá ocorrer mais rapidamente, dentro de certos limites. Isto é, o desenvolvimento, diz Piaget (1972b), não pode ser indefinidamente acelerado.

Como vimos, as estruturas construídas pelo sujeito definem e, ao mesmo tempo, delimitam sua capacidade de aprender. Como pode um professor ensinar bem se ele desconhece essa capacidade do aluno? Interpretações apressadas veem, nessa forma de pensar, um cerceamento nas possibilidades de aprendizagem. Como superar essa interpretação equivocada?

Quando o professor "aprende" o seu aluno, isto é, quando ele se apropria dos conceitos espontâneos (Cf. o primeiro item deste texto) – em forma e em conteúdo – ou das capacidades do sujeito da aprendizagem, descobre um universo de possibilidades que ele não suspeitava existir no aluno. Ao trabalhar nesse universo de possibilidades, o professor poderá perceber a quantidade de coisas que há por fazer. Ao operar nesse quadro de possibilidades, mas, ao mesmo tempo, dentro de seus limites históricos, ele está ajudando o aluno a preparar a passagem para um novo patamar. Podemos dizer que a melhor maneira de passar para um novo estádio é viver intensamente, em qualidade e quantidade, o estádio atual.

E a pior maneira de preparar a passagem para um novo estádio é *treinar* o educando para esse novo estádio. Piaget (1955/1968) afirma, no que se refere às aprendizagens matemáticas, que toda vez que se antecipa o *formalismo* (capacidade de operar formalmente), para aquém das possibilidades de atribuição de significado pela criança, compromete-se o mesmo formalismo.

Piaget é contundente ao afirmar não só a inutilidade, mas até o prejuízo do ensino, quando desvinculado das possibilidades reais de aprendizagem; isto é, quando desvinculado das estruturas de conhecimento. "Tudo o que a gente ensina a uma criança, a criança não pode mais, ela mesma, descobrir ou inventar" (citado por Bringuier, 1978, p. 96). O polo do ensino precisa buscar, no polo da aprendizagem, sua razão de ser e sua legitimação.

CONTINUIDADE FUNCIONAL E DESCONTINUIDADE ESTRUTURAL

O problema crucial de uma psicologia da inteligência é o de saber o que o recém-nascido traz em termos de capacidades ou estruturas cognitivas. Piaget pensava que essas estruturas eram totalmente construídas a partir da herança do funcionamento geral da espécie. Em 1977/1995 (p. 285), sua postura parece ter se tornado um pouco mais moderada ao afirmar que "[...] se bem que os esquemas cognitivos não são, na sua imensa maioria, hereditários"; dito de outro modo, a grande maioria das estruturas cognitivas são construídas. Isto é, há algo de inato em parte das estruturas cognitivas. De qualquer modo, para ele as estruturas cognitivas não fazem parte da herança genética. Mas, se não fazem parte, também não são estranhas a essa herança; ao contrário, tais estruturas têm nessa herança suas raízes e constituem-se como seu prolongamento. Elas "existem" no genoma apenas como possibilidade. Isso não significa, pois, que tais estruturas se reduzam a essas raízes. "A inteligência constitui uma atividade organizadora cujo funcionamento prolonga o da organização biológica e o supera, graças à elaboração de novas estruturas" (1936, p. 379).

O recém-nascido herda, pois, não as estruturas cognitivas, mas a capacidade de construir tais estruturas; nessa capacidade encontram-se as condições *a priori* (construídas) de sua inteligência. – De onde vem, pois, esse *plus*, essas novidades que o bebê não tem quando nasce? Vem do meio, físico ou social? – Não. As estruturas cognitivas não são resultantes de cópias: nem do genoma (apriorismo), nem do meio (empirismo); elas provêm do encontro (interação) da herança genética com o meio, o que é bem diferente. "[...] as estruturas não estão pré-formadas, dentro do sujeito, mas constroem-se à medida das necessidades e das situações" (1936, p. 387).

Esse encontro é possibilitado pela *assimilação*, ou, explicitando melhor, pela ação assimiladora. "A assimilação, sob o ponto de vista psicológico, é um fato primordial, pois, em todos os domínios ela se apresenta como a origem e o resultado da organização" (Piaget, 1936, p. 383). A assimilação dá-se a partir de uma organização e, nunca, alheia a ela; as sucessivas assimilações produzem efeito transformador sobre a organização, dando-lhe nova *performance* a partir da qual a assimilação passará a funcionar em novo patamar, distinto em quantidade e qualidade do patamar anterior. Nesse sentido:

> [...] a organização é a coerência formal, a acomodação é a "experiência" e a assimilação é o ato de julgamento, na medida em que une os conteúdos experimentais à forma lógica. (p. 381-2)

> A assimilação é o ato de funcionamento próprio do sistema cuja organização constitui o aspecto estrutural. (p. 382)

O recém-nascido traz uma organização herdada – biológica, não cognitiva – que permite que ele "opere" sobre a realidade que ali está – totalmente nova para ele. Essa "operação" realiza-se por assimilação. É o funcionamento da assimilação que garante, pois, a continuidade do sistema num momento de profunda ruptura: sair do aconchegante útero, romper o cordão umbilical para enfrentar uma realidade totalmente desconhecida e transformá-la em mundo-para-si. A relação que se estabelece nesse momento, garantida pela constante funcional da assimilação, provocará profundas transformações no sujeito; transformações correlativas àquelas produzidas, no meio (físico ou social), pela assimilação. Tais transformações são tão profundas que podemos dizer, com toda propriedade, que um novo ser começa a se constituir. Diz Piaget:

> Por outras palavras, as relações entre o sujeito e o seu meio consistem numa *interação radical* [grifo nosso] de modo tal que a consciência não começa

pelo conhecimento dos objetos nem pelo da atividade do sujeito, mas por um estado indiferenciado; e é desse estado que derivam dois movimentos complementares, um de incorporação das coisas ao sujeito, o outro de acomodação às próprias coisas. (1936, p. 386)

Temos, aqui, a fonte das novidades produzidas pela inteligência humana. Por um lado, temos a bagagem hereditária – o recém-nascido – e, por outro, o meio físico e social. A inteligência, ou as estruturas cognitivas, não provêm nem de um nem de outro desses polos. Provêm de uma *construção* produzida pela ação do sujeito, ação que *é*, fundamentalmente, assimilação.[*] Resumindo,

> [...] o dualismo do sujeito e do objeto reduz-se a uma simples diferenciação progressiva entre um polo centrípeto e um polo centrífugo, no seio das constantes interações do organismo e do meio. Do mesmo modo, a experiência jamais é recepção passiva: é acomodação ativa, correlativa à assimilação. (p. 387)

A força explicativa do modelo piagetiano expressa todo seu dinamismo na medida da complementaridade da assimilação e da acomodação, que pode ser expressa pelo termo *interação*. Interação sujeito-objeto, isto é, o sujeito assimila a realidade[**] e essa, por sua vez, impõe a ele desafios que o "obrigam" a realizar modificações em seus esquemas ou estruturas (organização). Assim como a assimilação produz transformações no mundo do objeto, a acomodação produz transformações no mundo do sujeito. Acontece que ambas as transformações são obra do sujeito.

> Mas, precisamente, a interação do sujeito e do objeto é tal, dada a interdependência da assimilação e da acomodação, que se torna impossível conceber um dos termos sem o outro. Por outras palavras, a inteligência é construção de relações e não apenas identificação; a elaboração dos esquemas implica tanto uma lógica de relações quanto uma lógica de classes. Por consequência, a organização intelectual é intrinsecamente fecunda, visto que as relações se engendram mutuamente, e essa fecundidade ganha corpo com a riqueza do real, dado que as relações não se concebem independentemente dos termos que as vinculam nem o inverso. (1936, p. 388-9)

---

[*] "A assimilação é, ao mesmo tempo, construção de estruturas e incorporação das coisas a essas estruturas" (1936, p. 387).

[**] Não se trata apenas da realidade objetiva. "Realidade" é um termo de grande complexidade quase sempre banalizado como objetos materiais externos ao sujeito. "Realidade", aqui, significa, além do mundo externo, as realidades subjetivas: o sujeito assimila, além da realidade objetiva, a realidade dos seus esquemas de ação, das coordenações de suas ações e, no limite, assimila o próprio pensamento e a própria subjetividade; assimila esquemas entre si e também sistemas de esquemas entre si.

As transformações correlativas da assimilação e da acomodação não estão previstas ou predeterminadas, nem no meio nem no sujeito; constituem invenções do próprio sujeito: não se pode prever o que vai acontecer, em termos de estrutura cognitiva, com um indivíduo qualquer em um espaço *x*, em um tempo *y*, em um contexto *z*: "[...] a organização de que a atividade assimiladora é testemunha é, essencialmente, construção e, assim, é de fato invenção desde o princípio" (1936, p. 389).

A explicação piagetiana da gênese[*] e do desenvolvimento da inteligência centra-se, pois, no poder constitutivo da ação do sujeito – ação criadora na medida em que, ao se deparar com os desafios que o meio físico e social, põem, constroem instâncias subjetivas (estruturas) para responder competentemente a esses desafios. A *razão* para Piaget não está, pois, imune aos desejos, às motivações profundas, ao inconsciente afetivo (Piaget, 1945, 1970, 1972/1973, 1974; Bringuier, 1978), às contingências físicas e sociais.

> A "concordância do pensamento com as coisas" e a "concordância do pensamento consigo mesmo" exprimem essa dupla invariante funcional da adaptação e da organização. Ora, esses dois aspectos do pensamento são indissociáveis: é adaptando-se às coisas que o pensamento se organiza e é organizando-se que estrutura as coisas. (1936, p. 19)

Ao contrário, a razão é o vetor resultante do encontro de todas essas forças, "administradas", sempre, pela ação do sujeito. Concluindo:

> [...] a assimilação e a acomodação, inicialmente antagônicas, na medida em que a primeira permanece egocêntrica e em que a segunda é simplesmente imposta pelo meio exterior, completam-se mutuamente na medida em que se diferenciam, sendo os progressos da acomodação favorecidos pela coordenação dos esquemas de assimilação e reciprocamente. Assim é que, a partir do plano sensório-motor a inteligência supõe uma união sempre estreita da experiência e da dedução, união essa de que o rigor e a fecundidade da razão serão, um dia, o duplo produto. (1936, p. 389)

---

[*] "O pensamento de Piaget é genético no seu programa. Tanto a psicologia da formação da inteligência como a teoria epistemológica do acréscimo dos conhecimentos e dos seus mecanismos são uma reconstituição teórica (explicativa) de um processo histórico. O princípio de gênese e o princípio de totalidade são conscientemente acolhidos e concebidos em termos consequentes. Nesta teoria, já não pode haver lugar para qualquer dualidade – tão característica da concepção de Darwin – de uma teoria geral supra-histórica, por um lado, e da reconstituição de uma genealogia, por outro. A apresentação das etapas da genealogia e a teoria do processo genético encontram-se, na concepção piagetiana, unidas numa totalidade indissolúvel" (Nowinski, p. 238).

A organização aparece, sempre, como produto, não de uma generalização indutiva, mas construtiva (Piaget, 1978). O processo de generalização projeta a organização em planos cada vez mais amplos. Em cada novo plano aparece um leque de possibilidades que não existiam anteriormente e que, também, não estavam inscritas na bagagem hereditária ou no meio. Elas são função da construtividade da generalização que, por sua vez, é função de um processo de abstração reflexionante.

> Este método de generalização representa uma autêntica novidade – e nenhuma analogia com ela poderá ser evocada, a não ser em referência ao método de generalização aplicado por Marx no seu *Capital*. (Nowinski, 1967, p. 239)

Todo ser vivo assimila, desde o protozoário até o sujeito com inteligência formal mais avançada. Às acomodações seguem-se, sempre, assimilações – mais ou menos exitosas. Assimilação e acomodação são constantes funcionais.

O nível em que ocorre esse funcionamento, porém, sofre variações. É profundamente diferente a assimilação de substâncias, pelo protozoário, da assimilação das imagens, enviadas pelos telescópios espaciais Hubble, Spitzer ou Herschel, pela astrofísica atual. Nos dois casos temos o fato fundamental da assimilação. Entre uma e outra há um longo processo evolutivo (biológico) seguido de um longo processo histórico, caracterizados ambos por rupturas estruturais.

A estrutura é estruturada e estruturante. A estrutura, ao funcionar, assimilando e acomodando, modifica-se. Tais modificações podem ser tão profundas que a estrutura atual é superada (como totalidade única), surgindo, por construção, uma nova estrutura que subsume a estrutura atual (já antiga). Fala-se, então, de uma descontinuidade estrutural, que é função da própria constância funcional. O desenvolvimento caracteriza-se por constantes funcionais (assimilações e acomodações) e rupturas estruturais (as transformações profundas, sofridas pela estrutura de conjunto de um estádio, na passagem para o estádio seguinte, caracteriza uma ruptura).

O jogo das assimilações e acomodações ou, mais amplamente, da organização e da adaptação, é criador de novidades. É a vida manifestando-se nos vários níveis do conhecimento humano e criando formas cada vez mais especializadas de adaptação! Esse dinamismo conta com a plasticidade do sistema nervoso, que responde estruturando-se *pari passu* com a demanda do meio físico ou social.

Assim, quando uma criança do meio rural cresce no meio da luta dos adultos para adaptar-se às contingências do meio físico, construirá instrumentos cognitivos, fundamentalmente neuronais (Damásio, 1994/1996), para dar conta desses desafios. Quando uma criança do meio urbano responde a desafios, muito menos das contingências do meio físico que do meio simbólico, incluindo aí a diversidade de videogames, inclusive em rede, *softwares* informáticos, internet, tv a cabo, MSN, Orkut, PbWorks, Twitter, etc., seu sistema nervoso responderá a esses desafios criando estruturas apropriadas para essa finalidade – não se constroem estruturas sem o trabalho do sistema nervoso, do cérebro. Se tais desafios continuarem, uma criança, depois adolescente e adulto, poderá acessar os grandes sistemas filosóficos, as grandes obras artísticas ou literárias, os modelos da física ou da matemática; seu sistema nervoso (Piaget, 1967/1973) responderá a esses problemas criando estruturas adaptadas capazes de responder aos desafios aí postos.

A aprendizagem ou a construção de conhecimento ou de estruturas cognitivas dá-se à medida que a sociedade se habilita, por meio de suas instituições, como, por exemplo, a escola, a lançar desafios. Se a sociedade respeitar, o máximo possível, ativamente, o trajeto cognitivo do sujeito da aprendizagem, a criança poderá responder mediante a construção de um quadro estrutural à altura das demandas dessa mesma sociedade; e o sistema nervoso responderá – não conhecemos seus limites – com uma organização cada vez mais capaz de responder a problemas cada vez mais complexos.

É por isso que não podemos mais pensar em desafios exclusivamente cognitivos. Devemos pensar em desafios que demandem respostas em que se articulem as dimensões cognitivas, afetivas, éticas e estéticas.

PENSAR CONTEÚDO E PROCESSO COMO DUAS FACES DA MESMA REALIDADE COGNITIVA

Como vimos, Piaget trabalha sempre com a díade "forma *x* conteúdo", na medida em que a forma é construída por um processo de abstração reflexionante (Piaget, 1977/1995) e o acesso ao conteúdo depende das assimilações possíveis abertas pelas formas ou estruturas construídas por esse processo. Diz Piaget: "Em um sistema de conceitos, é necessário distinguir dois aspectos: sua forma e seu conteúdo" (p. 276). Nos níveis elementares da abstração reflexionante, o conteúdo provém dos observáveis – dos objetos ou das ações – por abstração empírica. Um sistema de conceitos, porém, origina-se da tematização de formas anteriores. Formas atuais podem ser transformadas em conteúdos, dos quais se retiram novas formas. A forma provém, pois, de um processo de abstração reflexionante, observável já no sensório-motor: a criança, após assimilar objetos a um esquema, passa a assimilar esses objetos entre si, o que leva à constituição de uma "classe" (*classement*) e, mais adiante, à construção do conceito (*classification*).

De acordo com o senso comum empirista, inclusive do senso comum acadêmico, a forma provém, por um lado, da observação da realidade: a aplicação dos sentidos à realidade permitiria, por um processo de exclusão progressiva das características individuais, ficar apenas com a forma desse objeto. A metodologia científica (positivista, fenomenológica) apenas requintaria esse processo. Pelo lado do apriorismo, a forma é entendida como característica inerente à própria razão; e esta é entendida como *a priori* ou como inata.

Na explicação piagetiana, a forma se constrói por *reflexão* que pressupõe, por sua vez, o *reflexionamento*, mas de modo algum essa construção reduz-se a ele. Assim que a criança se apropria de suas capacidades práticas, longamente exercidas de classificar e seriar, ela *sintetiza*, a partir da classificação e da seriação, a estrutura do número; construída essa estrutura, ela poderá somar, subtrair, multiplicar, dividir e, inclusive, combinar várias dessas operações numa mesma sequência. Se o processo for devidamente encaminhado, a mesma criança poderá apropriar-se dessas operações ao construir relações entre elas (ex.: [3 +3+3]=[3x3] ou [9:3]=[9-3-3]=3; 3(2x4)=48:2=24, etc.), constituindo-as como conjunto: no caso, o conjunto das operações aritméticas elementares. A forma é construída, pois, por uma apropriação ativa, no nível da representação, o que implica tomada de consciência dos mecanismos das coordenações das ações; o sujeito retira desse nível, por reflexionamento, algumas características dessas coordenações, constituindo nova forma. Essa forma não destrói a forma anterior, mas a subsume, o que implica perdas que podem ser entendidas como características "sucateadas" no sentido de que não são mais necessárias para o funcionamento do novo patamar de organização.

Na abstração reflexionante, Piaget mostra como a forma é transformada, pelo sujeito que a construiu, em conteúdo a partir do qual se cria nova forma. Dinamiza, pois, radicalmente forma e conteúdo e, ao mesmo tempo, supera a dicotomia equivalente.

> [...] todo reflexionamento de conteúdos (observáveis) supõe a intervenção de uma forma (reflexão), e os conteúdos assim transferidos exigem a construção de novas formas devidas à reflexão. Há, assim, pois, uma alternância ininterrupta de reflexionamentos → reflexões → reflexionamentos; e (ou) de conteúdos → formas → conteúdos reelaborados → novas formas, etc., de domínios cada vez mais amplos, sem fim, e, sobretudo, sem começo absoluto. (1977/1995, p. 176-7)

A chamada *escola tradicional* entendia (entende, porque ela não desapareceu) que a aprendizagem é sempre *aprendizagem de conteúdos*, a partir da *tábula rasa* mediada pelos sentidos. O conteúdo é entendido como *estímulo* que tem em si a força necessária para, por intermédio dos sentidos, "carimbar" essa *folha de papel em branco* que é a mente.

Não faz sentido, pois, considerar o processo educativo escolar *ou* como conteúdo *ou* como forma. Reduzido ao conteúdo, o currículo escolar gera uma relação pedagógica cujos desmandos autoritários conhecemos muito bem. Reduzido à forma, a relação esvazia-se em um *laissez-faire*, isso é, em um pseudo processo ou processo improdutivo, que também conhecemos bem. O verdadeiro processo educativo realiza-se por uma interação radical entre conteúdo e forma, entre assimilação e acomodação, entre abstração empírica e abstração reflexionante, entre reflexionamento e reflexão, isto é, um conteúdo científico, artístico, ético ou estético qualquer só tem sentido se compreendido no âmbito de seu processo de construção, de sua gênese – no sentido individual ou histórico, no sentido onto ou filogenético. Mais uma vez, o processo escolar deve ser compreendido como uma interação radical, tal como acontece com a gênese e o desenvolvimento do conhecimento, pois ele deve ser entendido como um processo de construção de conhecimento e não apenas de reprodução de conhecimentos já prontos.

CONCLUINDO

A escola que passa pela crítica do construtivismo piagetiano compreende a aprendizagem como *aquisição mediata em função da experiência mediante controle não sistemático* (Piaget, 1959, 1974); essa aquisição é função dos esquemas ou estruturas previamente construídos. Depende, pois, do processo de equilibração. Pode-se dizer que o horizonte da aprendizagem é constituído pelo processo de equilibração ou de abstração reflexionante.

O meio interno não admite desequilíbrio; do mesmo modo, o meio cognitivo não admite contradição. O esforço de autorregulação que busca superar o desequilíbrio e a contradição é, fundamentalmente, o mesmo – que, porém, se dá em níveis diferentes.

Como se vê, reduzir o *construtivismo*, como frequentemente se faz no âmbito escolar, a coisas tais como os seguintes estereótipos (Moll e Barbosa, 1998), encontráveis em nosso meio educacional: a criança terá sempre que trabalhar em grupo, não se pode mais aplicar prova, não se pode dizer que a criança errou, não se pode dar nota, não há mais regras disciplinares, não se deve memorizar mais nada, não há mais conteúdo a ser passado ao aluno e, portanto, não há mais ensino, não há mais cálculo, não existe mais estudo de gramática, etc., etc., é descaracterizar a proposta construtivista; ou, o que dá no mesmo, é descaracterizar a contribuição da epistemologia genética à educação.

Essa contribuição busca compreender e realizar o sujeito. Um sujeito que se realiza na ação fazendo-se plenamente operatório, descentrado e, como tal, moralmente autônomo. Um sujeito criativo e co-operatório, capaz de operar e cooperar. Um sujeito centrado porque descentrado; um sujeito descentrado porque centrado.

10
Inteligência e afetividade

> [...] estou persuadido que chegará o dia em que a psicologias das funções cognitivas e a psicanálise serão obrigadas a se fundir numa teoria geral que melhorará as duas corrigindo uma e outra, e é esse futuro que é conveniente prepararmos, mostrando desde agora as relações que podem existir entre as duas. (Piaget, 1972/1973, p. 3).
>
> [...] e essa correlação foi para mim bastante sugestiva de que a emoção era um componente integral da maquinaria da razão. (Damásio, 1994/1996, p. 12)

A epistemologia genética caracteriza-se, nos seus fundamentos, por negar a predeterminação do sujeito: o sujeito não existe apenas por força da bagagem hereditária; também não existe apenas por força do meio, físico ou social. A respeito da abordagem epistemológica, diz Piaget (1973):

> Sempre que se considera o desenvolvimento numa perspectiva epistemológica, uma multidão de problemas aparece com clareza, com uma evidência tal que a gente se espanta que ninguém os tenha visto antes. (p. 83)

EPISTEMOLOGIAS DO SENSO COMUM

A favor dessa predeterminação encontramos duas posturas teórico-epistemológicas. Qualquer discussão a respeito, se quiser ultrapassar o senso comum, terá de se concentrar num fato primordial: o nascimento da criança.

De um lado há os que afirmam que a criança recém-nascida está predeterminada (apriorismo) pela herança genética: tudo o que ela será já está determinado, de alguma forma, nos seus genes, na sua bagagem hereditária ou, ainda, na sua alma ou na sua inteligência entendida como uma faculdade. No plano do senso comum essa postura é professada pela astrologia, pelas pregações religiosas, pelas crenças na transmigração das almas, pelas crenças nas vidas passadas, etc. No nível da ciência psicológica, encontramos essa crença na psicologia da *Gestalt*, no não diretivismo de Carl Rogers, nas diferentes formas do *laissez-faire* e, na atualidade, em porções consideráveis no cognitivismo e, inclusive, nas inteligências múltiplas de H. Gardner.

De outro lado estão os que afirmam que a criança recém-nascida é *tabula rasa* e que ela será determinada pelo meio social: ela será reflexo* da realidade social. No plano do senso comum, essa crença é professada por aqueles que acreditam que: se a criança nasceu na favela, ela não poderá ser inteligente ou, se nasceu em berço esplêndido ela será inteligente. Da mesma forma, não será inteligente se for oriunda de (certas) minorias: raciais, étnicas, sexuais, religiosas, culturais, etc. No nível da ciência psicológica, a crença na determinação pelo meio ou pelo mundo dos estímulos é professada pelo associacionismo em geral e pelo (neo)behaviorismo em particular, inclusive na atualidade. Grande parte da leitura de Vygotsky, hoje, no Brasil, inclui-se nessa forma de pensar.

Essas posturas teórico-epistemológicas, embora opostas entre si, têm um centro comum: a passividade do sujeito. Se o sujeito está predeterminado, pela bagagem hereditária ou pelo meio, ele nada tem a fazer.

A FUNÇÃO DA AÇÃO

O que acontece, então? A herança genética e o meio social não têm importância? Ao contrário, eu diria que é difícil exagerar a importância que um e outro fator têm nessa determinação. Acontece que essa importância não se dá espontânea ou automaticamente; e jamais exclusivamente. Ela depende – essa é a hipótese teórica de Piaget – de um elemento mediador que é decisivo: a ação do sujeito. A ação tem força de gênese: "no princípio era a ação".

Piaget (1973) critica a posição apriorista dizendo que

> [...] é evidente que os fatores genéticos representam um papel no desenvolvimento da inteligência. Mas esse papel restringe-se a criar certas possibilidades. Os fatores genéticos não são responsáveis pela realização dessas possibilidades. Isso quer dizer que não há no espírito humano estruturas inatas que se realizam (*se mettent en place*) espontaneamente. Como sublinhei durante toda nossa conversa, todas nossas estruturas mentais devem ser construídas.

---

* Note-se que *reflexo* é sempre uma cópia, uma sub-realidade, uma reprodução debilitada da *verdadeira* realidade, assim como o reflexo da luz do sol pelo espelho não tem a mesma intensidade que a luz direta.

Também os fatores genéticos ou questões de maturação não são suficientes para explicar o que se passa realmente em cada estádio. (p. 81-2)

Ao falar da cronologia dos estádios, Piaget critica o apriorismo, reconhecendo o papel do meio social: segundo ele, a cronologia "é extremamente variável; ela depende da experiência anterior dos indivíduos, e não somente de sua maturação, e depende principalmente do meio social, que pode acelerar ou retardar o aparecimento de um estádio, ou mesmo impedir sua manifestação" (1972/1973, p. 50). Do mesmo modo, critica o empirismo, afirmando categoricamente que "a experiência não é recepção, mas ação e construção progressivas. Eis o fato fundamental" (1936, p. 342). Com isso, critica tanto aqueles que atribuem à experiência sobre uma *tabula rasa* todo o mérito do aparecimento da mente quanto aqueles que minimizam, quase anulando, o papel da experiência, como acontece com a *Gestalt*. Inaugura, com isso, uma nova concepção de experiência. Experiência é agir sobre os objetos e retirar deles qualidades que eles têm (experiência física) ou qualidades das coordenações das ações (experiência lógico-matemática).

Quer Piaget explique o desenvolvimento cognitivo pela assimilação (1936), pela equilibração (1975) ou pela abstração reflexionante (1977/1995), a ação está, sempre, no cerne de sua explicação. Isso significa que, em termos de desenvolvimento cognitivo, nada acontece ao sujeito pela determinação exclusiva da hereditariedade ou pela determinação exclusiva do meio, físico ou social. Para começar, hereditariedade e meio interferem nesse processo de forma radicalmente complementar. O meio age apenas dentro do quadro de possibilidades do funcionamento herdado pelo sujeito. E a hereditariedade age apenas dentro das possibilidades dispostas pelo meio, físico ou social.

Vejamos como Piaget concebe o pensar humano, pensar que tem no desenvolvimento cognitivo suas condições *a priori* ou fundantes:

> Pensar não se reduz, acreditamos, em falar, classificar em categorias, nem mesmo abstrair. Pensar é agir sobre o objeto e transformá-lo. Num defeito de um carro, compreender a situação não consiste em descrever os defeitos observáveis do motor, mas em saber desmontá-lo e remontá-lo. Na presença de um fenômeno físico, a compreensão só começa transformando os dados para dissociar os fatores e fazê-los variar separadamente, o que consiste não em categorizar, mas em agir para produzir e para reproduzir. Mesmo em geometria pura, o saber não consiste em descrever figuras, mas em transformá-las até poder reduzi-las a "grupos fundamentais" de transformações. Numa palavra, "no começo era a ação", como dizia Goethe, e depois veio a operação! (Piaget, 1972/1973, p. 85)

AÇÃO E ABSTRAÇÃO REFLEXIONANTE

Bastaria essa pequena passagem de um texto de Piaget para repensarmos completamente a atividade cognitiva tal como é concebida e administrada pela escola. Prefiro, entretanto, visitar outro texto, mais recente na cronologia da produção da Escola de Genebra: o do livro *Abstração reflexionante* (1977/1995). Ao expor o mecanismo da abstração, Piaget lembra que "o equilíbrio cognitivo não é um estado de inatividade, mas de constantes trocas" (p. 283); trocas entre o sujeito e o objeto, entre o indivíduo e o meio social, entre o organismo e o meio. O processo de abstração, que é o mesmo que o processo de construção de conhecimento, dá-se por reflexionamento sobre um patamar superior daquilo que foi tirado de um patamar inferior; esse movimento de retirada, observável ou não, é complementado por uma reflexão ou "ato mental de reconstrução e reorganização sobre o patamar superior daquilo que foi assim transferido do inferior" (p. 274-5). Pense-se, como exemplo, na criança, entre 1,6 e 2 anos, refazendo, no nível simbólico, uma ação que até agora exercera exclusivamente no nível sensório-motor: "*Umá*" (arrumou), disse Bruno, quando ainda deitado conseguiu que o dinossauro de pano, após várias tentativas, ficasse de pé sobre o travesseiro; "*Nenê pompá loja... cuca*" (Nenê comprou o fusca na loja), dias depois de ter, ele mesmo, escolhido o fusquinha, por ocasião da compra, na loja de brinquedos; "*Uiz Nenê ligô*" (Nenê ligou a luz), após ter acionado o botão do miniabajur.

O reflexionamento não é outra coisa do que uma ação de busca, pelo próprio sujeito, da matéria-prima da organização cognitiva. É o ato de tirar apenas alguma coisa de uma totalidade descartando tudo o mais. Essa busca se dá por duas instâncias: de um lado, os observáveis dos objetos (uma árvore, um automóvel, um televisor, um par de sapatos) ou das ações em suas características materiais (o bebê que observa o movimento de suas mãos ao levar a mamadeira à boca ou ao retirá-la; a criança um pouco maior que insiste em que o adulto olhe o que ela faz [ela se olha pelo olhar do adulto]; a criança, ainda maior, que imita a ação do parceiro, o adolescente que segue o que seu grupo faz, o adulto que quer fazer uma *homepage* e, por isso, olha atentamente como alguém a faz, etc.). De outro lado, essa busca dá-se pela coordenação das ações, coordenação que é endógena e, por isso mesmo, não observável. O bebê vale-se das coordenações entre olhar-agarrar-e-sugar para construir o empurrar-rejeitar-afastar de si.

AÇÃO E COORDENAÇÃO DAS AÇÕES

Como entender a "coordenação das ações", esse importante conceito da epistemologia genética? Pensemos um pouco com Piaget: quando o bebê consegue olhar um brinquedo, movimentar a mão na direção dele, agarrá-lo e, finalmente, levar o brinquedo à boca e sugá-lo, é sinal de que alguma coisa, que não existia em seu sistema nervoso, foi constituída. Essa criação nova – aqui, no nível sensório-motor – possibilitada por uma reorganização do sistema nervoso, é chamada por Piaget de coordenação de ações.

"Coordenação de ações" significa, pois, alguma ligação ou relação, que o sujeito estabelece entre ações, que não existia anteriormente; ligação que deve ser entendida como realização no sistema nervoso em forma de sinapses, redes neurais, neurotransmissores, etc., e que passa a constituir a condição de possibilidade de todas as ações pertinentes. Ligações que são, de fato, implicações significantes. Ligações que são isomorfas com as ligações que o sujeito fará futuramente ao ligar um sujeito a um predicado, ao ligar um número a outro pela soma, multiplicação, etc. O mesmo acontece quando a criança [1; 8 (10)],* já simbólica, diz: "*Naná mamãe*" (O travesseiro é da mamãe), apontando para o travesseiro. Dois objetos, "naná" e "mamãe", constituídos pelas suas ações, existiam, até o momento, sem relação entre eles. Agora, Bruno, com 1,8 ano, põe os dois em relação, constituindo uma nova totalidade. Ele coordena, agora, dois complexos de ações: o complexo que constituiu "mamãe" e o complexo que constituiu "naná". "Complexos" porque nesse momento a criança se vale das generalizações produzidas por todas as interações com o "objeto" *mãe* e com o objeto *travesseiro* até esse momento. Essas generalizações, Piaget chama-as de esquemas. O esquema é aquilo que é generalizável em uma determinada ação. O esquema é a verdadeira condição *a priori* de toda ação. O esquema constitui o sentido profundo da ação, a sua condição de possibilidade, a fonte de seu significado. Uma ação não tem sentido isoladamente; ela depende de uma totalidade que lhe dê sentido e, pode-se dizer, que lhe dê existência: essa totalidade é o esquema.

A linguagem incipiente da criança nutre-se dos significados constituídos pelos seus esquemas de ação e não de conteúdos apreendidos, por imitação, de seu meio social. Os significados expressos pela linguagem incipiente da criança, pelos significantes-símbolos, vêm dos seus esquemas e não das palavras utilizadas pelo meio social. A criança fala o que ela fez – não no sentido de ações avulsas, mas no sentido do esquema de ação como síntese de suas ações passadas, nesse caso, das ações sensório-motoras. O esquema verbal nutre-se dos esquemas de ação. O que vale, aqui, na passagem do sensório-motor para o simbólico, valerá, mais adiante, para as outras passagens: é a ação que constitui todos os significados que aparecem em todas as manifestações simbólicas. Isso sugere uma compreensão

---

* Com idade de um ano, oito meses e dez dias.

do processo de aprendizagem de forma profundamente diferente das compreensões usuais em nosso meio educacional. E a compreensão do processo de ensino? A mesma coisa.

AFETIVIDADE E INTELIGÊNCIA EMOCIONAL

Pensemos o quanto a afetividade humana, as emoções estão envolvidas nesse processo. Na epistemologia genética, razão e emoção jamais se separam. Também não se confundem. Elas constituem duas faces irredutíveis da atividade cognitiva humana. Piaget (1972/1973, Cap. II; 1946, Cap. VII) afirma que a afetividade é o aspecto energético das estruturas ou, ainda, o motor da ação. Isto é, a afetividade não é a estrutura e também não é a ação, porém sem a afetividade, a estrutura e a ação que ela possibilita não têm energia para acontecer: são como um automóvel sem bateria cuja faísca provoca a combustão da gasolina ou do etanol ou como um processo de fotossíntese sem luz/energia solar (perdão pelas metáforas mecânica e biológica).

A importância que Piaget atribui ao aspecto energético dos esquemas de ação ou da estrutura é tal que ele remete a Freud para se tratar dessa questão específica e preconiza que "o futuro da psicologia será uma grande síntese entre Freud e Piaget". Duas coisas ficam claras nessa "concessão" do pensador genebrino: não se pode chegar a uma teoria conclusiva da inteligência humana sem um tratado sobre a afetividade à altura do tratado que a epistemologia genética faz para explicar a cognição; segundo, a afetividade tem um estatuto próprio, que não se confunde com o da cognição.

A "moda" da inteligência emocional (Goleman, 1995), que vigorou no final dos anos de 1990, se, por um lado, alerta para a necessidade irrecusável de assumir as emoções em complementaridade radical com a razão e legitima os processos de aprendizagem grupais, comete, por outro lado, dois equívocos: confunde inteligência e emoção e resgata, nos processos de aprendizagem, o comportamentalismo mais retrógrado, cuja matriz encontra-se no behaviorismo clássico.

> É assim que o aprendizado emocional se entranha, à medida que as experiências são repetidas e repetidas, o cérebro reflete-as como caminhos fortalecidos, hábitos neurais que entram em ação nos momentos de provação, frustração, dor. (p. 277)

Essa forma de encarar o processo de aprendizagem remonta a Pavlov (1849-1936), a Thorndike (1874-1949), a Watson (1878-1958, pai do behaviorismo clássico), e ignora toda a vasta crítica feita pela epistemologia genética à fundamentação epistemológica empirista, subjacente a essa concepção de aprendizagem, tomada em si ou enquanto faz parte de uma concepção mais ampla do desenvolvimento cognitivo humano. Os gestaltistas, mormente Wertheimer, já haviam demonstrado a inconsistência da repetição *à la* Thorndike; deslocaram, por isso, a constituição do significado, do exercício para o *insight*. Diziam eles: quando se aprende por *insight* o significado se constitui de tal modo que o exercício ou a repetição perdem o sentido que usualmente lhe é atribuído.

Constata-se, pois, também em nível epistemológico, um duplo atraso: o autor de *A inteligência emocional* recupera, por um lado, o inatismo e, por outro, o empirismo. O inatismo porque considera as emoções como dadas na bagagem hereditária, contra toda a contribuição psicanalítica moderna que demonstra a existência, entre o recém-nascido e o adulto, de um complexo e longo processo de construção das emoções. Uma vez que considera o sujeito previamente programado no genoma, retira a importância de suas ações no contexto histórico ou social. A falta de crítica a essa concepção epistemológica faz com que o autor da inteligência emocional conceitue razão como aquilo que se aprende por testes de *QI (Veja,* 1997), cujo núcleo fixo é dado no genoma e que não é modificável pela experiência. O empirismo porque reduz o processo de aprendizagem à repetição ou produção de imagens do que é exterior ao sujeito, aliando-se à mais antiga tradição que preconiza um sujeito que é mero produto do meio e nunca ator de um processo social e histórico.

11
Estádios do desenvolvimento*

> Em determinada população podemos caracterizar os estádios por uma cronologia, mas esta é extremamente variável; depende da experiência anterior dos indivíduos, e não apenas de sua maturação; depende, principalmente, do meio social, que pode acelerar ou retardar o aparecimento de um estádio, ou mesmo impedir sua manifestação. Piaget (1972/1973, p. 200)

Raramente nos deparamos com uma tão grande deformação – Piaget falaria de "assimilação deformante" – quanto a que ocorreu, no âmbito educacional escolar, com o conceito de *estádio*. A começar com a tradução de *stade*, do francês, por "estágio" (*stage*). A palavra "estágio" denota uma experiência à qual nos submetemos para atingir algum patamar de aprendizagem que não temos até o momento. Acontece que a criança que se encontra em um determinado estádio de desenvolvimento não está minimamente preocupada com o estádio seguinte. Não se trata, pois de estágio, mas de estádio.

> *Estádio* provém do grego *stádion* [Στάδιον], através do latim **stadium**. *Stádion*, em grego, era inicialmente uma medida itinerária equivalente a 125 passos, ou 1/8 de milha, ou ainda 600 pés gregos ou 625 pés romanos, correspondendo a cerca de 180 metros. [...]
> A medida de um *stádion* era utilizada na delimitação de uma pista destinada a competições de corrida, ginástica e outras modalidades de atletismo. Por metonímia, *stádion* passou a designar o próprio local em que se realizavam essas práticas esportivas. Esta acepção passou para o latim e perpetuou-se em todas as línguas modernas até os nossos dias. (Rezende, 2004)

Outra acepção "foi acrescentada posteriormente à palavra **stadium**, que adquiriu o significado de período, fase, época, estação, sem que se possa precisar

---
* Texto escrito em coautoria com a professora Dra. Tania Beatriz Iwaszko Marques.

como se deu essa transição semântica. ***Stadium***, em latim, evoluiu para *stade*, em francês; *stadio* em italiano, *estadio* em espanhol, e *estádio* em português" (idem).

Enquanto estágio significa aprendizado, exercício, prática, capacitação ou especialização; ou, ainda, tempo de aprendizado em uma escola, laboratório, serviço médico, dentário, etc. "Não se deve, portanto, confundir os dois termos e empregar *estágio* por *estádio*, como se vê frequentemente" (Rezende, 2004).

O suíço Jean Piaget realizou numerosas pesquisas – mais de 100, conforme alguns autores – a respeito do processo de desenvolvimento da inteligência humana e, de acordo com Flavell (1975, p. 15), a coluna vertebral da obra piagetiana foi o interesse "na investigação teórica e experimental do desenvolvimento qualitativo das estruturas intelectuais".

É possível que um dos aspectos mais conhecidos da obra de Piaget seja a teoria dos estádios. Ser conhecido, contudo, não significa ser bem entendido. Muitas críticas, que se dirigem às questões relativas aos estádios do desenvolvimento, demonstram que as advertências feitas pelo autor não foram consideradas. Sabendo, de antemão, que alguns equívocos poderiam ser cometidos, o próprio autor apressou-se em deixar bem claros alguns pontos que poderiam suscitar dúvidas. Nem isso foi suficiente para prevenir certos erros de interpretação.

Para compreender o conceito de estádio, precisamos nos apropriar dos cinco atributos ou características apresentadas por Piaget (1972/1973); isso ainda não é suficiente. É preciso acrescentar o que ele apresenta como "resistência à generalização dos estágios [estádios]", dando o nome de *decalagem* a essa resistência.

Procuraremos, assim, dar ênfase ao aspecto explicativo dos estádios e deixar para segundo plano o aspecto descritivo. Os equívocos surgiram porque se fez não apenas o contrário, mas se transformaram os aspectos descritivos em explicativos. Em uma palavra, procuraremos dar ênfase ao por que se passa de um estádio a outro mais evoluído (aspecto explicativo) e não ao que acontece em cada estádio (aspecto descritivo).

IDADE FIXA OU CRONOLOGIA VARIÁVEL

Piaget (1972/1973; 1972b) apresenta o primeiro atributo ou característica de *estádio* dizendo que a ordem de sucessão das aquisições é constante. E acrescenta imediatamente: "Não a cronologia, mas a ordem de sucessão" (p. 234). Cronologia diz respeito à medida do tempo, isto é, às idades. Traduzindo, as idades em que surgem os estádios, em cada indivíduo, são variáveis. Foi após muitas pesquisas que Piaget chegou à conclusão de que o desenvolvimento pode ser caracterizado por diferentes estádios e chegou a médias de idades. Quando ele fala de cronologia ou de idade, refere-se a médias e não a idades fixas que encaixariam os indivíduos de tal forma que se Pedro tem 12 anos é operatório formal, se tem 8 é operatório concreto, se tem 1,5 ano é sensório-motor.

Média, como se sabe, é uma estatística que provém de um cálculo matemático; ela não expressa a realidade de um indivíduo específico, mas um ponto para onde converge um número considerável de sujeitos, sob o ponto de vista estudado. A média aritmética é, então, obtida pela soma dos dados individuais dividida pelo número de casos. Portanto, quando Piaget menciona as idades do aparecimento de um estádio, ou do início de um período do desenvolvimento, ele se refere à média obtida e não à idade de um indivíduo específico ou aos resultados obtidos por esse indivíduo.

Assim, se ele aplicou provas de conservação da substância ou matéria a 200 sujeitos, ele soma as idades em que esses sujeitos mostraram que conservavam a matéria, apesar das diferentes transformações (bolacha, salsicha, bolinhas, etc.) sofridas por ela, e divide esse somatório por 200. O número resultante é a média. Se a média obtida foi de sete anos, significa que os resultados se espalham (variância) abaixo e acima desse número. Uma criança pode ter conservado a substância com 6 anos, outra com 6; uma pode ter conservado com 5 anos, outra apenas com 9. A grande maioria das crianças se situariam entre 6 e 8 anos; um número bem menor ficaria entre 8 e 9 e 5 e 6 anos; raros casos ficariam abaixo dos 5 anos e acima dos 9. A estatística, que indica como esses resultados se espalham em torno da média, chama-se variância ou desvio padrão. Quando Piaget se refere a alguma ocorrência específica, relativa ao comportamento de um indivíduo, ele deixa isso claro, por meio das iniciais do nome do indivíduo e de sua idade no momento da ocorrência do comportamento em questão.

Dessa forma, podemos dizer que o desenvolvimento pode ser dividido nos seguintes períodos: sensório-motor – do nascimento até 1,6 a 2 anos; pré-operatório ou simbólico – de 1,6 a 2 anos até cerca de 7 anos; operatório concreto – de, aproximadamente, 7 até 11 a 12 anos; operatório formal – de 11 a 12 anos, com fechamento pelos 14 a 15 anos. Portanto, como estamos falando de médias, podemos concluir que a idade não é critério suficiente para sabermos em que estádio de desenvolvimento encontra-se um sujeito específico, um indivíduo.

Uma das críticas comuns à teoria de Piaget é dizer que algum indivíduo apresentou características de um período em uma faixa etária diferente daquela em que se encontra no momento. Ora, isso é previsível, na medida em que se está falando de médias, ou seja, aquele indivíduo deve ser analisado a partir das características de seu comportamento e não de sua idade.

E não poderia ser diferente, na medida em que "A epistemologia genética de Jean Piaget tem como interesse estudar a gênese das estruturas cognitivas, explicando-a pela construção – daí construtivismo – mediante interação radical entre sujeito e objeto" (Marques, 2005, p. 50).

Embora seja importante, para conhecer a obra de Piaget, não basta saber os nomes dos estádios do desenvolvimento, as idades médias em que ocorrem e as suas principais características. Para Piaget, as idades de ocorrência dos estádios são extremamente variáveis, sendo difícil encontrar dois indivíduos passando de um estádio a outro na mesma idade. Sobre a questão das idades, Piaget (1972/1973, p. 200) diz:

> Em determinada população podemos caracterizar os estádios por uma cronologia, mas esta é extremamente variável; depende da experiência anterior dos indivíduos, e não apenas de sua maturação; depende, principalmente, do meio social, que pode acelerar ou retardar o aparecimento de um estádio, ou mesmo impedir sua manifestação.

É o próprio Piaget (1972b) que afirma em outro texto:

> A ordem de sucessão desses estágios [estádios], como foi mostrado, é extremamente regular e comparável aos estados de uma embriogênese. A velocidade do desenvolvimento, no entanto, pode variar de um a outro indivíduo e também de um a outro meio social; consequentemente, podemos encontrar algumas crianças que avançam rapidamente ou outras que avançam lentamente, mas isso não muda a ordem de sucessão dos estágios [estádios] pelos quais passam.

E (1972/1973) acrescenta:

> Acima de tudo a maturação não explica tudo, porque a idade média na qual este estágio [estádio] [sensório-motor] aparece (idade cronológica média) varia grandemente de uma para outra sociedade. O ordenamento desses estágios [estádios] é constante e tem sido encontrado em todas as sociedades estudadas.

Para Piaget, portanto, o que se mantém constante é a ordem de ocorrência dos estádios. As médias de idade para o aparecimento dos estádios, que Piaget encontrou em seus trabalhos com crianças suíças, podem variar se considerarmos outras populações. O que será constante será a ordem de sucessão. Podem ser encontradas diferenças para as médias de idades entre diferentes culturas ou entre classes sociais diferentes; e até entre membros de uma mesma família. Por outro lado, encontram-se, também, diferenças de um indivíduo a outro em uma mesma cultura.

Portanto, a idade não será suficiente para nos dizer se um indivíduo se encontra em um ou outro período de desenvolvimento. Isso só será possível mediante o conhecimento da maneira como lida com a realidade, interna ou externa.

Montangero e Maurice-Naville (1998) observam que a própria teoria de Piaget passa por níveis que, não por acaso, são divididos em quatro, tais como os quatro grandes períodos do desenvolvimento cognitivo (sensório-motor, pré-operatório, operatório concreto e operatório formal) na sua obra. Não podemos deixar de levar em conta, novamente, o caráter integrativo dos períodos do desenvolvimento cognitivo, para integrá-lo à compreensão dos diferentes períodos da própria obra de Piaget.

> Como já se tem dito seguidamente, a obra de Piaget é um perfeito exemplo de mecanismos de progressão intelectual definidos pelo autor. Logo, pode-se aplicar-lhe a ideia piagetiana de uma construção de formas de complexidade crescente por diferenciação de formas iniciais e integração de elementos diferenciados. (Montangero e Maurice-Naville, 1998, p. 80)

CONTINUIDADE OU NOVIDADE?

Para Piaget (1983/2011, p. 236), o desenvolvimento cognitivo ocorre de tal forma que as aquisições de um período são integradas no período seguinte. É o "caráter integrativo" segundo o qual "as estruturas construídas numa idade dada se tornam parte integrante das estruturas da idade seguinte" (p. 364). Ou seja, a partir do nascimento, inicia-se o desenvolvimento cognitivo e, dali por diante, todas as construções do sujeito servem de base às seguintes. "Cada nova etapa integra as precedentes, ao mesmo tempo em que atribui uma parte cada vez maior às influências do meio" (Inhelder, Bovet e Sinclair, 1974/1977, p. 262). É impossível, por isso, encontrarmos dois indivíduos com igual processo de desenvolvimento.

Surge ainda outra questão. Quando dizemos que alguém atingiu o nível operatório-formal, não significa que ele, o tempo todo, utiliza o raciocínio operatório-formal. Significa apenas que ele é capaz de utilizar o raciocínio formal. Assim, quando dizemos que uma criança é sensório-motora, a sua inteligência se limitará às condições da inteligência sensório-motora. Se a criança é pré-operatória, ela será capaz de utilizar os instrumentos próprios da inteligência pré-operatória, mas também os da sensório-motora. Quando for operatório-concreta, poderá fazer uso das ferramentas do sensório-motor, do pré-operatório e do operatório-concreto. Assim, quando alguém é operatório-formal, significa que ele pode apresentar os instrumentos de todos os estádios anteriores. É isso que significa *caráter integrativo* dos estádios.

Só que a forma como o sujeito utilizará instrumentos intelectuais de estádios anteriores é diferente da forma como a utiliza o sujeito que ainda se encontra em um ou em outro desses estádios anteriores. Trata-se de uma forma profundamente transformada porque, assim que se passa para um novo estádio, sintetiza-se o que era próprio do estádio anterior com as aquisições próprias do estádio atual; a forma original desse estádio fica, pois, irreconhecível. A sensório-motricidade de um engenheiro eletricista, ao montar um circuito eletrônico, é muito diferente daquela que ele utilizava quando tinha 1,6 ano de idade.

Mesmo que eu seja capaz de realizar raciocínios operatório-formais, em determinadas áreas, isso não significa que, em alguns momentos eu não circule por outras formas. Seria extremamente insuportável a convivência se o tempo todo estivesse teorizando ou operando formalmente, mesmo quando torcendo pelo meu time de futebol ou quando reunido com os amigos para um bate-papo. Se estou desmontando as engrenagens de uma bicicleta, para localizar o problema que causa seu mau funcionamento, estarei usando minha sensório-motricidade e minhas operações concretas, ambas orientadas – isso é importante! – por minhas operações formais.

TOTALIDADE OU SOMATÓRIO

Ao longo do desenvolvimento, "novas estruturas são construídas em função de uma reorganização de elementos tirados de estruturas prévias". E o que são estruturas? "Lembremos que esquema (*schème*) é o que é generalizável em uma ação e estrutura refere-se à coordenação de esquemas. Estrutura refere-se à organização, logo, ao aspecto orgânico, e se manifesta por meio da forma, constituindo-se esta em uma generalização. Forma, portanto, distingue-se de conteúdo" (Marques, 2005, p. 62). Esse processo de construção é único para cada indivíduo, impossível de ser repetido.

Segundo o próprio Piaget (1968, citado por: Montangero e Maurice-Naville, 1998):

> As estruturas humanas não partem do nada e, se toda estrutura é o resultado de uma gênese, é necessário, decididamente, admitir, à vista dos fatos, que uma gênese constitui, sempre, a passagem de uma estrutura mais simples a uma estrutura mais complexa, e isto segundo uma regressão sem fim. (p. 178)

Contrariamente, a teoria da *Gestalt* afirma que o desenvolvimento intelectual consiste "na explicação gradual de uma série de estruturas pré-formadas na constituição psicofisiológica do próprio sujeito" (Piaget, 1936, p. 352). Ela explica "cada invenção da inteligência por uma estruturação renovada e endógena do campo da percepção ou do sistema de conceitos e relações" (p. 352). A formação dos conceitos, essas totalidades operatórias com as quais nós pensamos, decidimos fazer coisas, trocamos ideias com as pessoas, construímos teorias, etc., estaria, de acordo com uma visão apriorista como a da *Gestalt*, já organizada no genoma aguardando o processo de maturação para se manifestar. Piaget, ao contrário, explica essa capacidade por um processo de construção realizado pela ação do sujeito que, mediante as organizações endógenas dessas ações, exercidas sobre o meio, e sobre si próprio, chegaria à formação de *estruturas de conjunto*, atributo fundamental do conceito de estádio. Por exemplo, a estrutura de conjunto própria do estádio operatório concreto é o agrupamento de classes e relações. Pode ser assim representada:

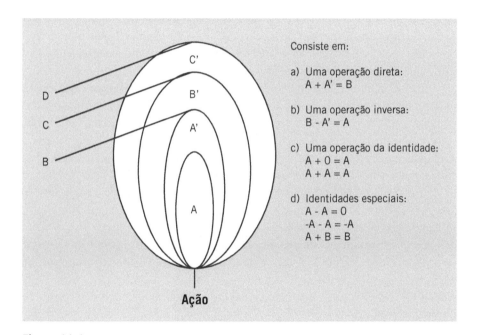

Figura 11.1

Agrupamento ("uma sequência de elementos encaixados como uma classificação").
Fonte: Figura F7b (PIAGET, 1975, p. 103), adaptada pelos autores.

Significa que tudo o que a criança faz nesse estádio é "coordenado" por essa estrutura. *Estrutura* é uma organização interna, não apenas cognitiva e psicológica, mas também e fundamentalmente biológica, neuronal ou cerebral, com a qual a criança organiza todas as suas ações ou interpreta tudo o que faz atribuindo coerência à diversidade dos seus fazeres. Apesar de sua enorme complexidade e da infinidade de ações, complexas e coordenadas, que possibilita realizar, a estrutura representada pelo agrupamento tem um limite: as ações da criança – elas são representadas na figura pelo ponto de convergências de todas as elipses (no estádio formal, essas elipses transformar-se-ão em círculos concêntricos, o que significa que as ações concretas transformaram-se em operações).

Ser operatória concreta significa que a criança ainda não pode operar formalmente, isso é, raciocinar ou inferir apenas com o uso de proposições ou sentenças, no sentido linguístico, lógico ou matemático. Ela pode realizar uma infinidade de ações, porém, dentro do limite dessas operações, isto é, no âmbito das ações que realiza no seu brinquedo. Assim, ela saberá mensurar o espaço ao subir numa árvore durante o jogo de esconde-esconde, pôr um cubo no conjunto dos sólidos a que o mesmo pertence, contornar obstáculos ao dobrar a esquina andando de bicicleta, responder de modo pertinente à pergunta de sua mãe, enfim, organizar seus brinquedos: suas bonecas, seus carrinhos ou suas figurinhas no álbum, não importando quantos sejam eles.

A vantagem de se usar o conceito de estrutura, segundo Piaget, está no fato de se poder agrupar nesse conceito todas as ações da criança, no sentido tanto das classes quanto das relações. E também não subestimar a capacidade da criança, como acontece frequentemente com a escola que, sob o pretexto de que a criança ainda não é operatória formal, sonega atividades mais complexas cobrando dela comportamentos infantis há muito ultrapassados por ela.

Uma estrutura cognitiva não existe desde o nascimento. Ela é resultante de longos processos de construção. A explicação pelo *insight*, da *Gestalt*, não é, pois suficiente visto que não considera esses longos e minuciosos processos, no final dos quais se formam as estruturas que, ainda, passarão por um longo processo de generalização que progressivamente as consolida. A *Gestalt* tem o mérito de reconhecer as características de totalidade e de raízes biológicas (Piaget, 1936, p. 352, §3) das estruturas intelectuais, mas não seu longo processo de formação produzido pela ação do sujeito.

Um esquema, por exemplo, só pode ser compreendido no âmbito do conceito de estrutura. Os esquemas de agarrar e puxar são aplicados do mesmo modo para a toalha da mesa, pelo bebê; para a cadeira, pela criança maiorzinha; para o carrinho que é agarrado e puxado para junto de outros carrinhos, pela criança de 4 anos. Além disso, a estrutura é "estruturada e estruturante" (Piaget, 1936, p.360), isto é, ao enfrentar uma situação para a qual não tem solução pronta, ela pode criar uma solução, um procedimento, um comportamento; ao fazer isso, a estrutura se reestrutura, ampliando seu âmbito de atuação e, em seguida, se generalizando.

Piaget (1936/1978) usa quatro adjetivos para configurar a estrutura: (a) Ela resulta de uma "organização ativa da experiência vivida" (p. 356); ela se constitui, pois, por um processo radicalmente histórico; (b) Um "esquema aplica-se à diversidade do meio exterior e generaliza-se" (p. 360); a estrutura não aparece pronta, ela se consolida aos poucos na medida em que se aplica à diversidade do real; (c) A estrutura é intrinsecamente ativa; por isso não se precisa dizer "esquemas de ação", porque o esquema é intrinsecamente ativo; ele é sempre esquema de ação, ou não seria esquema. A estrutura não tem atividade; ela é própria atividade organizada, estruturada e estruturante. "O fato primordial é, portanto, a atividade assimiladora, sem a qual nenhuma acomodação é possível; é a ação combinada da assimilação e da acomodação que explica a existência dos esquemas e, por conseguinte, da sua organização" (p. 363); (d) A exploração do sujeito "supõe (...) um processo permanente de correção ou de controle ativos" (p. 366); toda ação do sujeito rege-se por um princípio de equilíbrio entre assimilação e acomodação; na base desse equilíbrio encontra-se o sistema autorregulador do organismo (Piaget, 1967/1973).

Uma vez ressaltado que o tempo de construção das estruturas intelectuais é variável, surge outra questão. Será que todos os indivíduos passam por todos os períodos ou estádios do desenvolvimento? Nem sempre. Por exemplo, há indivíduos que, mesmo sendo adultos, podem ter atingido apenas um pensamento operatório-concreto, não alcançando, portanto, o pensamento operatório-formal. Novamente, a idade não é garantia de ter atingido um período ou outro. Por isso, não podemos nos basear nas idades, já que a teoria de Piaget não é uma teoria maturacionista. Maturacionista é a teoria segundo a qual os estádios já estão presentes, em potencial, no recém-nascido; eles precisarão, para se manifestar, apenas do processo de maturação do organismo.

Porém, se alguém está vivendo o operatório concreto, significa que viveu os estádios anteriores; não se queimam estádios. É isso que significa a "sucessão constante", característica dos estádios.

O conhecimento é sempre totalidade, síntese; nunca somatório. Em qualquer nível da psicogênese, somos ou seremos sempre a síntese de tudo que fizemos nos estádios anteriores.

DE REPENTE OU LONGO PROCESSO

Como vimos, os diferentes estádios surgem por força da ação do sujeito. Das ações ou dos esquemas, o sujeito retira "materiais de construção" para produzir ações mais complexas ou coordenações de ações ou coordenação de esquemas.

Isso é verdade para o bebê de quatro meses que olha e, em seguida, agarra e suga a mamadeira; é, também, verdade, para o cientista no laboratório que formulou hipóteses e agora reorganiza todo o laboratório para testar essas hipóteses. (Toda a pesquisa de Piaget visa estabelecer um elo entre tais ações do bebê e essas ações do cientista. Para ele, há filiação, isto é, uma ligação genética entre elas).

As capacidades intelectuais ou cognitivas do sujeito não provêm de doações "gratuitas" do genoma ou do meio, físico ou social. São aquisições provenientes da atividade do sujeito. Não se pode dizer que todas as ações humanas constituem conhecimento. As ações que produzem conhecimento são aquelas das quais o sujeito se apropria, tematizando-a ou tornando-a objeto de seu interesse, de sua reflexão. O certo é que não se chega a construções cognitivas novas sem envolvimento da ação do sujeito; ação praticada, em seguida apropriada e, então, transformada em algo novo. Para que o sujeito faça isso ele precisa de motivo, estar interessado, sentir desejo; caso contrário, não o fará. É por isso que afirmamos que os processos cognitivos são radicalmente históricos. Eles não são necessários; são contingentes, históricos, isto é, podem ou não acontecer na dependência do interesse, vontade ou desejo do indivíduo.

Daí a afirmação de Piaget: um estádio comporta "ao mesmo tempo um nível de *preparação*, por um lado, e *acabamento*, por outro" (1972/1975, p. 364). Por exemplo, para as operações formais, há um período de preparação que vai, em média, dos 11 até os 13-14 anos; o acabamento consiste na etapa de equilíbrio que aparece então. Intimamente relacionada com essa distinção, ele afirma existir também *processos de formação* ou de gênese e *formas de equilíbrio finais*. Os processos formadores realizam-se por diferenciações progressivas das estruturas e consistem nas formas de equilíbrio finais das estruturas de conjunto, já tratadas.

Seria relativamente simples conceber os estádios do desenvolvimento intelectual considerando tais características ou atributos. Entretanto, uma estrutura de conjunto não aparece pronta assim que se manifesta, por meio de comportamentos, um novo estádio. Surge assim o problema das decalagens.

DECALAGENS

Sabemos da importância que a noção de conservação desempenha no aparecimento da estrutura de conjunto das operações concretas, por volta dos 7 anos de idade. Acontece, no entanto, que essa estrutura não estende, de imediato, a noção de conservação a todos os domínios. Se ela acontece com a substância ou matéria, não acontece ainda com o peso, que só aparecerá um ano e meio a dois anos mais tarde. Do mesmo modo, a noção de volume será adquirida, em média, um ano e meio a dois anos ainda mais tarde que a do peso.

A esse fenômeno da resistência à generalização de uma estrutura de conjunto ou dos estádios, Piaget chamou de *decalagem*. Ela consiste na "repetição ou reprodução do mesmo processo formador em diferentes idades" (1972/1975, p. 365). Aparecem, assim, as *decalagens horizontais* e as verticais. As horizontais consistem na resistência ao processo formador, dentro de um mesmo estádio, como acontece com a noção de conservação – da substância, do peso e do volume. Acontece "quando uma mesma operação se aplica a conteúdos diferentes" (p. 365).

As *decalagens verticais*, por sua vez, ocorrem quando uma noção é refeita por força da estrutura do novo estádio; consiste na "reconstrução de uma estrutura por meio de outras operações" (p. 365). A criança, ainda sensório-motora, é capaz de deslocar-se em seu espaço cotidiano, logrando êxito nessa tarefa. Mas, é incapaz de representar o mesmo espaço quando afastado dele, pois suas ações são guiadas pelas percepções. Assim que supera o sensório-motor, devido à aquisição da função simbólica, reconstruirá sua noção de espaço em um outro plano, ao mesmo tempo diferente e continuação do sensório-motor; isso é, no plano representativo, no qual sua noção de espaço amplia-se extraordinariamente. Nesse plano, "a inteligência consiste em atividades mentais, que se apoiam em representações do real (imagem mental, palavras, etc.)" (Montangero e Maurice-Naville, 1998, p. 174).

CONCLUSÃO

A respeito dos estádios ou períodos de desenvolvimento, pode-se fazer uma analogia, dizendo que: "Cada nível do desenvolvimento cognitivo fornece lentes diferentemente adaptadas para enxergar a realidade – cada nova lente consistindo num novo polimento e na utilização de melhores materiais e nova tecnologia do que as lentes anteriores –, permitindo diferentes relações com o real, diferentes aproximações, diferentes assimilações" (Marques, 2005, p. 61), muito mais profundas e extensas que as anteriores.

Como a intenção deste texto é a de superar a miserabilidade teórica com que a escola recebeu a "teoria" dos estádios de Piaget e, consequentemente, ultrapassar os equívocos práticos gerados por essa compreensão deficitária, resumiremos os argumentos utilizados.

Considerando que "a concepção piagetiana dos estádios concerne às formas e não aos conteúdos do conhecimento" (Montangero e Maurice-Naville, 1998, p.

175), as precauções escolares a respeito de conteúdos que poderiam ou não ser ensinados, e as interdições metodológicas do tipo: não se deve corrigir, não se deve avaliar com prova escrita, não se deve dar tema de casa, não se deve dar aula expositiva, etc., etc., caem por terra. Afinal de contas, "Os estádios são, com efeito, degraus de equilíbrio" estruturais e não escalonamento de conteúdos. Pode-se dizer, com certas restrições, que se pode ensinar qualquer conteúdo à criança ou ao adolescente desde que se respeite sua capacidade estrutural. Nesse sentido, pode-se ensinar biologia, física, química, matemática, etc., para crianças de 12, 10, 8, 6 anos e até menos, desde que se organizem as ações didático-pedagógicas tendo em vista a organização estrutural do pensamento da criança; isso é, prestando atenção aos sinais, aos avisos, frequentemente inconscientes, que a criança "envia" ao professor "dizendo": "Eu entendo isso que você quer de mim", ou: "Eu não tenho a mínima possibilidade de entender o que você está pretendendo que eu entenda".

Doravante, toda vez que falarmos de *estádio* de desenvolvimento intelectual, devemos entender imediatamente que se trata de períodos de desenvolvimento que: (a) se sucedem numa ordem constante de aquisição; (b) sua sucessão é pautada por um caráter integrativo; (c) os períodos são caracterizados por estruturas de conjunto; (d) cada período passa por um longo preparo seguido de um acabamento; (e) são precedidos por processos de formação, seguidos de formas de equilíbrio finais. Acresce-se ainda que esses períodos ou estádios sofrem decalagens ou obstáculos a sua generalização; isso é, como eles não aparecem prontos, vão se ampliando, isto é, se generalizando na medida de seu funcionamento.

Faltando qualquer uma dessas características ou atributos poderemos ter muitas coisas, menos *estádio* de desenvolvimento. Além disso, apesar de a cronologia constituir uma dimensão importante dos estádios, ela não os define, nem ao menos em parte; isso é, a idade não pode ser usada para identificar ou caracterizar um estádio. Como se vê, tudo o contrário do que a escola entendeu e equivocadamente praticou a respeito, obstruindo muitas vezes o ensino.

As acusações, inclusive recentes, de que o construtivismo piagetiano fracassou em sua pretensão de orientar a evolução dos conhecimentos escolares carecem de razão na medida em que se implementou na escola, com raras exceções, um arremedo de construtivismo que pouco ou nada tem a ver com o construtivismo da epistemologia genética piagetiana; ou até se opõe a ele.

12

Aprendizagem humana: processo de construção*

> [...] o processo mais fundamental de toda conduta de aprendizagem consiste em que o sujeito aprenda a aprender. (Inhelder, Bovet, Sinclair, 1977, p. 116)
>
> Nascer é ingressar em um mundo onde se é obrigado a aprender. (Charlot, 2000, p. 84)
>
> Aprender é proceder a uma síntese indefinidamente renovada entre a continuidade e a novidade. (Inhelder, Bovet e Sinclair, 1977, p. 263)

Falar de diferentes dimensões das capacidades humanas envolve questões filosóficas, históricas, políticas, culturais, epistemológicas, psicológicas. Apesar de reconhecer a importância das demais áreas, centrar-nos-emos nas dimensões epistemológicas e psicológicas ou, mais especificamente, trataremos do processo de aprendizagem nos pontos de vista da epistemologia genética e da psicanálise.

Convém perguntar, pois, o que significa aprender ou, melhor ainda, como se aprende. A essa questão poderemos ter respostas muito distintas, inclusive contrárias entre si. Isso dependerá da concepção de conhecimento ou, o que dá no mesmo, da epistemologia de quem responde a essa pergunta. Faremos referência a três grandes explicações que abarcam, de certa forma, todas as demais explicações. Podemos começar referindo-nos a duas posturas, totalmente contrárias entre si, pelo menos aparentemente: a da psicologia da *Gestalt* (aprendizagem por *insight*) e a da psicologia comportamental (aprendizagem por reforço).

A concepção gestáltica (*Gestalt*, palavra alemã que significa estrutura, forma, contorno, configuração) de aprendizagem acredita que os novos conhecimentos nascem de estruturações instantâneas da percepção ou *insight*. Assim,

---

* Texto escrito em coautoria com a professora Dra. Tania Beatriz Iwaszko Marques.

o indivíduo, já na sua primeira experiência, traria as estruturas perceptivas organizadas e essa organização seria projetada sobre um conteúdo qualquer que seria instantaneamente significado. Assim, os macacos de Koehler (um dos criadores dessa teoria), ao brincar com varas, de repente "se dão conta" de que podem atingir um objetivo fora do alcance da mão ou do braço utilizando uma vara. A teoria da *Gestalt* subestima o papel da experiência e tende a atribuir a capacidade de aprender a qualidades herdadas pelo indivíduo, à Gestalt (estrutura *a priori*). Tal interpretação avizinha-se perigosamente das concepções que valorizam a herança genética em detrimento da experiência. Identifica-se essa posição com outros apriorismos como acontece com os que pensam que a pessoa aprende porque tem talento, porque é de tal raça ou tal gênero, porque é rica, porque foi predestinada, porque tem poder; e não porque ela fez (ação) isso ou aquilo.

Do outro lado, situamos a teoria do reforço – muito mais presente no meio escolar do que se possa imaginar (Cf. Becker, 1999). Pensa-se que o indivíduo aprende porque ele repete um modelo que se impõe a ele como *estímulo*. O indivíduo é concebido como *tabula rasa* (folha de papel em branco, CD, HD ou *pen-drive* virgens), em todos os níveis do seu desenvolvimento. O grande problema dessa teoria é que ela desconsidera as organizações *endógenas* do indivíduo (do sujeito), considerando única e exclusivamente o mundo da experiência como algo externo (estímulo) que se impõe a ele. Desconsidera, na escola, tudo aquilo que o aluno traz no primeiro dia de aula. A respeito, diz Paulo Freire: "Um dos grandes pecados da escola é desconsiderar tudo com que a criança chega a ela. A escola decreta que antes dela não há nada". (Folha de São Paulo, 31.03.97).

Na medida em que a aprendizagem por *insight* considera que o sujeito não precisa envidar maiores esforços porque as organizações perceptivas já vêm configuradas *a priori*, isso é, na bagagem hereditária; na medida em que a aprendizagem por reforço considera que o papel do sujeito não tem maior importância porque tudo vem da experiência (física); essas duas posições, embora antagônicas, assemelham-se em um ponto fundamental: elas desconsideram a função constitutiva da atividade do indivíduo, ou seja, o poder constitutivo da ação do sujeito da aprendizagem. O sujeito é compreendido, no âmbito dessas duas concepções teóricas, como passivo. Tais críticas postulam uma *terceira* concepção que considera simultaneamente a importância da herança genética e do meio físico e social na gênese e no desenvolvimento do conhecimento e da afetividade humanos.

Encontramos tal postura na psicologia e na epistemologia genéticas – a psicanálise freudiana, como veremos adiante, alia-se a essas ciências, no que concerne ao desenvolvimento da afetividade (Cf. Cap. 10). Compreende-se, neste contexto teórico, que qualquer conquista do indivíduo deve-se à sua ação. Não há consciência, conhecimento, linguagem, representação ou qualquer tipo de operações mentais, nem sequer a própria mente, antes da ação. A aprendizagem deve ser entendida, pois, como obra da ação do indivíduo ou sujeito do conhecimento.

A ação produz dois efeitos correlatos: estruturas progressivamente organizadas e conteúdos cada vez mais diversificados e complexos. Sempre que o indivíduo trouxer, para seu mundo *endógeno*, algo que vem do mundo *exógeno*, ele organiza algo no âmbito do conteúdo. Ao mesmo tempo, entretanto, ao se deparar com algo estranho, inusitado, embaraçoso, o indivíduo volta-se para si mesmo procurando reorganizar seu mundo endógeno. Ao fazer isso ele modifica suas estruturas e, quando essa novidade é muito grande, ele cria uma nova estrutura – levando em conta, sempre, o patamar de desenvolvimento em que se encontra. Por exemplo, para compreender como rodam os pneus do automóvel, um menino reproduz inumeráveis vezes, com carrinhos de brinquedo, o rodar do automóvel; ao viajar de automóvel ou de ônibus, observa as inumeráveis formas de rodagem dos outros carros, ônibus, caminhões: pneus pequenos, grandes; pista plana, em aclive ou declive, lisa ou esburacada, de asfalto ou de paralelepípedo, calçada ou de chão batido.

Volta para casa e simula, com carrinhos, essas diferentes situações ativando uma troca interminável entre o mundo endógeno e o mundo exógeno (mundo físico ou social). A cada novo problema que o mundo exógeno apresenta, o sujeito procede a novas reorganizações no seu mundo endógeno. Assim, a criança observará que, ao lado de pneus pequenos de automóveis, há os grandes de ônibus e caminhões, e os enormes de tratores ou colheitadeiras; que há helicópteros que usam pneus e outros, não, que os pneus dos aviões são, ainda, diferentes com a complexa tecnologia dos trens de pouso. Se o meio – família, escola, sociedade – lhe der possibilidades de continuar brincando de aprender essas intermináveis variações, esse menino, agora adolescente, poderá aproximar-se de algo que se chama de Engenharia – mecânica de automóveis ou aeronáutica. Afinal, o fator afetivo ou a necessidade que ele sente de responder a si mesmo a todas essas coisas, ele já demonstra possuir pelo brinquedo espontâneo – sem isso, aliás, nenhum êxito maior seria alcançado, pois: "um esquema de assimilação comporta uma estrutura (aspecto cognitivo) e uma dinâmica (aspecto afetivo), mas sob formas inseparáveis e indissociáveis" (Piaget, 1974, p. 66).

As ações de que falamos são movidas pelas emoções ou pelo afeto – sentimento vivido como necessidade. O indivíduo sente necessidade de fazer isso ou aquilo. As ações praticadas pelo indivíduo, respondendo às necessidades vividas, são espontâneas, no sentido de que o indivíduo responde, sem precisar ser mandado ou sofrer qualquer tipo de pressão. Essas ações podem não acontecer porque o indivíduo não sente necessidade ou porque não há condições objetivas;

isto é, são históricas, contingentes. Uma criança de 4 anos só poderá brincar com carrinhos se tiver carrinhos à sua disposição: se alguém comprou ou fabricou carrinhos para que ela pudesse brincar. Os efeitos dessas ações também não são necessários. Eles podem acontecer ou não, podem ser de um jeito ou de outro. Interpretar os estádios do desenvolvimento cognitivo como tendo que necessariamente acontecer é um equívoco que tem sido cometido com frequência; do mesmo modo, interpretar que uma acomodação decorre necessariamente de uma assimilação e com a mesma intensidade, como se a motivação, necessidade ou desejo do indivíduo não contassem, é um erro não menos frequente.

Há um outro aspecto, referente às ações, que não pode ser esquecido. As ações não são todas do mesmo tipo. Há ações de primeiro e de segundo graus. As de primeiro grau são as que levam ao êxito. São as ações necessárias à nossa sobrevivência. São as que praticamos desde que nascemos e que nos conservam vivos. Já as de segundo grau são as ações praticadas sobre as ações anteriores ou sobre suas coordenações. Assim, o bebê mama (ação de primeiro grau); mais tarde, ele passa a brincar de mamar, fazendo de conta que mama de um jeito ou de outro, rindo muito ao fazer isso. No primeiro caso a ação tem por objeto a alimentação, saciar a fome; no segundo caso, o objetivo é a apropriação da própria ação de mamar, ou das coordenações de todas as ações similares a essa, sem nenhuma função de utilidade imediata. A busca do êxito (primeiro grau) foi substituída pela busca da compreensão (segundo grau).

A *coordenação de ações* é um conceito cuja importância subestima-se com frequência. A organização de todas as formas de uma determinada ação chama-se *esquema*. Por exemplo, o esquema de sucção. A organização de todas as formas de pegar dá origem ao esquema de preensão. Esses dois esquemas podem assimilar-se reciprocamente. Quando a criança agarra algo e leva à boca o que agarrou, diz-se que ela coordenou duas ações, coordenou dois esquemas; criou algo novo. Essa coordenação é endógena, não pode ser observada; mas pode ser deduzida a partir dos comportamentos.

A coordenação de ações é o alvo, a matéria-prima das ações de segundo grau. O sujeito retira das organizações das ações qualidades com as quais produz um novo patamar de conhecimento. Esse novo patamar significa um salto qualitativo no plano do desenvolvimento. Significa o nascimento de novas possibilidades de aprendizagem.

É por isso que Piaget diz que *aprender é criar estruturas de assimilação*. A cada novo patamar de desenvolvimento, construído pelo sujeito, correspondem novas possibilidades de aprendizagem. Afirmar, pois, que a criança é capaz de aprender qualquer coisa em qualquer idade é um mito que realmente o verbalismo que tantos males tem causado à aprendizagem escolar.

Cada novo patamar de desenvolvimento abre um mundo de possibilidades de aprendizagens que a escola deveria se apressar em preencher em vez de insistir em *transmitir* verbalmente conceitos inacessíveis à criança e ao adolescente (e também ao adulto). As respostas escolares ativas a essas possibilidades seriam o melhor preparo para atingir-se um novo patamar de desenvolvimento. É dessa forma que a aprendizagem se constituirá em aliada do desenvolvimento em vez de ser sua inimiga. Nossa hipótese é a de que a aprendizagem subordinada ao ensino escolar atua, em grande parte, como opositora do desenvolvimento.

Outra diferente dimensão do aprender diz respeito às questões afetivas envolvidas no processo de aprendizagem. Freud diz que se aprende por amor a alguém. O que isso significa? Para dar conta dessa questão faz-se necessário ir à busca do conceito de *transferência* na psicanálise em que: "Toda uma série de experiências psíquicas prévias é vivida, não como algo passado, mas como um vínculo atual com a pessoa do médico" (Freud, 1901, p. 110).

A explicação original do processo de transferência dizia respeito à relação entre médico e paciente. Tal definição, contudo, pode ser estendida, sem problema, à relação professor-aluno, em que vemos reeditados certos sentimentos originalmente dirigidos aos pais (ou a pessoas que ocupem esse lugar). Segundo Kupfer (1989): "Um professor pode tornar-se a figura a quem serão endereçados os interesses de seu aluno porque é objeto de uma transferência" (p. 88). Mesmo sem precisar dar nomes aos processos, os alunos já sabem que essa relação é importante. Comentando pesquisas realizadas com jovens, Gomes Garcia (1999) afirma que, para eles, "os professores e professoras mais legais são os que, quando entram em sala de aula, mostram-se contentes por estar com eles" (p. 55). Presume-se que para os professores também seja assim. Não é importante sentir-se contente por estar em sala de aula?

Aprender envolve uma ambivalência afetiva muito intensa: por um lado, um sentimento no sentido de aceitar que não sei, que o que sei é incompleto ou impreciso, talvez errado; e, por outro, o prazer de descobrir, de criar, de inventar, e encontrar resposta ao que se está procurando, ou, dito de outra forma, "a criança e o adolescente aprendem para conquistar sua independência e para tornar-se 'alguém'" (Charlot, 2000, p. 72).

Nesse sentido, o professor pode facilitar ou dificultar o processo, aumentando a ansiedade ou auxiliando o aluno a controlá-la. Se o professor insiste na imperfeição do aluno, no constrangimento pelo seu desconhecimento, pela sua falta, pelo seu erro, maior dificuldade, provavelmente, o aluno terá para admitir seu erro, não desejando, portanto, aprender, já que isso significará admitir sua incapacidade. Ao contrário, se o erro puder fazer parte do processo – não como algo a ser castigado, mas como uma tentativa de encontrar uma resposta, que tem uma lógica em si – a curiosidade, a iniciativa e o desejo de encontrar respostas podem ser sentidos como positivos.

Da mesma forma que o aluno transfere para o professor, o professor também pode transferir para o aluno. Porém, ao professor é que cabe reconhecer a existência desse processo. Pode o professor estar sendo exageradamente crítico com um aluno (ou com uma turma) como uma forma de resolver seus próprios conflitos. Ele próprio não está imune a esse processo.

Por outro lado, o professor pode auxiliar, e muito, para que o aprender seja sentido como prazer, valorizando as pequenas descobertas e as novas dúvidas e, sobretudo, formulando novas questões. Usando o conceito de Vygotsky, essas questões têm que estar dentro da ZDP (Zona de Desenvolvimento Proximal), ou seja, não adianta continuar insistindo em perguntar o que a criança ou o adolescente já sabe, porque isso não desafia, antes aborrece, além de dar a sensação de que não se está sendo desafiado porque se é incapaz. Tampouco adianta perguntar o que está muito além de sua capacidade. Se isso acontece com frequência, ao invés de ser sentido como desafio pode produzir-se uma frustração exagerada, o que pode acarretar um sentimento de incapacidade. Formular questões desafiadoras e que, ao mesmo tempo, estão dentro das possibilidades do sujeito é uma forma de educar que contempla, simultaneamente, a aprendizagem do ponto de vista cognitivo e, além disso, satisfaz a dimensão afetiva do processo de aprendizagem.

Como vimos, falamos com Freud, Vygostky, Piaget, Freire, Charlot do processo de aprendizagem ligado radicalmente ao processo de desenvolvimento. Todas as aprendizagens dependem do processo de desenvolvimento, patamar por patamar. Das aprendizagens mais banais como designar a cor de um objeto, andar de bicicleta ou atravessar uma rua até as aprendizagens mais complexas como as de um modelo matemático, da viagem do homem ao espaço extraterrestre, da leitura da partitura de uma sinfonia de Beethoven, da estrutura das revoluções científicas dependem todas dos patamares de desenvolvimento. Elas não podem ocorrer se não puderem contar com um determinado patamar de desenvolvimento que as torna possíveis. Por isso, tudo que a criança ou o adolescente fizerem passa a ter interesse para quem tem a pretensão de interferir no seu processo de desenvolvimento. O mínimo que o educador precisa fazer é estar atento aos conceitos espontâneos trazidos pelo aluno, ouvindo sua fala e interpretando seus erros. A fecundidade dos desafios do professor depende, para começar, dessa sua capacidade.

Portanto, é essencial que, em primeiro lugar, o educador conheça o seu aluno para poder compreender como ocorre a aprendizagem. Conhecer o aluno significa saber o que costuma ocorrer no processo de desenvolvimento no sentido geral, isto é, de todos os seres humanos, e o que ocorre com os alunos particulares que ele tem diante de si, para que educador e alunos possam falar linguagens que façam sentido para ambos. Nesse acerto de linguagens reside o cerne do ato pedagógico: a pertinência dos desafios formulados pela docência e a possibilidade de êxito do ato educativo.

13
Ensino, aprendizagem e pesquisa

> A aprendizagem é possível apenas quando há uma assimilação ativa. É essa atividade de parte do sujeito que me parece omitida no esquema estímulo-resposta. A formulação que proponho coloca ênfase na ideia da autorregulação, na assimilação. Toda ênfase é colocada na atividade do próprio sujeito, e penso que sem essa atividade não há possível didática ou pedagogia que transforme significativamente o sujeito. (Piaget, 1972b)

Piaget afirma que o conhecimento nasce, origina-se (genética) no ser humano individual, no sujeito particular, por sucessivas *construções* e não por *repetições* ou por *insight*.

A explicação da gênese do conhecimento por *repetição* implica aceitar que o ser humano ao nascer é *tabula rasa* e tudo o que nele acontece, em termos cognitivos, é devido à estimulação; isto é, devido à repetição de estímulos ou à influência do meio sobre um sujeito passivo. No (neo)behaviorismo ele será interpretado como reforço, respondente (behaviorismo clássico) e operante (neobehaviorismo). Acredita-se que o meio – físico, social – exerce pressão espontânea sobre o sujeito e, de forma direta e unilateral, o determina. Tudo o que o sujeito fizer pouco ou nenhum significado terá perante essa pressão; a ação do sujeito tem apenas a função de internalização dos estímulos.

A explicação da gênese do conhecimento por *insight* implica aceitar que o ser humano já nasce programado, programação que será atualizada por um processo de maturação; isto é, o sujeito cognoscente está previamente organizado, independente das condições e das pressões do meio físico ou social. O meio não tem qualquer força de determinação do sujeito. Na sua forma mais popular, essa concepção acredita que a inteligência é uma faculdade cuja natureza independe da biologia do genoma. Para funcionar, ela precisará esperar pela maturação do organismo ao qual está vinculado ou do qual tomou posse. Ela existe previamente ao organismo. Essa crença encontra-se presente de forma surpreendente em estudiosos das neurociências – a mente é concebida como possuidora de uma natureza diferente do cérebro. Tudo aconteceria como se a mente fosse uma entidade *sui generis* que utilizasse o cérebro para se manifestar.

A explicação da gênese do conhecimento por *construção* implica a inexistência de um sujeito prévio e um meio que repercute sobre o sujeito apenas na medida em que este o assimila; o meio não tem poder para agir diretamente sobre o sujeito. Isso não diminui sua importância, no desenvolvimento da capacidade cognitiva humana, que é enorme. Olhando o problema por outro lado, podemos dizer, com Piaget, que o polo subjetivo (a criança ao nascer) tem toda a importância que se possa imaginar, mas, por si só não poderá chegar a qualquer conhecimento sem a mediação do meio – físico ou social; e que o polo objetivo tem toda a importância que se pode imaginar, mas o poder de determinação do sujeito só é exercido enquanto mediado pelas instâncias do próprio sujeito – pelos seus esquemas ou estruturas. Essas instâncias não são dadas, são construídas. De acordo com a neurociência atual, o cérebro organiza-se progressivamente de acordo com as demandas do corpo. É ele que produz a mente a partir das atividades e vivências do corpo. O cérebro é o "[...] público cativo das atividades teatrais do corpo" (Damásio, 1994/1996, p. 15). A mente não existe fora do cérebro.

A construção do conhecimento ocorre a partir do momento em que a bagagem hereditária (a criança recém-nascida) começa a agir sobre o meio (físico ou social) e o meio começa a "cobrar" do genoma modificações para dar conta das suas idiossincrasias. De forma mais simples, significa que o sujeito age sobre o meio, assimilando-o; como o meio resiste a ser assimilado, devido à sua complexidade, o sujeito transforma seus esquemas assimiladores (acomodação), voltando, então, a agir com maior competência sobre o meio, e assim por diante. Piaget usa o verbo *interagir* para condensar esses dois significados num só. Interagir significa que o sujeito traz, por hereditariedade, um funcionamento, uma capacidade assimiladora, cuja complexidade é muito maior do que aquela que os próprios inatistas propunham. Por essa capacidade, ele traz, para dentro de si, alguma coisa (objeto físico ou relação social) do meio. Esta coisa, por mais adequada que seja à estrutura assimiladora, traz consigo novidades. A essas novidades o sujeito pode ou não responder. Só responderá se tiver esquema ou estrutura (herdada ou construída) para responder. Responder significa, antes de qualquer coisa, produzir, desafiado pelo meio, alguma transformação nos próprios esquemas ou estruturas e, só em segunda instância, transformar o meio por novas assimilações – agora, em um nível diferenciado do anterior, em um nível melhor (equilibração majorante). A esta ação de modificação dos próprios esquemas ou estruturas, Piaget chama de acomodação.

Sujeito e objeto interagem. Significa que o sujeito age sobre o objeto e o objeto age sobre o sujeito. Já falamos das ações do sujeito. Falemos um pouco das ações do objeto. O objeto "age" sobre o sujeito, resistindo às suas investidas assimiladoras, "escondendo-se", revelando apenas algumas de suas qualidades – nunca todas as suas qualidades. Agir sobre o sujeito significa resistir a ser assimilado. A história das ciências é a história da resistência do objeto a ser assimilado. Quantos procedimentos a ciência precisa inventar para "obrigar" o objeto a revelar-se. Vejam-se os procedimentos de laboratórios de química, física, biologia. Quantos procedimentos foram necessários para fazer o genoma humano revelar-se em sua extraordinária complexidade e em sua extensão. Mesmo assim, esse feito fica a meio caminho da compreensão de como o genoma produz um organismo em sua compexidade.

Toda transformação, portanto, é produzida pela ação do sujeito como assimilação – transformando o meio – ou como acomodação – transformando os esquemas assimiladores do sujeito. Conhecer, para Piaget, é transformar o meio, e, de rebote, transformar a si próprio. Se não transformar, não é conhecimento. Nesse sentido, pode-se dizer que antes da ação não há sujeito, não há objeto, não há compreensão, não há consciência, não há conhecimento. No princípio era a *ação* (lembrava Piaget, citando Goethe), e não: no princípio era o *logos* (palavra, no sentido de conceito; o conceito aparece no ponto de chegada, não no ponto de partida). Para Piaget, a ação é a instância significadora mais fundamental do ser humano; é a instância significadora primordial que se confunde com a própria assimilação. A capacidade semiótica – incluindo, aí, de forma especial uma de suas possibilidades que é a linguagem – é tardia com relação à ação e deve sua gênese a essa ação. Podemos acrescentar, pois, que antes da ação não há função semiótica e, portanto, não há linguagem *stricto sensu*. Isso significa que, antes da ação, a socialização é impossível. Significa, também, que o sujeito constrói, para si, as condições prévias de toda socialização.

Piaget diz, em *A construção do real na criança* (1936), que a criança se organiza organizando o mundo. Isto é, nada acontece com ela que não passe, antes, pela sua ação; acontece que sua ação só é possível em um meio físico ou social, mediado por esse meio. Pode-se dizer, sob o ponto de vista psicológico, e, por extensão, sob o ponto de vista pedagógico, que todo processo de aprendizagem é um processo radicalmente individual, mediado pelo meio físico ou social. A irredutibilidade sujeito/objeto, própria de epistemologias fixistas (empiristas ou aprioristas), é superada pela epistemologia piagetiana, pela força explicativa que assume a ação do sujeito. Essa ação tem o poder de, de certa forma, transformar o objeto em sujeito e o sujeito em objeto, de subjetivar o mundo e objetivar o sujeito, de construir, correlativamente, a objetividade e a subjetividade.

POSSIBILIDADES ATUAIS DA EPISTEMOLOGIA GENÉTICA*

Como se vê, Piaget supera instâncias epistemológicas que existem em todas as ciências – para não falar de sua pregnância no senso comum de onde elas provêm originariamente. Essa superação implica uma nova neurologia, como acontece com os trabalhos de McCulloch e Pitts que destroem o conceito de arco reflexo (Pavlov), na direção do conceito de circuito completo (espiral). Diz Piaget:

> O sistema nervoso é muito mais do que um agregado de reflexos, como se acreditava outrora. [...] no sentido preciso de uma estrutura algébrica [...]. Esta descoberta não é somente fundamental no que respeita ao sistema nervoso, mas leva a esperar que se chegue ao tratamento lógico-matemático do organismo, próprio para o organismo inteiro, do qual o sistema nervoso é ao mesmo tempo reflexo e regulador. [...] McCulloch e Pitts, analisando os pormenores das conexões neurônicas, encontraram ligações isomorfas com as dezesseis funções da lógica bivalente das proposições, ou seja, das combinações binárias de uma rede booleana de valores 0 e 1. Qual é então o sentido deste isomorfismo com operações lógicas que, nas crianças de nossas sociedades, não se constituem senão entre 12 e 15 anos?. (1967/1973, p. 256).

Battro insiste que é preciso incluir o cérebro na psicologia e na epistemologia genéticas; segundo ele, essa é uma tarefa para já.

J. Vonèche (1996, então presidente dos Archives J. Piaget, de Genebra), por sua vez, alerta para a fundamental diferença da importante noção de equilíbrio na teoria de Piaget com relação à noção de equilíbrio em teorias como a de Watson (pai do behaviorismo), de Heider e Festinger (psicologia social). Em Piaget não se obtém o equilíbrio voltando aos estados iniciais, mas produzindo melhores estados.

O espanhol Juan Delval demonstra como é possível investigar, com Piaget, na direção das construções sociocognitivas, construindo alianças teóricas com autores como Moscovici, Vygotsky, Perret-Clermont, Doise, Mugny, etc. O argentino Castorina já demonstrara isso, em nosso meio, expondo sua pesquisa à base da epistemologia genética sobre as origens do poder na escola, segundo as crianças.** Para analisar tais noções de poder, foi buscar em Max Weber as categorias pertinentes.

---

* As ideias que se seguem e seus autores circularam no *IV Simpósio Internacional de Epistemologia Genética*, ocorrido em Águas de Lindóia, São Paulo, em homenagem aos 100 anos do nascimento de Piaget, em 1996.
** Palestra proferida junto ao Programa de Pós-Graduação em Educação da UFRGS, em Porto Alegre-RS.

De forma similar, Yves de la Taille investiga *segredo, vergonha e honra na criança*, estendendo seu quadro teórico piagetiano para um intercâmbio com as contribuições de autores como M. Mead, Vygotsky, Simmel, Habermas, Sartre, Coll, Riviére e outros... Afirma, por exemplo, que a descoberta do *segredo* que consiste em esconder, não fisicamente, uma ideia, uma representação, é tão importante na criança quanto a descoberta do sexo e da morte. A consciência do segredo surge, na criança, aos 4 anos de idade, e a consciência do direito de ter segredo, apenas aos 8 anos.

Ernst von Glasersfeld, filósofo americano de origem austríaca, afirma que Piaget rompeu com a tradição filosófica de mais de 2000 anos. Para Piaget, o conhecimento é um instrumento de adaptação, e não um órgão de representação. Entende "adaptação" como a medida da equilibração do meio interno. Essa ruptura consiste em substituir o reflexo pavloviano (noção que sobrevive pelo menos desde Aristóteles) pelo esquema de ação. Os significados das palavras, no seu início, são sempre experiências – entendidas como resultados de ação e de abstração reflexionante. A semântica se faz na cabeça e não fora da cabeça. Não se aprende uma língua sem a sociedade que fala essa língua. Mas os conceitos se fazem no sujeito, na experiência; não são dados no social. Nesse sentido, para Glasersfeld, Piaget é mentor de um construtivismo radical, ao passo que Vygotsky não supera as noções de um realismo ingênuo; se pudermos falar de construtivismo de Vygotsky, ele não passa de um construtivismo trivial. O construtivismo praticado nos Estados Unidos, hoje, de acordo, ainda, com Glasersfeld, não supera esse construtivismo banal porque é tributário de um realismo ingênuo. É por isso que é muito mais fácil aceitar Vygotsky e extremamente difícil assimilar Piaget. Para esse filósofo, a verdadeira função do professor é a de "aumentar o campo de experiência do educando até sua ingenuidade não funcionar mais" – penso, aqui, na afirmação de Bachelard: "A ciência supera infinitamente o senso comum".

O francês Jean-Marie Dolle, da Universidade de Lyon, chama a atenção para a riqueza das categorias piagetianas de "figurativo" e "operativo". A inteligência de crianças estudadas por ele, que apresentam dificuldades de aprendizagem, é determinada, quase exclusivamente, pelo figurativo. A escola trabalha ostensivamente o figurativo, piorando a situação dessas crianças. Daí a necessidade de um ambiente de aprendizagem que ative a capacidade operatória delas, muitas das quais mostram incapacidade de se orientar no espaço.

O lógico Jean-Blaise Grize, parceiro de Piaget no *Traité de logique opératoire*, lembra que, em primeira aproximação, Piaget evidenciou a gênese da álgebra de Boole. Contudo, introduziu ele uma lógica dos conteúdos e abriu novas perspectivas – um objeto não tem sentido em si; seu sentido depende do lugar que ocupa no conjunto das classes e relações do pensamento de um sujeito. Com Rolando Garcia, Piaget introduziu a ideia de *implicação significante* não mais somente entre proposições, mas entre conteúdos. Ele jamais entende conteúdo como um dado, mas como o resultado de uma construção que mobiliza as atividades do pensamento apoiadas nas representações que os sujeitos fazem de si, do mundo e dos outros. Constrói, assim, uma lógica do sujeito e uma lógica dos objetos. Diz Grize que o problema da aprendizagem é o problema do desenvolvimento dos conhecimentos, portanto, do crescimento do potencial de ação. No contexto da epistemologia genética, é a ação que dá significado às coisas. Se é certo que nem a criança nem o adulto são puros tomadores de registros dos discursos que fazem; se é, por si mesmo, que o sujeito amplia seus conhecimentos, deve-se ter em mente que escutar e ler devem ser consideradas atitudes indispensáveis. Não deve ser entendido como uma desgraça se os mestres, inclusive os pedagogos mais atualizados, continuem a falar aos aprendizes. A desconfiança que se atribui a Piaget, a respeito do lado verbal da aprendizagem, repousa sobre um triplo mal-entendido:

1. Piaget era, antes de tudo, um epistemólogo e, mesmo nas pesquisas que tratavam de física, procurava pôr em evidência os mecanismos lógicos em jogo, bem mais que os conteúdos de conhecimento.
2. Mesmo que Piaget tenha se ocupado certo tempo de sociologia – para revelar, aí, por outros caminhos, as mesmas estruturas operatórias que pusera em evidência em psicologia – ele focalizou sua atenção apenas sobre as relações entre o sujeito e o mundo físico, deixando de lado, *por método*, as relações entre os sujeitos: relação sujeito/sujeito, como as relações criança/criança e sobretudo criança/adulto;
3. Confundem-se facilmente noções e conceitos. As noções comuns, fontes de todo conhecimento científico, são sempre mais ou menos voláteis. Exprimem-se elas por termos da linguagem e sua especificidade é a de remeter continuamente aos referenciais vividos que eles representam. Ao contrário, os conceitos, daí provenientes, são determinados com grande exatidão e, de direito, revelam apenas o sistema ao qual pertencem e não as idiossincrasias das vivências.

É por essa razão que, se Piaget tem perfeitamente razão de sustentar que nenhum discurso é capaz de ensinar uma estrutura, não se poderia concluir daí que não há discurso capaz de ensinar conteúdos. Diz Grize, eu sustentaria mesmo o contrário, que o discurso pode transmitir conteúdos. Estou não somente convencido, mas persuadido que a Terra gira em torno do Sol, mesmo que toda a minha experiência vivida me faça ver o contrário. Penso que o discurso é um meio potente de acréscimo de conhecimento. A memória coletiva se dá pelo discurso. Transformar não é suprimir, é fazer evoluir.

Para Ramozzi-Chiarottino, Piaget não descreveu a realidade. Ele criou um sistema de virtualidades, de possibilidades de construção de modelos – a que chamou de *sujeito epistêmico* – com os quais se pode explicar qualquer realidade. A lógica aparece na organização das ações, quando a criança classifica, seria e, sobretudo, infere. "A inteligência organiza o mundo organizando-se a si própria". O cientista tenta descobrir a lógica subjacente aos sistemas de significação que a criança constrói e utiliza continuamente. A criança nasce com a possibilidade da construção. Ela pode construir muito rapidamente a tabela lógica das proposições, por exemplo, e se chocar, entretanto, com as contradições do mundo, que passam a ser fonte de conflitos; e os conflitos mal resolvidos, fonte de neuroses.

CIÊNCIA E EXPERIÊNCIA

A epistemologia piagetiana implica, de forma radical, a interdisciplinaridade.[*] O próprio Piaget realizou suas numerosas pesquisas, durante mais de 50 anos, em áreas afins simultaneamente à epistemologia, à psicologia e à lógica. Seu trabalho demandava aproximações com a biologia, a física, a matemática, a filosofia, a sociologia, a linguística, etc.. Rodeou-se ele progressivamente de grandes pensadores dessa constelação disciplinar (salientem-se Chomsky, Prigogine, Kuhn, Mandelbrot, Jacob, Nowinski, Goldmann, Granger, Changeaux, Monod, Putnam, Ladrière, Apostel, Emília Ferreiro, Rolando Garcia). Ferino crítico dos rituais acadêmicos, via neles formas de desarticulação da investigação genuinamente científica. Ironiza o que chama de "gerontocracia" que, em sua opinião, domina a visão acadêmica e alertava para os concursos ou provas que levavam a uma seleção em função das capacidades de "exposição, e de modo nenhum de invenção"; torcia para que "os ramos mais conhecidos dos mais velhos, como precisamente a logística, a psicologia experimental e a epistemologia especializada, não sejam inscritos nos programas de exames para evitar que as ignorâncias rituais não somente se perpetuem como ainda sejam sacralizadas". Sua intenção, diz ele, é a de "discernir as fontes autênticas e resistir às ilusões coletivas".

Erguia-se contra a "ilusão fundamental" que consiste em crer que se pode encontrar a verdade por simples reflexão, sem sair de seu gabinete de trabalho

---

[*] Piaget, Jean. *Problemas de investigação interdisciplinar e mecanismos comuns*. Lisboa: Livraria Bertrand, 1976.

ou de sua biblioteca: a verdade não se obtém por dedução, mas por meio de algoritmos precisos, ou por experiência, com a ajuda de controles precisos. São estes algoritmos ou estes controles que distinguem as ciências da filosofia, e não a natureza dos problemas em jogo. A filosofia positivista queria reduzir a filosofia às ciências, por supressão dos problemas que ultrapassassem certas fronteiras. Não propomos nem supressões nem fronteiras quanto aos próprios problemas, que são indefinidamente abertos. Pensamos simplesmente, com a lógica, a psicologia e a epistemologia contemporâneas, que ainda nada se disse, quanto à solução, enquanto não se tiver fornecido os instrumentos de demonstração formal ou de verificação experimental necessários (Piaget, p. 25).

Diz o quanto o fazer científico exige em termos de abertura de fronteiras que a burocracia acadêmica frequentemente compromete. Consegue-se a objetividade científica "por um duplo movimento de adequação ao objeto e de descentração do sujeito individual na direção do sujeito epistêmico" (Piaget, 1967/1973, p. 26).

A característica própria do conhecimento científico é a de conseguir certa objetividade, no sentido de que mediante o emprego de certos métodos, quer dedutivos (lógico-matemáticos), quer experimentais, há finalmente acordo entre todos os sujeitos sobre um determinado setor de conhecimentos (Piaget, 1967/1973, p. 24).

A ação pode ser compreendida, também, sob o ponto de vista de seus níveis (Cf. *Recherches sur l'abstraction réfléchissante*, 1977/1995). Temos, então, as ações de *primeiro grau* ou ações que levam ao êxito: são as ações práticas (que constituem a maior parte das ações de nossas vidas); estas ações não constituem conhecimento. As que constituem conhecimento são as ações de *segundo grau* ou ações que se debruçam sobre as ações de primeiro grau extraindo delas, por *abstração reflexionante*, suas coordenações. Esta distinção leva-nos à concepção piagetiana de *experiência* como ação, e abstração reflexionante a partir dessa ação. Experiência *física* é agir sobre os objetos e retirar deles suas qualidades; experiência *lógico-matemática* é agir sobre os objetos e retirar qualidades, não mais dos objetos, mas da coordenação das ações, isto é, retirar qualidades do mundo endógeno que o sujeito construiu até o momento.

Esse conceito de experiência da epistemologia piagetiana revoluciona os conceitos equivalentes das psicologias contemporâneas e cria, para a psicologia genética, um estatuto capaz de superar (*aufheben*, da lógica de Hegel) posturas epistemológicas fixistas: por um lado, a que delega ao meio (empirismo: associacionismo em geral ou behaviorismo/neobehaviorismo, em particular, por exemplo.) todo o poder de determinação do sujeito, cabendo a este uma postura passiva; e, por outro, a que delega à hereditariedade (apriorismo: *Gestalt psychologie*, por exemplo.) a determinação prévia do sujeito, cabendo a este, também, uma postura passiva. Tanto o empirismo quanto o apriorismo acantonam o sujeito em uma passividade destrutiva ou, pelo menos, não construtiva.

O conceito de "experiência" piagetiano não nega a função da hereditariedade na determinação do indivíduo ou do organismo. Ao contrário, atribui à hereditariedade toda a importância que se pode imaginar. Nega, porém, que esta determinação aconteça independentemente do meio – físico ou social. Reciprocamente, atribui a esse meio toda importância que se pode imaginar. Nega, porém, que esta determinação aconteça independentemente da hereditariedade. Assim, a ação começa (primórdios) pelo funcionamento dos reflexos, possibilitado pela organização trazida pela hereditariedade. Porém, esse funcionamento só é possível na medida em que o meio fornece o conteúdo a ser assimilado. O meio age sobre o organismo apenas na medida em que o organismo o constitui como estímulo: *o meio não é, a priori, estímulo*. Isso significa que, assim que a organização hereditária passa a funcionar, ela é *tingida* pela cultura, pois os seus reflexos – e, poucos meses depois, os seus esquemas – assimilam objetos, comportamentos, rotinas, sons, sensações, afetos, gostos, rituais, etc., próprios de uma cultura historicamente determinada. Esta cultura, portanto, passa a interferir, de imediato, na organização hereditária, impondo a esta, acomodações. Tudo isso possibilitado por uma especial qualidade do sistema nervoso humano: sua plasticidade. Sem esta, ficaríamos limitados às possibilidades próprias de um chimpanzé, de um elefante, de um golfinho ou de uma arara.

Piaget desdobra seu método de investigação, o *método clínico*, em três dimensões. A dimensão de:

- *Observação* – um recém-nascido não pode ser interrogado ou submetido a um experimento.
- *Interrogação clínica* – se quisermos saber como a criança pensa, temos que perguntar a ela; para Piaget, só se pode interrogar utilmente a criança depois dos 4 anos de idade.
- *Experimentação* – se quisermos compreender como uma criança ou um adolescente raciocina temos que propor a ela ou a ele problemas concretos como a manipulação de uma balança de dois pratos.

Assim, se a criança ainda não fala, observa-se seu comportamento. Se ela já fala, mas não compreende um experimento (no sentido de atribuir significado ao que está sendo proposto), além de observá-la, interroga-se a criança sobre seu fazer e suas afirmações. Se ela é capaz de compreender e manipular um experimento, propõem-se a ela questões experimentais interrogando a respeito das *razões* do seu fazer, observando esse fazer, além de anotar suas respostas verbais.

O objetivo do método clínico é o de compreender a atividade inteligente* da criança enquanto produto de uma progressiva organização de suas ações em esquemas, sistemas de esquemas e, finalmente, em estruturas que transformam não apenas o seu fazer material, mas as *razões* desse fazer, desse conseguir.

Note-se, ainda, que Piaget não tinha por objetivo fazer psicologia infantil, por mais que tenha contribuído com essa área de conhecimento, mas compreender a construção do conhecimento científico, ou como o cientista chega a fazer ciência – objetivo epistemológico, portanto. Em outras palavras, buscava compreender como o ser humano, a partir da experiência *particular e contingente*, chega ao conhecimento *universal e necessário*; mais especificamente, como chega aos modelos da física, da matemática, da filosofia.

APRENDIZAGEM E PESQUISA

Quero dizer que encontrei – e encontro – em Piaget a mais portentosa e a mais crítica explicação de como se dá a *aprendizagem humana*. E isto em uma obra monumental, composta de aproximadamente 60 livros e de centenas de artigos, perfazendo aproximadamente 20.000 páginas, multiplicada pelo mundo todo através do trabalho dos colaboradores do Centro de Epistemologia Genética, em Genebra. Para compor essa obra, Piaget e colaboradores ouviram e observaram, por intermédio do *método clínico*, da *observação clínica* e de mais de centena de experimentos, milhares de crianças de diferentes idades. A obra de Piaget alinha-se aos maiores avanços da filosofia, especificamente no que concerne à epistemologia, a ponto de merecer de Habermas, em um de seus livros (*Consciência moral e agir comunicativo*, 1989), a seguinte consideração:

> É para isso (para que as estratégias de fundamentação reduzidas [construtivismo x pragmatismo, etc.] possam se complementar, ao invés de se confrontarem como até agora) que o estruturalismo genético de Jean Piaget parece-me oferecer um modelo instrutivo para os próprios filósofos e para aqueles que gostariam de continuar a sê-lo. (p. 24)

---

* Piaget (1936) define inteligência, no âmbito sensório-motor, como a busca intencional de meios para atingir um fim.

Explica, em seguida, esta sua proposta:

> Piaget concebe a "abstração reflexionante" como o mecanismo de aprendizagem que pode explicar, na ontogênese, o desenvolvimento cognitivo que termina numa compreensão descentrada do mundo. A abstração reflexionante assemelha-se à reflexão transcendental no sentido em que é por meio dela que os elementos *formais* inicialmente escondidos no *conteúdo* cognitivo enquanto esquemas de ação do sujeito cognoscente são trazidos à consciência, diferenciados e reconstruídos no estádio de reflexão imediatamente superior. Ao mesmo tempo, esse mecanismo de aprendizagem tem uma função semelhante a que tem em Hegel a forma da negação que supera dialeticamente as figuras da consciência tão logo essas caiam em contradição consigo mesmas. (p. 24)

Minha pesquisa sobre as concepções epistemológicas docentes: *Epistemologia subjacente ao trabalho docente*, publicada como *Epistemologia do professor; o cotidiano da escola* (Becker, 2011), estipulava dois caminhos: ouvir a fala do professor sobre o conhecimento e observar suas aulas. Foram ouvidas respostas de 38 professores, de todos os graus de ensino e das mais diferentes áreas de conhecimento, às 16 questões que compunham o questionário projetado para orientar a entrevista. Foram observadas 14 salas de aula, de escolas públicas, particulares, de universidades públicas e privadas, de escolas que atendem à periferia urbana e outras que atendem às classes média e alta.

Continuando essa pesquisa, concluí, em 2010, outra pesquisa, porém, exclusivamente com professores de matemática. O título, encaminhado para publicação em livro, é: *Epistemologia do professor de matemática*. Entrevistamos 34 professores de matemática, da terceira série do ensino fundamental à pós-graduação (mestrado e doutorado) na universidade, com 24 perguntas, parecidas com às da pesquisa anterior, mas acrescentando perguntas sobre história da matemática. Para controle, entrevistamos um aluno de cada professor e observamos uma de suas aulas.

O resultado dessas pesquisas surpreendeu, não apenas por confirmar a hegemonia inconteste da postura epistemológica empirista ("epistemologia do professor"), mas, também, em propor o paradoxo da convivência do conhecimento científico, pretensamente ensinado pela escola (aulas teóricas e práticas), com epistemologias do senso comum; chamo a isso de *senso comum acadêmico*. A afirmação de Bachelard: "A ciência supera infinitamente o senso comum", é "desmentida" pela escola. A escola consegue realizar o "milagre" de transformar vinho em água... transformar o conhecimento científico em senso comum. A escola banaliza o conhecimento científico. Podemos inferir, a partir dos resultados dessa análise epistemológica, que o fracasso escolar é produzido a partir dos seus mestres... os mecanismos de exclusão estão instalados no âmbito escolar (Vargas Dornelles, 1987); a escola não precisa de instâncias externas para produzir exclusão.

Na epistemologia do professor de matemática, o apriorismo, inatista e idealista, aparece como um contraponto muito mais forte que na pesquisa anterior. O professor de matemática acredita que as verdades matemáticas sempre existiram.

O docente que professa uma epistemologia empirista *não consegue* praticar uma pedagogia crítica. Sua concepção a respeito do nascimento (gênese) e do desenvolvimento do conhecimento no ser humano, limita, necessariamente, sua pedagogia e sua didática a procedimentos de tipo reprodutivo/repetitivo que inviabilizam a construção das estruturas do conhecer porque inviabilizam as ações de primeiro e de segundo graus (Piaget, 1977/1995). Inviabilizando o funcionamento (assimilação e acomodação), inviabilizam as transformações estruturais – condições do funcionamento em níveis superiores de inteligência.

Da mesma forma, os professores que professam uma epistemologia apriorista não conseguem superar a "teoria" do talento, na medida em que acreditam que quem nasceu sem talento não consegue aprender matemática. Professando essa crença, reduzem a quase zero a possibilidade de o ensino fazer diferença na aprendizagem do aluno. Alguns chegam a afirmar que mais de 90% dos alunos não mostram possuir talento para a matemática; será, pois, inútil ensinar a eles.

A modificação do ambiente escolar passa, necessariamente, a nosso ver, pela crítica às epistemologias do senso comum (aprioristas e empiristas); pela crítica à epistemologia empirista devido à frequência e à intensidade com que esta aparece e à apriorista pelas perniciosas crenças em capacidades inatas que implicam descrença nas capacidades construtivas. A crítica epistemológica é, pois, condição necessária, embora não suficiente, da transformação da escola. Cabe, aqui, comentar uma dissertação de mestrado (Schuch, 1994). A autora parte dos resultados, entre outros, de minha pesquisa sobre a epistemologia do professor (Becker, 2011). Dirige sua investigação à epistemologia de professores (30) de física, química e biologia. Seu esforço analítico detecta mais de 70 diferentes manifestações epistemológicas, a maioria de tipo empirista. O que surpreende, no entanto, é a confirmação (não conclusiva, pois se trata de número pequeno de casos para extrair conclusões de maior alcance: na sua aferição, 17,2% dos sujeitos situam-se no nível *pré-formal*, 38,0% no nível *formal A* e 44,8% no nível *formal B*) do que, até agora, só anunciávamos como hipótese: *todos os sujeitos pré-formais professam epistemologias não críticas e todos os que professam epistemologias críticas* (construtivistas/interacionistas/dialéticas) *são operatório-formais*. Esta compreensão, que precisa ser ampliada e testada em novas pesquisas, aponta para a importância que atribuímos à análise epistemológica em educação; análise que tem especial interesse quando se trata da formação de professores.

As razões do interesse da análise epistemológica em educação podem ser condensadas na seguinte pergunta: *Como pode um professor,* cuja *práxis* encontra sua razão de ser na construção do conhecimento, *ser pedagogicamente crítico, sendo epistemologicamente ingênuo?*

APRENDIZAGEM E ENSINO

Já faz algum tempo que insistimos que, *pari passu* com as contribuições da psicologia, da sociologia, da antropologia, é necessário incluir as contribuições da epistemologia, especialmente da epistemologia genética, na compreensão do ato educativo. Essas contribuições consideram o fato de que o professor trabalha com o conhecimento: o conhecimento constitui a matéria-prima do seu fazer. Nenhum professor, por mais desvio de função que já tenha vivido em sua carreira, admitirá que o conhecimento poderá ser descartado sem o colapso de sua função e de sua profissão. Mesmo perante modismos como o atual "tudo é emoção", por um lado, ou perante equívocos, por outro, como aquele que confunde conhecimento e comportamento (não poucos pais e professores acham que a sala de aula tem por função primordial controlar ou condicionar comportamentos), consegue derrubar a hegemonia do conhecimento – não importa como ele é entendido. O conhecimento elaborado constitui o cerne do currículo de qualquer escola. Do lado da função cognitiva, todas as outras funções docentes são secundárias ou complementares.

A função da escola é, pois, garantir a produção e a transmissão do conhecimento. Isto é, cabe à escola fazer que o conhecimento, produzido pela humanidade ("acervo cultural da humanidade"), chegue até o aluno. Cabe a este apropriar-se desse patrimônio. Isso implica que o sujeito da aprendizagem, o aluno em especial, construa estruturas de assimilação capazes de assimilar aqueles conteúdos.

Isso põe dois problemas:

- Como selecionar os conhecimentos relevantes (quais são eles?), adequados ao tempo escolar disponível, perante a gigantesca massa de conhecimentos existentes?
- Como o aluno irá apropriar-se (assimilar) esse conhecimento, já que um conhecimento nunca pode ser diretamente transmitido, por mais que a

crença no processo de transmissão habite o imaginário da escola convencional e do professor em particular?

Perante a unanimidade de que a escola deve ocupar-se do conhecimento, pergunta-se: Sabe o professor o que é o conhecimento? Sabe ele que o conhecimento sempre foi tema das preocupações filosóficas, pelo menos dos pré-socráticos até nossos dias? Tem ele noção do trabalho da epistemologia – disciplina que se desmembra da filosofia tornando-se disciplina autônoma – que tem por objetivo discutir as condições de validade, certeza, universalidade, necessidade, etc., dos conhecimentos científicos? Ou, para avançar um pouco, tem ele noção da mudança da pergunta: "O que é o conhecimento?" para a pergunta – formulada por Piaget (1896-1980), criador da epistemologia genética – "Como se passa de um menor conhecimento para um de maior complexidade?". Ouviu ele alguma coisa sobre a revolução que se criou na esteira dessa mudança de pergunta, como a de que tudo o que foi, intencionalmente ou não, transmitido deve ser *reinventado para si* pelo sujeito humano e que essa reinvenção é condição da aprendizagem?

> [...] o princípio fundamental dos métodos ativos... assim pode ser expresso: *compreender é inventar, ou reconstruir através da reinvenção*, e será preciso curvar-se ante tais necessidades se o que se pretende, para o futuro, é moldar indivíduos capazes de produzir ou de criar, e não apenas de repetir. (Piaget, 1971, p. 20)

O conhecimento levava séculos para ser duplicado. Mais recentemente bastavam, para isso, algumas décadas. Presume-se, hoje, que, mantido o ritmo de crescimento, isso ocorre a cada poucos anos e que, daqui a uma década, os conhecimentos duplicarão de quantidade a cada 100 dias. Isso, obviamente, desestabiliza os *curricula* escolares. Para começar, podemos perguntar se as disciplinas que compõem os currículos atualmente são de fato as mais indicadas para compô-lo; a mesma pergunta se aplica para os conteúdos de cada disciplina. Poderíamos perguntar, também, se ainda se justifica que todos os alunos sigam o mesmo *curriculum*.[*] Além disso, entrar em uma biblioteca de médio ou grande porte ou na internet é suficiente para termos a nítida sensação do volume gigantesco de informações impossíveis de serem dominadas. Isso sem pensar na estrutura, necessária para assimilá-los, mas apenas no conteúdo desses conhecimentos.

E a seriação no currículo, não seria ela uma medida apenas administrativa que pouco, ou nada, tem a ver com a dinâmica da aprendizagem humana?

---

[*] No sentido etimológico, *corrida, carreira* que o aluno perfaz para atingir um objetivo.

Já que as bibliotecas não são, para a maioria dos alunos, lugares assiduamente frequentados, a internet pode servir como referência para pensar essa questão: a massa de informações – sem colocar os textos das bibliotecas à disposição – que aí circulam mostra o quanto um indivíduo é limitado para dar conta de tudo o que essa rede põe à disposição, e o quanto precisa ele se disciplinar e saber constituir e manusear critérios para aprofundar qualquer coisa, por mínima que seja. Isso, levando em conta que a internet não dispõe dos textos e das imagens que constituem o acervo de documentos das bibliotecas de todo o planeta – além de constituir-se, em grande parte, como uma grande lixeira (desde as propagandas nazifascistas, passando pela pornografia e, até, pela pedofilia chegando a uma massa de produções sem maior interesse literário, artístico ou científico. Alguém comparou a internet a uma mina: é preciso remover toneladas de entulho para, lá no final, encontrar uma pedra preciosa que pesa alguns gramas).

Continua vigente na escola, a crença, universalmente professada na teoria e na prática, de que o conhecimento se transmite segundo um mecanismo extremamente simples: o professor expõe e o aluno copia e repete para si o estímulo docente "tantas vezes quantas forem necessárias" (Lei do Exercício, de Thorndike) até que esse conhecimento deixe marca na sua mente que, inicialmente, é *tabula rasa*. (um CD, um disco rígido ou um disquete "virgem" já superaram essa mente, pelo menos sob este ponto de vista, pois basta uma repetição para que um conteúdo qualquer seja gravado definitivamente e reproduzido fielmente). Em uma palavra, como diz um professor ao ser perguntado sobre as funções docente e discente na sala de aula: "O professor ensina e o aluno aprende; qual a tua dúvida?" Será que é tão simples assim?

Psicologias, especialmente a genética, produziram abundantes materiais, no desenrolar do século XX, para superar para sempre essa concepção de aprendizagem do conhecimento-cópia. Não há mais lugar para ela, nem nas psicologias que criticaram o associacionismo e o (neo)behaviorismo – como a psicologia da *Gestalt* –, nem na epistemologia genética e, muito menos, nas pedagogias relacionais – para não falar da obra do eminente educador brasileiro, mundialmente conhecido, Paulo Freire. De acordo com ele, o professor, além de ensinar, aprende e o aluno, além de aprender, ensina.

O mesmo aconteceu com a crença de que o ser humano nasce inteligente. Nem a genética (não existe um gene da linguagem, por exemplo) nem a neurologia atuais defenderiam essa tese, pois o sistema nervoso, sistema parcialmente constituído quando a criança nasce, organiza-se a partir das ações do organismo, formando redes neuronais, sem as quais o pensamento é impossível. Não há mais lugar para a concepção de que aprender é apenas depositar conteúdos em uma inteligência estruturada desde o nascimento (ou desde a concepção).

Entremos um pouco na concepção de aprendizagem da epistemologia genética. O que encontramos aí? O conhecimento jamais poderá ser entendido como cópia perceptiva do real, muito menos como uma imagem gerada por uma sensação ou pelos sentidos (tato, visão, audição, olfato, paladar). O conhecimento é sempre resultado de uma construção – no sentido epistemológico, no sentido psicológico e, talvez para pasmo de muitos, também, e fundamentalmente, no sentido biológico. Para o criador dessa epistemologia: "O conhecimento procede a partir, não do sujeito, nem do objeto, mas da interação entre os dois" (Piaget, 1974).

Vamos ao plano psicológico e observemos um recém-nascido. O que ele é capaz de fazer... ou de "pensar"? Interroguemos a biologia – a neurologia, a genética. Os milhões de conexões neuronais que o recém-nascido traz enterram, definitivamente, a concepção de *tabula rasa*. Por outro lado, o recém-nascido é incapaz de qualquer ato que acuse uma estrutura lógica própria de uma criança de 1 ano de idade, ou da estrutura imitativa e lúdica próprias de uma criança de 2 anos, ou, ainda, de uma estrutura linguística de uma de 3 ou 4 anos. Isso significa que, se o recém-nascido não é *tabula rasa*, também não apresenta "estruturas de assimilação", ou capacidades de aprendizagem, ou estruturas cognitivas próprias de uma criança de 1, 2, 3 ou 4 anos. Muito menos a capacidade cognitiva de um adolescente ou de um adulto.

A inteligência da criança – e, por extensão, do adolescente e do adulto de qualquer idade – não está pré-formada na bagagem hereditária, nem como forma ou estrutura e muito menos como conteúdo, mas também não está no meio, físico ou social. Ela é resultado de uma construção, por interação, que se inicia pelo menos a partir do nascimento e se prolonga possivelmente até a velhice.

Aprender é construir estruturas de assimilação, diz Piaget. O que significa isso? A capacidade do recém-nascido de operar sobre o mundo é mínima. Entregue a si mesmo, não dispõe das mínimas condições de sobrevivência. Sua pobreza instintiva é emblemática. Ele não é um sujeito de linguagem (ele chora pelo incômodo da fome e não com a *intenção* de pedir alimento), de cultura (ele não sabe música, poesia, literatura) ou de operações lógico-matemáticas (ele é incapaz de somar, dividir, subtrair, organizar uma série ou um conjunto; é incapaz de unir um sujeito a um predicado e, muito menos, de organizar pelo menos três conceitos explicitando um raciocínio). Alguém, durante anos, tem que operar por ele: buscar as coisas de que precisa, falar, raciocinar. Aos poucos, mediante suas construções, ele vai dispensando esse alguém, progressiva e vagarosamente, no decorrer de 5, 10, 15, 20 anos...

A criança se organiza organizando o mundo. Ela não apenas assimila conteúdos, mas constrói a própria capacidade de aprender. Na exata medida em que ela age sobre o mundo, assimilando-o – abstraindo informações dos objetos, das próprias ações ou das ações dos outros, e das coordenações de suas ações – ela se depara com a própria insuficiência, com a falta; percebe-se inconclusa, diz Paulo Freire. Percebe que sua capacidade de assimilação é precária, que a realidade é muito mais complexa do que sua capacidade de assimilação. Por isso, ela se *dobra sobre si mesma* (comportamento tipicamente humano), modificando seus esquemas de assimilação. Assim como pela assimilação ela transforma o mundo, ao dobrar-se sobre si mesma, a criança *se* transforma (acomodação), nos sentidos biológico, psicológico e cognitivo. Que tipo de transformação ela produz sobre si mesma? Para Piaget, essa transformação não é outra coisa que o poder transformador de suas ações. O sujeito age e retira (abstrai) de suas ações qualidades próprias dessas ações e constrói, com essa "matéria-prima", em um patamar mais elevado que o anterior, um novo instrumental cognitivo. Durantes anos procede assim sem ter consciência desse processo. Essa consciência emerge vagarosamente e só atinge a maturidade com uma vigorosa atividade operatório-formal.

Na medida em que a criança – de 2 a 5 anos (apenas para situar) – brinca produzindo configurações, isto é, agrupando e enfileirando objetos, classificando e seriando, complementando a classificação com a seriação e vice-versa, sempre pelo brinquedo e pela imitação simbólicos, ela se habilita a sintetizar esses dois comportamentos. O que surge, então? O número. A noção de número! Seus desdobramentos serão função de novas construções: números inteiros, números racionais, números fracionários, números reais que, por sua vez, se organizam em estruturas matemáticas cada vez mais complexas. Essa noção é construída pelo sujeito humano na medida em que se apropria das coordenações mais gerais de suas ações. O mesmo acontece com outras noções básicas (categorias básicas da razão humana): de objeto, espaço, tempo e relação causal. A razão humana constitui-se por obra da ação do sujeito – e não por ensino que pode, inclusive, funcionar como seu opositor. A ação, diz Piaget, destrói a dicotomia razão/realidade.

A aprendizagem e seu processo vêm em primeiro lugar, e não o ensino. Tudo o que o ensino deve fazer é curvar-se ante a dinâmica da aprendizagem. No cerne da dinâmica da aprendizagem está a ação do sujeito. Será este, pois, o fator fundamental de qualquer ensino. Se o ensino não se aliar à ação do sujeito da aprendizagem ele estará destruindo as possibilidades da aprendizagem e, de retorno, destruindo o próprio ensino. Diz Paulo Freire: "educador é aquele que, além de ensinar, aprende, e educando é aquele que além de aprender, ensina". Ou o ensino constitui-se como a face complementar da aprendizagem ou, simplesmente, ele destrói a si mesmo, destruindo, de rebote, as possibilidades da aprendizagem.

> Toda vez que ensinamos prematuramente a uma criança alguma coisa que poderia ter descoberto por si mesma, esta criança foi impedida de inventar e consequentemente de entender completamente. Isso obviamente não significa que o professor deve deixar de inventar situações experimentais para facilitar a invenção de seu aluno. (Piaget, 1977, citado por Mussen, p.89)

A escola entende a produção e a transmissão de conhecimento apenas como conteúdo e não como forma, estrutura ou metodologia. Quando Piaget fala de *construção* de conhecimento ele se refere fundamentalmente às condições *a priori* de todo conhecer, às estruturas profundas da atividade cognitiva humana que remontam à base biológica: o sistema nervoso, o cérebro. Refere-se à capacidade mesma de conhecer e não, primeiramente, ao que é ou pode ser conhecido. Refere-se primeiro à forma e não ao conteúdo.

> Conhecer um objeto é agir sobre ele e transformá-lo, apreendendo os mecanismos dessa transformação, vinculados às ações transformadoras. (Piaget, 1969/1976, p. 37)

O esforço contínuo de acomodação – ação transformadora do sujeito sobre si mesmo – tem, por efeito, a transformação dos instrumentos cognitivos do sujeito: sua forma ou estrutura, primeiramente, e, em segundo lugar, o conteúdo. Isso não significa que o conteúdo seja dispensável ou não tenha sentido ou tenha apenas um sentido secundário. Ao contrário, a ação acomodadora é sempre resposta a desequilíbrios provocados por conteúdos mais ou menos difíceis de assimilar e que, como tal, desafiam as estruturas de assimilação. O conteúdo curricular deve mirar a transformação das estruturas de assimilação e não sua assimilação pura e simples, como se o processo de aprender se esgotasse aí.

Isso nos leva a pensar que o currículo escolar deveria ser traçado por conjuntos de ações organizadas, por metodologias pautadas pelo rigor investigativo, e não por conteúdos que são determinados, invariavelmente, por paradigmas em geral antigos e quando contemporâneos não passam de paradigmas antigos reciclados, que, mais cedo ou mais tarde, serão ultrapassados deixando um rastro de vazio na vida do (ex)aluno. Para que serve a quase totalidade dos conhecimentos arrolados no histórico escolar de um diplomado? Os conteúdos deveriam constituir pretexto para organizações variadas de ações tais como as implicadas por projetos que envolvem metodologia investigativa, raramente como fim em si mesmo. O que deve interessar a um currículo atual é que o aluno aprenda a pensar, "aprenda a aprender" e não a reter informações, frequentemente, de valor discutível. E quando se tratar de um conteúdo que precisa ser aprendido, que o faça ativamente, agindo sobre ele – não apenas copiando e repetindo para memorizar. O século XX consagrou, em definitivo, o caminho da aprendizagem como o "aprender a aprender". No dizer de Piaget, aprender é construir estruturas de assimilação. Toda vez que o professor ensina ele deveria tomar consciência de que "(...) pensar é agir sobre o objeto e transformá-lo" (Piaget, 1972/1973, p. 37), e não memorizar formulações de conteúdos que não foram objeto da atividade do sujeito da aprendizagem.

A sala de aula atual deve ser, no sentido mais radical, um espaço de atividade de sujeitos – sujeitos com assimetria de capacidades ou de conhecimentos, mas sujeitos. (Nesse sentido, ela é o local de encontro da diversidade: de culturas, de capacidades, de dizeres. Por isso mesmo, local de exercício do diálogo.) Entenda-se ação no sentido mais completo possível: ação mental, mas também ação física; ação simbólica, mas também ação real; ação abstrata, mas também ação concreta; ação carregada de racionalidade, mas também ação carregada de emoção; ação virtual, mas também ação real; ação coletiva, mas também ação individual; ação operatório-formal, mas também ação intuitiva; ação teórica, mas também ação prática; ação entendida como unidade dialética entre "conseguir dominar em pensamento" e "compreender em ação" uma dada situação; entre prática e teoria, portanto.

> [...] *fazer* é compreender em ação uma dada situação em grau suficiente para atingir os fins propostos, e *compreender* é conseguir dominar, em pensamento, as mesmas situações até poder resolver os problemas por elas levantados, em relação ao porquê e ao como das ligações constatadas e, por outro lado, utilizadas na ação. (Piaget, 1974/1977, p. 176)

Dá-se, também no século XX, a consolidação das conquistas que explicitam as condições fundamentais do ensino comprometido com a concepção de aprendizagem humana como processo de construção. Saliento pelo menos três condições[*] – condições necessárias! – sem as quais se comprometem esses avanços. O ensino:

- deve partir do quadro conceitual atual do aluno;
- deve incluir a fala do aluno, e outras formas equivalentes de expressão, em sua metodologia;
- deve considerar o erro como componente do processo de construção do conhecimento e da aprendizagem.

---

[*] Cf. Um novo ensino para uma nova aprendizagem, Cap. 2.

Para configurar, um pouco melhor, esses postulados, acrescento um quarto:

- pôr o aluno em interação com as ciências, as artes, a ética e a filosofia.

A escola, de todos os níveis, tem por função a produção e a transmissão de conhecimento; mas, ela só tem direito de transmitir se produzir. Ao produzir, ela saberá que o conhecimento se origina de processos ativos. Ela existe, pois, para produzir transformações conceituais no aluno, transformações significativas do quadro conceitual com o qual o aluno chegou à escola.

Acontece que, para produzir transformações conceituais no aluno, a escola precisa compreender o que as pesquisas do século XX demonstraram. Só se transmite conhecimento se o sujeito da aprendizagem *(re)construir-para-si* ou *(re)inventar-para-si* o conhecimento que faz parte de um currículo. O ensino não acontece desvinculado da aprendizagem. Se o professor parou de aprender, ele não consegue ensinar. Se ele parou de pesquisar, ele não tem o que ensinar. (Aliás, o que ensina uma universidade que não pesquisa? Desafio os professores de uma instituição universitária a responder a essa questão.)

O conhecimento desenvolve-se, pois, ativamente. Um aluno passivo – mental, física e psicologicamente – não aprende. Um aluno que é desafiado a falar o que sabe, ao fazê-lo (re)constrói o que sabe e toma consciência do que não sabe; transforma, pois, seu quadro conceitual. Um aluno que sai de uma unidade de ensino pensando da mesma *forma* que nela entrou, obviamente não aprendeu, porque não transformou sua estrutura cognitiva e seus conceitos prévios; em uma palavra, não transformou seu quadro conceitual.

Na verdade, nosso quadro conceitual transforma-se, atingindo um nível de maior complexidade e capacidade – não importando de que nível tenhamos partido – por duas ações combinadas que podem ser designadas de muitas formas: a busca do dado empírico e a abstração reflexionante, a assimilação e a acomodação, a experiência física e a lógico-matemática, as ações de primeiro grau e as de segundo grau, numa palavra, a prática e a teoria. Toda vez que tornamos exclusiva, por longo tempo, uma dessas dimensões, corremos o risco de cair ou no empirismo, por um lado, ou no idealismo, por outro; corremos o perigo de retornar ao senso comum.

Ora, a escola costuma praticar uma "pedagogia de resultados", ensinando os produtos das ciências sem retomar seu processo de construção, sua metodologia. Caminha, pois, no sentido de um esvaziamento do processo de construção, pois pretende elaborar abstrações reflexionantes sem dado empírico, acomodação sem assimilação, experiência lógico-matemática sem experiência física, ação de segundo grau sem ação de primeiro grau; numa palavra, pretende chegar à teoria sem a prática. Tudo o que consegue por esse caminho é chegar a um verbalismo tedioso muito distante das inumeráveis possibilidades de uma pedagogia da relação ou da construção que aposta na capacidade da ação do sujeito, isto é, de todos os indivíduos, de criar o novo.

> O problema que é necessário resolver para explicar o desenvolvimento cognitivo é o da invenção e não o da mera cópia. (Piaget, citado por Carlmichael, p. 87).

Referências

AEBLI, H. *Una didáctica fundada en la psicologia de Jean Piaget*. Buenos Aires: Mapelusz, 1958.

ANDREOLA, B. O processo do conhecimento em Paulo Freire. *Educação e Realidade*, Porto Alegre, v.18, n.1, p.32-42, jan./jun. 1993.

BECKER, Fernando. *O caminho da aprendizagem em Jean Piaget e Paulo Freire*: da ação à operação. 2. ed. Petrópolis: Vozes, 2010h.

____ . *Educação e construção do conhecimento*. Porto Alegre: Artmed, 2001.

____ . *A origem do conhecimento e a aprendizagem escolar*. Porto Alegre: Artmed, 2003.

____ . Processo de aprendizagem e formação de professores na perspectiva piagetiana. In: NEVES DE OLIVEIRA, F. et al. (Orgs). *Educação em reflexão:* contribuição teórica, atuação docente e pesquisa. Londrina: Eduel, 2010d. p. 57-74

____ . Alteridade e construção do sujeito. In: GUÉRIOS, E.; STOLTZ, T. (Orgs). *Educação e alteridade*. São Carlos: Edufscar, 2010e. p. 111-126

____ . Construtivismo: uma nova forma de pensar. In: JERUSALINSKY, A. et al. 2. ed. Porto Alegre: Artes & Ofícios, 2010f. p. 235-254

____ . Epistemologia genética e conhecimento matemático. In: BECKER, F.; FRANCO, S. R. K. *Revisitando Piaget*. 3. ed. Porto Alegre : Mediação, 2009.

____ . Epistemologia. In: STRECK, D.; REDIN, E.; ZITKOSKI, J.J. *Dicionário Paulo Freire*. Belo Horizonte : Autêntica Ed., 2010c. p.152-154

____ . Um divisor de águas. *Viver mente e cérebro; memória da pedagogia* (Coleção, N° 1, p. 24-33.). Rio de Janeiro : Ediouro; São Paulo : Segmento-Duetto, 2005.

____ . Concepção de conhecimento e aprendizagem. In: SCHNAID, F.; ZARO, M. A.; TIMM, M. I. *Ensino de engenharia; do positivismo à construção das mudanças para o século XXI*. Porto Alegre : UFRGS Ed., 2006. p. 123-146

_____ . Tempo de aprendizagem, tempo de desenvolvimento, tempo de gênese – a escola frente à complexidade do conhecimento. In: MOLL, J. et al. *Ciclos na escola, tempos na vida:* criando possibilidades. Porto Alegre: Artmed, 2004.

_____ . Inteligência e aprendizagem. *Revista Educação – História da pedagogia: Jean Piaget.* (Coleção, Nº 1, p. 22-35.). São Paulo : Ed. Segmento, 2010g.

_____ . *A epistemologia do professor:* o cotidiano da escola. 14.ed. Petrópolis : Vozes, 2011.

_____ . *Epistemologia do professor de matemática.* Porto Alegre: FACED/UFRGS, 2010b. 589p. (Relatório de pesquisa. No prelo – Ed. Vozes)

_____ . Becker, F.; FRANCO, S. R. K. *Revisitando Piaget.* 2.ed. Porto Alegre : Mediação, 1999.

BRINGUIER, J.-C. *Conversando com Jean Piaget.* Rio de Janeiro: Difel, 1978.

CASTRO, A. D. de. *Piaget e a didática.* São Paulo: Saraiva, 1974.

CHARLOT, B. *Da relação com o saber.* Porto Alegre: Artmed, 2000.

COLLARES, D. *Epistemologia genética e pesquisa docente;* estudo das acções no contexto escolar. Lisboa: Instituto Piaget, 2003.

CORSO, Sílvia Mara. *A criança e a margem:* estudo sobre as relações entre moralidade, marginalidade e meio social. Porto Alegre, 1993. (Dissertação de mestrado).

CORTELLA, M. S. & JANINE RIBEIRO, R. *Política:* para não ser idiota. 7. ed. Campinas: Papirus Sete Mares, 2010.

DASEN, P.; INHELDER B.; LAVALÉE M.; RETSCHITZKI, J. *Naissance de l'intelligence chez l'enfant baoulé de côte d'Ivoire.* Stuttgart, Vienne: Hans Huber, 1978.

DAMÁSIO, A. R. [1994].* *O erro de Descartes:* emoção, razão e o cérebro humano. São Paulo: Companhia das Letras, 1996.

FERREIRO, E. *Atualidade de Jean Piaget.* Porto Alegre: Artmed, 2001.

FERREIRO, E.; PALACIO, M.G. (Coord.). *Os processos de leitura e escrita.* Porto Alegre: Artmed, 1987.

FREIRE, M. Relatos da (con)vivência: crianças e mulheres da Vila Helena nas famílias e na escola. *Cadernos de Pesquisa,* São Paulo, n.56, p.82-105, fev. 1981.

FREIRE, P. *Extensão ou comunicação?* 3. ed. Rio de Janeiro: Paz e Terra, 1977.

_____ . *Pedagogia do oprimido.* Rio de Janeiro: Paz e Terra, 1970.

_____ . Paulo. *Pedagogia da esperança*: um reencontro com a pedagogia do oprimido. 3. ed. Rio de Janeiro: Paz e Terra, 1994.

_____ . *Pedagogia da autonomia*: saberes necessários à prática educativa. 2. ed. Rio de Janeiro: Paz e Terra, 1997.

_____ . *Conscientização:* teoria e prática da libertação. São Paulo: Cortez & Moraes, 1979.

---

* O ano entre colchetes significa a data da edição original.

Referências

FREUD, S. (1901). Fragmento da análise de um caso de histeria. In: *Obras completas*. 2.ed. Rio de Janeiro: Imago, 1989. Vol. VII.

GLASERSFELD, Ernst von. Interprétation constructiviste de l'épistemologie génétique. IV SIMPOSIO INTERNACIONAL DE EPISTEMOLOGÍA GENÉTICA (Anais). Águas de Lindóia, 1996. p.176-82.

GOMES GARCIA, Olgair. Impossível?! ... eu adoro ser professora. *Revista de Educação AEC. Paixão e educação*. Brasília: V.28, n.110, p. 55-65, jan../mar. 1999.

IV SIMPOSIO INTERNACIONAL DE EPISTEMOLOGÍA GENÉTICA. XIII ENCONTRO NACIONAL DE PROFESSORES DO PROEPRE. *Centenário do Nascimento de Jean Piaget – 1896-1996* (Anais). Águas de Lindóia (SP): Laboratório de Epistemologia Genética – USP; Laboratório de Psicologia Genética – UNICAMP, 1996.

HABERMAS, J. *Consciência moral e agir comunicativo*. São Paulo: Ed. Tempo Brasileiro, 1989.

INHELDER, B. et al. [1974]. *Aprendizagem e estruturas do conhecimento*. São Paulo : Saraiva, 1977. 282 p.

KESSELRING, T. *Jean Piaget*. Petrópolis: Vozes, 1993.

KUPFER, M. C. *Freud e a educação. O mestre do impossível*. São Paulo: Scipione, 1989.

MACEDO, L. de. O construtivismo e sua função educacional. *Educação e Realidade*, Porto Alegre, v.18, n.1, p.25-31. jan./jun. 1993.

____ . *Ensaios construtivistas*. São Paulo: Casa do Psicólogo, 1994.

MARQUES, T. B. I.; BECKER, F. Razão e emoção: a busca da unidade. *Revista de Educação AEC*, Brasília, Ano 28, n.110, p.25-44, jan./mar. 1999.

MARQUES, T. B. I. *Do egocentrismo à descentração: a docência no ensino superior*. Porto Alegre: PPGEdu/UFRGS, 2005. (Tese de doutorado)

MOLL, J.; SILVEIRA, B. M. C. Construtivismo: desconstituindo mitos e constituindo perspectivas. In: BECKER, F.; FRANCO, S.R.K. *Revisitando Piaget*. 2. ed. Porto Alegre: Mediação, 1999. p. 99-117.

MONTANGERO, J.; MAURICE-NAVILLE, D. *Piaget ou a inteligência em evolução*. Porto Alegre: Artmed, 1998.

MONTOYA, A. O. D. *De que modo o meio social influi no desenvolvimento cognitivo da criança marginalizada?* São Paulo: IPUSP, 1983. (Dissertação de mestrado.)

____ . *Pesquisa de intervenção visando à reconstrução da capacidade representativa de crianças marginalizadas*. São Paulo: IPUSP, 1988. (Tese de doutorado.)

NOWINSKY, C. Biologie, teories du developpment et dialectique. In: PIAGET, J. *Logique et connaissance scientifique*. Paris: PUF, 1967.

OTTAVI, D. *De Darwin a Piaget; para uma história da psicologia da criança*. Lisboa: Instituto Jean Piaget, 2001.

ONRUBIA, J. Ensinar: criar zonas de desenvolvimento proximal e nelas intervir. In: COLL, C. *O construtivismo na sala de aula*. São Paulo: Ática, 1998. p.123-152.

PERRET-CLERMONT, A.-N. *A construção da inteligência pela interação social*. Lisboa: Sociocultur, 1978.

PIAGET, J. *Seis estudos de psicologia*. Rio de Janeiro: Forense, 1986.

_____ . [1924] O *raciocínio na criança*. Rio de Janeiro: Record, s.d.

_____ . A teoria de Piaget. In: MUSSEN, R.H. (Org.). *Carmichael, Psicologia da Criança*. Desenvolvimento Cognitivo I. São Paulo : EPU/EDUSP, 1977. v.4

_____ . [1932] O *juízo moral na criança*. São Paulo: Mestre Jou, 1977.

_____ . [1936] O *nascimento da inteligência na criança*. Rio de Janeiro : Zahar, 1978.

_____ . [1937] *A construção do real na criança*. Rio de Janeiro : Zahar, 1978.

_____ . [1945] *A formação do símbolo na criança*; imitação, jogo e sonho; imagem e representação. Rio de Janeiro : Zahar, 1978.

_____ . [1947] *Psicologia da inteligência*. Rio de Janeiro : Fundo Universal de Cultura, 1972.

_____ . [1955] Las estructuras matemáticas y las estructuras operatorias de la inteligencia. In: PIAGET, J.; BETH, E.W.; DIEUDONNE, J. et al. *La enseñanza de las matemáticas*. Madrid: Aguilar, 1968. Cap. I, p.3-28

_____ . [1959] *Aprendizagem e conhecimento* (primeira parte). Rio de Janeiro: Freitas Bastos, 1974.

_____ . [1967] *Biologia e conhecimento*. Petrópolis : Vozes, 1973.

_____ . [1969] *Psicologia e pedagogia*. 4.ed. Rio de Janeiro: Forense, 1976.

_____ . [1971] *Para onde vai a educação?* Rio de Janeiro: J. Olympio, 1973.

_____ . [1972] *Problemas de psicologia genética*. Rio de Janeiro: Forense, 1973.

_____ . [1972] *Problemas de psicologia genética*. In: Os Pensadores. São Paulo: Abril Cultural, 1975. V. LI

_____ . [1972] Os estádios do desenvolvimento intelectual. In: _____ . *Problemas de psicologia genética*. Rio de Janeiro: Forense, 1973. Cap. III

_____ . [1972b] Desenvolvimento e aprendizagem. In: LAVATELLY, C. S.; STENDLER, F. *Reading in child behavior and development*. New York: Hartcourt Brace Janovich, 1972.

_____ . [1973] *Mes idées*; propos recueillis par Richard I. Evans. Paris: Denoël/Gonthier, 1977.

_____ . [1974] *A tomada de consciência*. São Paulo : EDUSP/Melhoramentos, 1977.

_____ . [1974] *Fazer e compreender*. São Paulo : EDUSP/Melhoramentos, 1977.

_____ . *Problemas de investigação interdisciplinar e mecanismos comuns*. Lisboa: Livraria Bertrand, 1976.

_____ . [1977] *Abstração reflexionante; relações lógico-aritméticas e ordem das relações espaciais*. Porto Alegre: Artmed, 1995.

_____ . [1978] *Recherches sur la généralisation*. Paris: PUF.

____. [1980] *As formas elementares da dialética*. São Paulo: Casa do Psicólogo, 2011.

____. [1981] *O possível e o necessário*: evolução dos possíveis na criança. Porto Alegre: Artmed, 1985. v. 1

____. [1981b] *O possível e o necessário*: evolução dos necessários na criança. Porto Alegre: Artmed, 1986. v. 2

____. [1983] *Psicogênese e história das ciências*. Petrópolis: Vozes, 2011.

____. *Sobre a pedagogia*. São Paulo: Casa do Psicólogo, 1998.

POPPER, C.; ECCLES, J.C. *O eu e seu cérebro*. Campinas/Brasília: Papirus/ Ed. UnB, 1991.

QUANDO A EMOÇÃO É INTELIGENTE. *Veja*, São Paulo, v.30, n.2, p.6673, 15 jan. 1997.

RAMOZZI-CHIAROTTINO, Z. *Psicologia e epistemologia genética de Jean Piaget*. São Paulo: EPU, 1988.

____. *Em busca do sentido da obra de Jean Piaget*. São Paulo: Ática, 1984.

RANGEL, A. C. S. *A educação matemática e a construção do número pela criança;* uma experiência na primeira série em diferentes contextos sócio- econômicos. Porto Alegre: PPGEDU/UFRGS, 1987. (Dissertação de mestrado.)

REZENDE, Joffre M. de. In: *http://usuarios.cultura.com.br/jmrezende/estadio.htm*, 2004.

SCHUCK MEDEIROS, M. E. *Ação pedagógica e estruturas formais; Ensino Médio e pensamento hipotético- dedutivo*. Porto Alegre: UFRGS, 2005. (Dissertação de mestrado.)

SILVA, D. da. *Estudo das trajetórias cognitivas de alunos no ensino da diferenciação dos conceitos de calor e temperatura*. São Paulo: Faculdade de Educação, Universidade de São Paulo, 1995. (Tese de doutorado.)

SNYDERS, G. *Para onde vão as pedagogias não diretivas?* Lisboa: Moraes, 1974. 365p.

VARGAS DORNELES, B. *Mecanismos seletivos da escola pública*. Porto Alegre: PPGEdu/FACED/UFRGS, 1987. (Dissertação de mestrado).